Verdeckte Gewinnausschüttung
bei Konkurrenzhandlungen von GmbH-Gesellschaftern
zu ihrer Gesellschaft

AF888532

Europäische Hochschulschriften
Publications Universitaires Européennes
European University Studies

Reihe II
Rechtswissenschaft

Série II Series II
Droit
Law

Bd./Vol. 3193

PETER LANG
Frankfurt am Main · Berlin · Bern · Bruxelles · New York · Oxford · Wien

Axel Wepler

Verdeckte Gewinnausschüttung bei Konkurrenzhandlungen von GmbH-Gesellschaftern zu ihrer Gesellschaft

PETER LANG
Europäischer Verlag der Wissenschaften

Die Deutsche Bibliothek - CIP-Einheitsaufnahme

Wepler, Axel:

Verdeckte Gewinnausschüttung bei Konkurrenzhandlungen von GmbH-Gesellschaftern zu ihrer Gesellschaft / Axel Wepler. - Frankfurt am Main ; Berlin ; Bern ; Bruxelles ; New York ; Oxford ; Wien : Lang, 2001
(Europäische Hochschulschriften : Reihe 2, Rechtswissenschaft ; Bd. 3193)
Zugl.: Augsburg, Univ., Diss., 2001
ISBN 3-631-37889-0

D 384
ISSN 0531-7312
ISBN 3-631-37889-0

© Peter Lang GmbH
Europäischer Verlag der Wissenschaften
Frankfurt am Main 2001
Alle Rechte vorbehalten.

Das Werk einschließlich aller seiner Teile ist urheberrechtlich geschützt. Jede Verwertung außerhalb der engen Grenzen des Urheberrechtsgesetzes ist ohne Zustimmung des Verlages unzulässig und strafbar. Das gilt insbesondere für Vervielfältigungen, Übersetzungen, Mikroverfilmungen und die Einspeicherung und Verarbeitung in elektronischen Systemen.

www.peterlang.de

Inhaltsverzeichnis

Einleitung

Die Teilnahme am Geschäfts- und Wirtschaftsleben kann in unterschiedlichen Rechtsformen erfolgen. Dem Einzelnen bleibt es dabei überlassen, im Rahmen der gesetzlichen Möglichkeiten die ihm opportun erscheinende Rechtsform für sein Unternehmen zu wählen. So kann er etwa als Einzelunternehmer am Geschäftsleben teilnehmen oder sich einer juristischen Person bedienen, d.h. zum Beispiel eine GmbH gründen. Er kann auch Gesellschafter einer GmbH sein und daneben ein Einzelunternehmen betreiben. Kapitalgesellschaft und Gesellschafter stehen als zivilrechtlich selbständige Rechtssubjekte nebeneinander und werden steuerrechtlich als getrennte Steuersubjekte behandelt.

Wenn sich die Gesellschafter bzw. die Gesellschafter-Geschäftsführer einer GmbH wirtschaftlich außerhalb der GmbH, aber auf dem Betätigungsfeld der GmbH, betätigen, geraten sie in ein Spannungsverhältnis zur GmbH. Dies kann unerwünschte nachteilige zivilrechtliche und steuerliche Folgen auslösen. Um Manipulationen der Gesellschafter und Gesellschafter-Geschäftsführer einer GmbH an dem der Besteuerung zugrunde liegenden Gewinn der GmbH zu verhindern, wird bei Konkurrenzhandlungen von Gesellschaftern der Gewinn mittels des Rechtsinstituts der verdeckten Gewinnausschüttung „korrigiert", wenn der Gesellschafter Geschäfte auf eigene Rechnung tätigt, die eigentlich der GmbH zugestanden hätten.

Der BFH bejahte zunächst das Vorliegen einer verdeckten Gewinnausschüttung in Fällen, in denen ein Gesellschafter gegen ein zivilrechtliches Wettbewerbsverbot verstoßen hatte[1]. Diese Rechtsprechung wurde im Schrifttum[2] heftig

---

1 BFH Urteile v. 11.2.1987 I R 177/83, BFHE 149, 176, BStBl 1987 II 461; v. 14.3.1989 I R 8/85, BFHE 156, 452, BStBl 1989 II S. 633; v. 12.4.1989 I R 142-143/85, BFHE 156, 484, BStBl 1989 II S. 636; v. 26.4.1989 I R 172/87, BFHE 157, 138, BStBl 1989 II S. 636; v. 28.2.1990 I R 144//87, BFHE 160, 237, BStBl 1990 II S. 595.

2 BORST, BB 1990, 2236 ff.; BUYER, BB 1993, 2057 ff.; KNOBBE-KEUK, GmbHR 1992, 333 ff.; *dies.*, Bilanz- u. Unternehmenssteuerrecht, § 19 I, S. 654 ff.; MERTENS/CAHN, in: FS f. HEINSIUS, S. 545 ff.; MEYER-ARNDT, StbJb 1991/92, 67 ff.; *ders.*, BB 1992, 534 ff.; NIEHEUS, DB 1992, 496 ff.; PELKA, in: FS f. Tipke, S. 251 (265 ff.); PELKA/WÜST, DStR 1991, 578 ff.; SCHNEIDER, BB 1991, 1681 ff.; SCHWEDHELM, DStR

kritisiert. Mit seiner Entscheidung vom 30. August 1995, I R 155/94[3], hat der BFH seine bisherige Rechtsprechung geändert und geht nun[4] davon aus, dass eine verdeckte Gewinnausschüttung dann ausgeschlossen ist, wenn der GmbH aus dem Wettbewerbsverstoß zivilrechtliche Ansprüche entstanden sind, die sie in ihren Bilanzen zu aktivieren hat. Erst der Verzicht auf diese Ansprüche zugunsten des Gesellschafters könne nun eine verdeckte Gewinnausschüttung darstellen. Entstehen der GmbH keine bilanzierbaren Ansprüche, sei eine verdeckte Gewinnausschüttung infolge einer Konkurrenzhandlung denkbar, wenn die GmbH ihrem Gesellschafter eine Geschäftschance oder Informationen überlässt, für deren Überlassung ein fremder Dritter ein Entgelt bezahlt hätte.

Der BFH hat es dabei bisher vermieden, den Begriff der Geschäftschance genau und umfassend zu konkretisieren[5]. Auch das Rechtsinstitut der verdeckten Gewinnausschüttung hat seine Entwicklung noch nicht abgeschlossen[6]. Die Änderung der Konkurrenz-Rechtsprechung erklärt sich unter anderem durch die Ende der achtziger Jahre des 20. Jahrhunderts geänderte Definition der verdeckten Gewinnausschüttung des I. Senats des BFH.

Gegenstand dieser Arbeit soll es sein, die steuerlichen Konsequenzen bei Konkurrenzhandlungen von GmbH-Gesellschaftern zu ihrer GmbH im Hinblick auf eine verdeckte Gewinnausschüttung zu untersuchen. Dies erfordert zunächst einen Blick auf das Rechtsinstitut der verdeckten Gewinnausschüttung. Daran schließt sich die Darstellung der neuen Rechtsprechung zur verdeckten Gewinnausschüttung bei Konkurrenzhandlungen des Gesellschafters zu seiner Gesell-

---

1993, 245 ff.; SINA, DStR 1991, 40 ff.; SPIEGELBERGER, GmbHR 1992, 727 ff.; TILLMANN, GmbHR 1991, 26 ff.; THIEL, GmbHR 1992, 338 ff.; vgl. auch SCHÄFER, StBp 1993, 244/272.

3 BFHE 178, 371.

4 BFH Urteile vom 30.8.1995 I R 155/94, BFHE 178, 371; 12.10.1995 I R 127/94, BFHE 179, 258; 11.6.1996 I R 97/95, BFHE 181, 122; 13.11.1996 I R 149/94, BFHE 181, 494.

5 Vgl. BFH Urteil v. 13.11.1996 I R 149/94, BFHE 181, 494; WASSERMEYER, DStR 1997, 681.

6 Vgl. WASSERMEYER, Stbg 1996, 481 (482); *ders.* GmbHR 1998, 157; STRECK, KStG § 8 Tz. 61, 65.

schaft an. Anschließend wird auf das zivilrechtliche Wettbewerbsverbot des GmbH-Gesellschafters und die sich daran anschließenden steuerrechtlichen Konsequenzen eingegangen, sowie auf die gesellschaftsrechtliche Geschäftschancenlehre, bevor abschließend der Versuch einer Konkretisierung der „neuen steuerrechtlichen“ Geschäftschancenlehre gewagt werden soll.

Teil 1: Steuerrechtliche Einordnung von Konkurrenzhandlungen

A. Das steuerrechtliche Institut der verdeckten Gewinnausschüttung

I. Sinn und Zweck

1. Begriff und Regelungsgrund

Der Begriff der verdeckten Gewinnausschüttung findet sich im Körperschaftsteuergesetz in § 8 Abs. 3 Satz 2 sowie in § 27 Abs. 3 Satz 2, wo er unter „andere Ausschüttungen" fällt. Den Ursprung hat das Rechtsinstitut der verdeckten Gewinnausschüttung in der Rechtsprechung des Preußischen Oberverwaltungsgerichts[7] und es wurde erstmals in § 6 Satz 2 KStG 1934 gesetzlich normiert[8]. Eine Legaldefinition gibt das Gesetz seit jeher nicht[9]. Im Einkommensteuergesetz wird der Begriff – ebenfalls ohne Legaldefinition – in § 20 Abs. 1 Nr. 1 Satz 2 verwendet. Als unbestimmter Rechtsbegriff, der die Tatbestandsvoraussetzungen nicht im Einzelnen regelt[10], bedarf der Begriff der verdeckten Gewinnausschüttung der Auslegung. Der Gesetzgeber hat die Definition dieses Begriffs dem Rechtsanwender und somit letztlich der höchstrichterlichen Rechtsprechung überlassen. Die Entwicklung der Rechtsprechung zur verdeckten Gewinnausschüttung wird vom Schrifttum seit jeher kritisch verfolgt und ist Gegenstand umfangreicher und kontroverser Diskussion, die nach wie vor nicht zu einem Abschluss gekommen ist[11].

---

7 Vgl. FRÖHLICH, Die verdeckte Gewinnausschüttung, S. 6 ff; PEZZER, Verdeckte Gewinnausschüttung, S. 34 ff.

8 KStG vom 16.10.1934, RGBl I, 1031.

9 Vgl. RENGERS, in: BLÜMICH, KStG, § 8 Rn 225.

10 Normiert sind nur die Tatbestandsvoraussetzungen „verdeckt" und „Gewinnausschüttung".

11 Vgl. etwa die umfangreichen Literaturangaben bei RENGERS, in: BLÜMICH, KStG, § 8 Rn 216.

Bei der Auslegung unbestimmter Rechtsbegriffe sind Sinn und Zweck der Vorschrift zu beachten[12]. Aus der systematischen Stellung im Gesetz ergibt sich, dass das Institut der verdeckten Gewinnausschüttung i. S. des § 8 Abs. 3 Satz 2 KStG im Zusammenhang mit der Einkommensermittlung der Körperschaft steht. Nach § 8 Abs. 3 Satz 1 KStG ist es für die Besteuerung der Körperschaft ohne Bedeutung, ob das Einkommen verteilt wird. Das gilt nach § 8 Abs. 3 Satz 2 KStG auch für verdeckte Gewinnausschüttungen. Er legt fest, dass verdeckte Gewinnausschüttungen das Einkommen der Körperschaft nicht mindern dürfen. Die Kapitalgesellschaft als juristische Person und ihr Gesellschafter, bzw. ihre Gesellschafter als natürliche Personen, sind zwei eigenständige Steuersubjekte. Schuldrechtliche Verträge zwischen der Kapitalgesellschaft und ihren Gesellschaftern sind steuerrechtlich grundsätzlich anzuerkennen (Trennungsprinzip[13]). Dies setzt aber voraus, dass der Vermögenszufluss oder -abfluss seinen Grund tatsächlich in der schuldrechtlichen Vereinbarung hat und nicht im Gesellschaftsverhältnis wurzelt. Zwischen den beiden selbständigen Steuersubjekten Kapitalgesellschaft und Gesellschafter darf keine Grauzone entstehen, die Gewinnmanipulationen begünstigt. Die Steuersphären von Gesellschaft und Gesellschafter sollen strikt getrennt werden[14]. Dies ist „vor dem Hintergrund einerseits der zivilrechtlich bestehenden Vertragsfreiheit und andererseits des Anspruchs des Steuerrechts zu sehen, durch das zivilrechtlich wirksam Vereinbarte hindurchschauen und alle Leistungen entsprechend ihrer wirtschaftlichen Veranlassung besteuern zu dürfen“[15].

Nach § 7 KStG ist die Grundlage für die Bemessung der Körperschaftsteuer das zu versteuernde Einkommen. § 7 Abs. 2 KStG verweist auf § 8 Abs. 1 KStG, der bestimmt, dass bei der Einkommensermittlung neben dem Körperschaftsteuergesetz das Einkommensteuergesetz anzuwenden ist. Bei der Einkommensermittlung nach dem Einkommensteuergesetz und somit auch im Körperschaftsteuergesetz

---

12 TIPKE, Steuerrechtsordnung, Bd. III, § 28, S. 1239 ff.

13 TIPKE/LANG, Steuerrecht, § 11 Rn. 38.

14 PEZZER, StuW 1992, 270 (270).

15 WASSERMEYER, StbJb 1997/98, 79 (82).

ist zwischen der Einkommenserzielung und der Einkommensverwendung zu differenzieren.

Im Einkommensteuerrecht soll unter Beachtung des Prinzips der Leistungsfähigkeit die Einkommensverwendung besteuert werden[16]. Ausgaben, die der Einkommenserzielung dienen, werden als Betriebsausgaben oder Werbungskosten von den Einkünften abgezogen und mindern somit das Einkommen. Bei der Besteuerung natürlicher Personen nach dem Einkommensteuergesetz besteht ein Abzugsgebot für den indisponiblen Lebenshaltungsaufwand der Privatsphäre (subjektives Nettoprinzip). Eine Privatsphäre gibt es bei Kapitalgesellschaften nicht. Hier ist steuerrechtlich zwischen betrieblicher und nichtbetrieblicher (außerbetrieblicher) Sphäre zu unterscheiden[17]: die betriebliche Sphäre ist Einkommenserzielung, die nichtbetriebliche Sphäre Einkommensverwendung. Zur betrieblichen Sphäre zählen die betrieblich veranlassten Einnahmen und die betrieblich veranlassten Ausgaben. Die nichtbetriebliche Sphäre gliedert sich in zwei Teile: die nichtsteuerbare Sphäre und die gesellschaftsrechtliche Sphäre. Zur nichtbetrieblichen nichtsteuerbaren Sphäre gehören die nicht- steuerbaren Vermögenszuflüsse, die nichtabziehbaren Aufwendungen (§ 10 KStG) und der Sonderausgabenabzug (§ 9 Abs. 1 Nr. 2 KStG)[18]. Zur außerbetrieblichen gesellschaftsrechtlichen Sphäre gehören die Gesellschaftereinlagen, die Gewinnausschüttungen sowie verdeckte Einlagen und verdeckte Gewinnausschüttungen[19].

Erfolgt eine Leistung der GmbH an einen Gesellschafter lediglich auf Grund der Gesellschafterstellung, ist sie also nur durch das Gesellschaftsverhältnis begrün-

---

16 Dazu JAKOB, Einkommensteuer, § 1 Rn. 8.

17 JAKOB, a. a. O., § 7 Rn. 3 ff.; vgl. auch FROTSCHER, DStJG 20 (1997), 204 [209]; KNOBBE-KEUK, Bilanz- u. Unternehmenssteuerrecht, S. 642; PEZZER, Verdeckte Gewinnausschüttung, S. 58; rein „vermögensmäßig" haben Kapitalgesellschaften keinen außerbetrieblichen Bereich, da das gesamte Vermögen Betriebsvermögen ist.

18 Im Urteil v. 2.11.1965 I 221/62 S, BStBl 1966 III S. 255 hat der BFH entschieden, dass ein Gestüt bei einer Kapitalgesellschaft „Liebhaberei" sein kann. Hierbei handelte es sich aber tatsächlich um einen Fall der verdeckten Gewinnausschüttung, so KNOBBE-KEUK, Bilanz- u. Unternehmenssteuerrecht, S. 643, Fn. 4.

19 Daß Einlagen und verdeckte Einlagen den Gewinn der Kapitalgesellschaft nicht erhöhen, ergibt sich mittelbar als Umkehrschluss aus § 8 III Satz 1 und Satz 2 KStG.

det, so liegt eine Einkommensverwendung durch die Kapitalgesellschaft vor, die nicht zu einer Gewinnminderung führen darf. Hierzu zählen nicht nur die offenen Gewinnausschüttungen, sondern auch jene Leistungen, die nach außen hin zwar als betrieblich veranlasst erscheinen, jedoch ihre Begründung ausschließlich im Gesellschaftsverhältnis haben, also „verdeckt" sind. Bei Kapitalgesellschaften ist zwischen der betrieblichen und der nichtbetrieblichen Sphäre zu unterscheiden, „und darauf zu achten, dass der Gewinn und damit das Einkommen der Kapitalgesellschaft nicht durch Vorgänge gemindert wird, die der nichtbetrieblichen Sphäre zuzurechnen sind"[20].

Der BFH hat in seinem Urteil vom 4. Dezember 1996 I R 54/95[21] entschieden, dass eine Kapitalgesellschaft steuerlich gesehen keine außerbetriebliche Sphäre hat[22]. Dies ist jedoch nur scheinbar widersprüchlich zur oben dargestellten Aufteilung der Sphären in betriebliche und nichtbetriebliche. Die Entscheidung des BFH betraf in diesem Punkt die Qualifikation der Einkünfte der Kapitalgesellschaft im Sinne des § 2 Abs. 1 EStG und deren bilanzielle Behandlung. Die oben dargestellte Aufteilung der Sphären hingegen soll einer Veranschaulichung der verschiedenen Veranlassungen von Vermögensflüssen bei der Kapitalgesellschaft dienen. Dadurch wird nicht negiert, dass rein „vermögensmäßig" Kapitalgesellschaften keinen außerbetrieblichen Bereich haben. Das gesamte Vermögen ist Betriebsvermögen. Jeder Zugang und jeder Abgang im Betriebsvermögen ist zu erfassen. Gleichwohl können die Zu- oder Abgänge betrieblich oder gesellschaftlich veranlasst oder nicht steuerbar sein[23]. Anstelle der „außerbetrieblichen" Sphäre sollte zur besseren Klarheit von der „nichtbetrieblichen" bzw. „gesellschaftsrechtlichen" Sphäre gesprochen werden. Unter dieser ist die Summe der im Gesellschaftsverhältnis begründeten Beziehungen zwischen Gesellschaft und

---

20 KNOBBE-KEUK, Bilanz- u. Unternehmenssteuerrecht, S. 642.

21 BFHE 182, 123; gegen die Verneinung einer Privatsphäre der Körperschaft: SCHÖN, in: FS f. FLUME, S. 265 (270 ff.).

22 Bestätigung des Urteils v. 4.12.1996 I R 54/95 durch Urteil v. 8.7.1998 I R 123/97, DStR 1998, 1749.

23 Vgl. auch HAUSWIRTH, in: LADEMANN, KStG, § 8 Anm. 18, 19.

Gesellschafter zu verstehen, ohne dass damit eine Qualifikation von Einkünften vorgenommen werden soll.

Das Institut der verdeckten Gewinnausschüttung soll also die Besteuerung der Kapitalgesellschaft nach ihrer wirtschaftlichen Leistungsfähigkeit ermöglichen[24]. Es hat zum Ziel, „Gewinnminderungen, die durch Gewinnverlagerungen zugunsten eines Gesellschafters eintreten, in ihrer steuerlichen Wirkung zu neutralisieren“[25] und dient der zutreffenden Zuordnung des Gewinns bei Gesellschaft und Gesellschafter[26].

Die verdeckte Gewinnausschüttung kommt auf drei verschiedenen Erscheinungsebenen vor, denen ein einheitliches Geschehen zugrunde liegt:
- bei der Einkommensermittlung der Kapitalgesellschaft nach § 8 Abs. 3 Satz 2 KStG,
- im Anrechnungsverfahren nach §§ 27 ff. KStG und
- bei der Besteuerung des Gesellschafters nach § 20 Abs. 1 Nr. 1 EStG.

Die Voraussetzungen und die Rechtsfolge unterscheiden sich aber auf den verschiedenen steuerlichen Ebenen, wie zu zeigen sein wird.

2. Verdeckte Gewinnausschüttung als spezifisch steuerrechtliches Institut

Im Handels- und Gesellschaftsrecht werden Sachverhalte, bei denen eine Vermögensverschiebung zwischen der Kapitalgesellschaft und ihrem Gesellschafter außerhalb einer den gesetzlichen Regelungen entsprechenden Gewinnverteilung erfolgt, mitunter auch als „verdeckte Gewinnausschüttungen“ bezeichnet[27]. Eine

---

24 FROTSCHER, GmbHR 1998, 24 (28); FROTSCHER, in: FROTSCHER/MAAS, KStG, Anhang vGA zu § 8, Rz. 6.

25 BFH Urteil v. 23.6.1993 I R 72/92, BFHE 172, 51.

26 WEBER-GRELLET, DStZ 1998, 357 (360).

27 Zur verdeckten Gewinnausschüttung im Gesellschaftrecht vgl. etwa: TRIES, Verdeckte Gewinnausschüttungen im GmbH-Recht; TRIES (S. 27) hält allerdings die Bezeichnung „versteckte Vorteilsgewährung“ für präziser, da es im Handelsrecht nicht in erster Linie um die verdeckte Ausschüttung von Gewinn gehe, sondern gerade um die Verhinderung

gesetzliche Verankerung des Begriffs gibt es nicht[28]. Aus dem Gesichtspunkt der Einheit der Rechtsordnung ist es wünschenswert, die in einem Rechtsgebiet gewonnenen Erkenntnisse auch in ein anderes Rechtsgebiet mit gleicher oder ähnlicher Sachverhaltskonstellation zu übertragen[29]. Das Steuerrecht orientiert sich mitunter am Zivilrecht und lehnt sich an Regelungen des Handels- und Gesellschaftsrechts an. So wird etwa auf zivilrechtlich wirksame Vereinbarungen im Zusammenhang mit verdeckten Gewinnausschüttungen an beherrschende Gesellschafter abgestellt, oder auf das Vorliegen handelsrechtlicher Wettbewerbsverbote.

Eine Übernahme von Regelungen und Wertungen eines Rechtsgebietes in ein anderes ist aber nur insoweit möglich, als die entsprechenden Regelungen die gleichen Schutzobjekte haben und in ihrer Struktur gleich gelagert sind[30]. Im Bereich der verdeckten Gewinnausschüttung gibt es zwischen dem Steuerrecht und dem Handelsrecht keinen Gleichlauf, denn Steuerrecht und Zivilrecht verfolgen unterschiedliche Zwecke[31]: Im Steuerrecht geht es um die Ermittlung des steuerbaren Ergebnisses. Schutzobjekt ist die Besteuerung nach der wirtschaftlichen Leistungsfähigkeit. Im Handelsrecht sind mehrere Schutzobjekte auszumachen. Schutzobjekt etwa des § 30 GmbHG sind Gläubiger der Gesellschaft. Der Gleichbehandlungsgrundsatz dient dem Schutz der Minderheitsgesellschafter vor unangemessener Benachteiligung. Das Wettbewerbsverbot und die Treuepflicht dienen dem Schutz der Gesellschafter gegenüber den Geschäftsführern[32]. Nicht zum handelsrechtlichen Schutzobjekt gehört hingegen die Sicherung der Besteuerung nach der wirtschaftlichen Leistungsfähigkeit. Daraus folgt, dass das

---

einer Gewinnentstehung.

28 MÜLLER, W., in: WASSERMEYER, DStJG 17 (1997), 289 (295).

29 FROTSCHER, in: FROTSCHER/MAAS, KStG, Anhang vGA zu § 8 Rz. 16.

30 FROTSCHER, in: FROTSCHER/MAAS, KStG, Anhang vGA zu § 8 Rz. 16.

31 TRIES, Verdeckte Gewinnausschüttung im GmbH-Recht, S. 25; MÜLLER, W., in: WASSERMEYER, DStJG 17 (1997), 289 (294); FROTSCHER, in: FROTSCHER/MAAS, KStG, Anhang vGA zu § 8 Rz. 17.

32 Ausführlich zu den Schutzobjekten: MÜLLER, W., in: WASSERMEYER, DStJG 17 (1997), 289 (295 ff.); TRIES, Verdeckte Gewinnausschüttung im GmbH-Recht.

Institut der verdeckten Gewinnausschüttung aus rein steuerrechtlicher Sicht zu sehen ist.

II. Die Definition der verdeckten Gewinnausschüttung in der BFH-Rechtsprechung

1. Frühe Rechtsprechung des Reichsfinanzhofs

Bereits vor der Normierung der verdeckten Gewinnausschüttung im KStG 1934 wurde das Rechtsinstitut in der Rechtsprechung des Preußischen Oberverwaltungsgerichts entwickelt und von der Rechtsprechung des Reichsfinanzhofs übernommen[33]. Die Bezeichnung war anfänglich noch uneinheitlich, selbst innerhalb der einzelnen Urteilsbegründung. So ist die Rede von „versteckter Gewinnverteilung“[34], „verdeckter Gewinnverteilung“[35], „versteckter Dividende“[36], „verschleierten Dividenden“[37], „Gewinnverschleierung“[38], „verdeckter Gewinnausschüttung“[39], „verdeckter Gewinnzuführung“[40] und „verschleierter Gewinnverteilung“[41].

In seinem Urteil vom 26. März 1920 I A 314/19 hatte der RFH über die Angemessenheit einer Tantiemevereinbarung zwischen der Klägerin und ihren

---

33 Vgl. zur Geschichte der vGA: FRÖHLICH, Die verdeckte Gewinnausschüttung, S. 6 ff.

34 RFH Urteil v. 26.7.1919 I A 82/19, RFHE 2, 183; v. 10.5.1921 I A 218/20, RFHE 5, 294; v. 8.7.1921 I A 60/21 RFHE 6, 266.

35 RFH Urteil v. 26.3.1920 I A 314/19, RFHE 2, 266; v. 12.11.1920 I A 36/20, RFHE 4, 113; v. 1.5.1925 I A 102/24, RFHE 16, 296; v. 15.1.1930 I A a 621/29, RStBl 1929, 253.

36 RFH Urteil v. 10.5.1921 I A 218/20, RFHE 5, 294; v. 2.1.1922 I A 79/21, RFHE 8, 68.

37 RFH Urteil v. 2.1.1922 I A 79/21, RFHE 8, 68.

38 RFH Urteil v. 12.11.1920 I A 36/20, RFHE 4, 113.

39 RFH Urteil v. 1.5.1925 I A 102/24, RFHE 16, 296.

40 RFH Urteil v. 1.5.1925 I A 102/24, RFHE 16, 296.

41 RFH Urteil v. 26.2.1929 I A a 89/29, RStBl 1929, 253.

Gesellschaftern zu entscheiden. Dabei folgte er der Rechtsprechung des preußischen Oberverwaltungsgerichts. Dieses hatte den Grundsatz aufgestellt:

> „In der Regel ist auch solche den Gesellschaftern bezahlte aber schuldig gewordene Vergütung zum vollen Betrag abzugsfähig, sofern sie nicht in so großem Missverhältnisse zum Werte der Leistung steht, daß angenommen werden muß, es solle nicht nur die Tätigkeit entlohnt, sondern zugleich Gewinn verteilt werden. (...) Die Prüfung, ob die Vergütung das zugelassene Maß überschreitet, kann zu einer Bejahung dieser Frage nur dann führen, wenn ermittelt wurde, daß eine verdeckte Gewinnverteilungsabrede klar erkennbar ist.“[42]

Der RFH ermittelte das Vorliegen von verdeckten Gewinnausschüttungen anhand des Fremdvergleichs[43] und stützte sich dabei auf den Gedanken des Gestaltungsmissbrauchs[44]. Eine Definition des Begriffs der verdeckten Gewinnausschüttung gab er nicht, führte aber aus:

> „Das Wesen einer verdeckten oder verschleierten Gewinnausschüttung besteht (...) darin, daß den Gesellschaftern – unter bestimmten Voraussetzungen auch anderen Personen – von der Gesellschaft Gewinn in einer Form zugeführt wird, daß er nicht als Gewinn erscheint, sondern unter anderen Bezeichnungen verborgen ist.“[45]

Als verdeckte Gewinnausschüttung war nach Auffassung des RFH mithin jeder Vorteil mit Ausnahme der Dividende anzusehen, der einem Gesellschafter von der Gesellschaft wegen des Gesellschaftsverhältnisses zugewendet wurde[46].

---

42 Preußisches Oberverwaltungsgericht Entscheidung vom 5.10.1917 VII ESt. 4/17 – zitiert im RFH Urteil vom 26.3.1929 I A 314/19, RFHE 2, 266.

43 Vgl. RFH Urteil v. 1.5.1925 I A 102/24, RFHE 16, 296.

44 Rechtsgedanke aus § 5 AO 1919 (= § 6 RAO 1931 = § 6 StAnpG), auf den sich der RFH allerdings nicht direkt stützt, sondern auf den allgemeinen Missbrachsgedanken, vgl. RFH v. 12.11.1920, RFHE 4, 119.

45 RFH Urteil v. 9.7.1935 I A 37/34, RStBl 1935 , S. 1128.

46 RFH Urteil v. 15.01.1930 I A a 621/29, RStBl 1930, S. 548.

Der RFH[47] benutzte bei der Erfassung der verdeckten Gewinnausschüttung einen fingierten Sachverhalt (Fiktionstheorie). Kapitalgesellschaft und Gesellschafter sollten so besteuert werden, als ob das Geschäft zwischen ihnen zu angemessenen Bedingungen vereinbart und erfolgt wäre und anschließend der sich daraus ergebende Gewinn der Gesellschaft an den Gesellschafter ausgeschüttet worden wäre[48].

Auch nach dem Inkrafttreten des KStG 1934, in dessen § 6 Satz 2 die verdeckte Gewinnausschüttung erstmalig ins Gesetz aufgenommen wurde, führte der RFH seine bisherige Rechtsprechung nahtlos fort[49].

2. Die Definition in der Rechtsprechung des BFH

Auch der BFH hat das Rechtsinstitut der verdeckten Gewinnausschüttung zunächst angewendet ohne eine Definition zu geben. Ob eine verdeckte Gewinnausschüttung vorlag, ermittelte der BFH, unter Verweisung auf die RFH-Rechtsprechung, anhand des Fremdvergleichs[50].

---

47 Vgl. RFH Urteil v. 18.12.1929 VI A 815/28, RStBl 1930, 301 (Druckfehler bei der Jahresangabe im RStBl).

48 Vgl. dazu WASSERMEYER, FR 1989, 218 (221); KNOBBE-KEUK, Bilanz- u. Unternehmenssteuerrecht, S. 647.

49 RFH Urteil v. 23.10.1934 I A 137/34, RStBl 1935, S. 589; v. 27.11.1934 I A 126/34, RStBl 1935, S. 616; v. 28.5.1935 I A 2/34, RStBl 1935, S. 1048; v.7.4.1936 I A 61/36, RStBl 1936, S. 696; v. 21.4.1937 I A 278/36, RStBl 1937, S. 911.

50 BFH Urteil v. 16.9.1958 I 88/57 U, BFHE 67, 468; v. 5.5.1959 I 11/58 S, BStBl 1959 III S. 369 – hier war die Zulässigkeit einer Pensionsrückstellung bei einer Einmann-GmbH streitig; der erkennende Senat gab dem FG, an das die Sache zurückverwiesen wurde, aber auf, auch die Möglichkeit einer verdeckten Gewinnausschüttung im Rahmen der Mindestbesteuerung nach § 17 Abs. 1 Nr. 1 KStG 1934 zu prüfen. Urteil v. 15.12.1965 I 181/63 U, BStBl 1966 III S. 123; v. 6.12.1967 I 98/65, BFHE 91, 239, BStBl 1968 III S. 322.

In seinen Entscheidungen vom 16. März 1967[51] und vom 10. Mai 1967[52] hat der BFH die Methode des Fremdvergleichs um die Figur des ordentlichen und gewissenhaften Geschäftsleiters ergänzt:

> „Eine verdeckte Gewinnausschüttung setzt voraus, daß die Gesellschaft ihrem Gesellschafter außerhalb der gesellschaftsrechtlichen Gewinnverteilung einen Vermögenswert zuwendet und daß diese Zuwendung ihre Ursache im Gesellschaftsverhältnis hat. An der letzteren Voraussetzung fehlt es, wenn die Gesellschaft bei Anwendung der Sorgfalt eines ordentlichen und gewissenhaften Geschäftsleiters den Vorteil auch einer Person, die nicht Gesellschafter ist gewährt hätte".[53]

Zunächst folgte der BFH in seinen Urteilen noch der Fiktionstheorie[54], wendet sich aber in seiner Entscheidung vom 3. Februar 1971 I R 51/66[55] von ihr ab. Die Annahme fiktiver Vermögenszugänge würde eine gesetzliche Fiktionsgrundlage voraussetzen, die jedoch nicht gegeben ist[56]. In weiteren Entscheidungen[57] ist zu erkennen, dass der BFH Sachverhaltsunterstellungen nicht gestattet und, ohne dies ausdrücklich auszusprechen, der Fiktionstheorie nicht mehr folgt[58].

---

51 I 261/63, BFHE 89, 208, BStBl 1967 III S. 626.

52 I 187/64, BFHE 88, 518.

53 Vgl. auch BFH Urteil v. 18.2.1970 I R 12/67, BFHE 98, 538, BStBl 1970 II S. 526; v. 3.2.1971 I R 51/66, BFHE 101, 501, BStBl. 1971 II S. 408.

54 Vgl. BFH Urteil v. 15.11.1960 I 189/59 S, BFHE 72, 210, BStBl 1961 III S. 80; v. 13.9.1967 I 82/64, BFHE 90, 134, BStBl 1967 III S. 791.

55 BFHE 101, 501, BStBl 1971 II S. 408.

56 Vgl. WASSERMEYER in: Gedächtnisschrift für KNOBBE-KEUK, 541 (549).

57 BFH Urteil v. 19.3.1975 I R 137/73, BStBl 1975 II S. 722; v. 28.1.1981 I R 10/77, BFHE 133, 172, BStBl 1981 II S. 612; v. 19.5.1982 I R 102/79, BFHE 136, 105; v. 4.7.1984 I R 195/81, BFHE 142, 38, BStBl 1984 II S. 384; v. 26.10.1987 GrS 2/86, BStBl 1988 II S. 348.

58 Vgl. KNOBBE-KEUK, Bilanz- u. Unternehmenssteuerrecht, S. 647; WASSERMEYER, FR 1989, 218 (221), m. w. N.

Der BFH stellte nun seinen Urteilen zur verdeckten Gewinnausschüttung den Ausführungen im Einzelfall im wesentlichen (mit geringen Abweichungen) folgende Definition des Begriffs voran:

> „Eine verdeckte Gewinnausschüttung liegt vor, wenn eine Kapitalgesellschaft einem Gesellschafter oder einer diesem nahestehenden Person außerhalb der gesellschaftsrechtlichen Gewinnverteilung einen Vermögensvorteil zuwendet, den sie unter sonst gleichen Umständen bei Anwendung der Sorgfalt eines ordentlichen und gewissenhaften Geschäftsleiters einem Nichtgesellschafter unter sonst gleichen Umständen nicht gewährt hätte."[59]

In den Jahren 1983 bis 1989[60] verwendete der BFH in enger Anlehnung an die gesetzlichen Tatbestandsmerkmale „verdeckt" und „Gewinnausschüttung" auch folgende Definition, um eine einheitliche Definition[61] für alle Formen der verdeckten Gewinnausschüttung zu geben:

> „Unter den Begriff der verdeckten Gewinnausschüttung fallen alle Vorgänge, durch die letztlich Vermögen einer Kapitalgesellschaft den Gesellschaftern oder diesen nahestehenden Personen zugeführt wird, wobei – um den Folgen des § 8 Abs. 3 zu entgehen – eine Beurteilung des Sachverhalts geltend gemacht wird, die diesen nicht als Grundlage einer Ausschüttung erscheinen läßt, sondern eine solche verdeckt. Im allgemeinen ist eine verdeckte Gewinn-

---

59 Vgl. BFH Urteil v. 30.9.1970 I R 130/68, BFHE 100, 240, BStBl 1971 II S. 68; v. 3.2.1971 I R 51/66, BFHE 101, 501, BStBl 1971 II S. 408; v. 22.4.1971 I R 114/70, BFHE 102, 268, BStBl 1971 II S. 600; v. 3.11.1971 I R 68/70, BStBl 1972 II S. 227; v. 27.1.1972 I R 28/69, BFHE 104, 353, BStBl 1972 II S. 320; v. 21.12.1972 I R 70/70, BFHE 108, 175, BStBl 1973 II S. 449; v. 10.1.1973 II R 119/70, BStBl 1973 II S. 322; v. 29.10.1974 I R 83/73, BStBl 1975 II S. 366; v. 19.3.1975 I R 173/73, BFHE 115, 359, BStBl 1975 II S. 614; v. 9.4.1975 I R 166/73, BStBl 1975 II S. 617; v. 21.7.1976 I R 223/74, BStBl 1976 II S. 734; v. 25.11.1976 IV R 38/73, BStBl 1977 II S. 477; v. 3.2.1977 IV R 122/73, BFHE 121, 327, BStBl 1977 II S. 346; v. 16.2.1977 I R 132/75, BStBl 1977 II S. 444; v. 22.6.1977 I R 171/74; BStBl 1978 II S. 33; v. 12.3.1980 I R 186/76, BFHE 130, 296, BStBl 1980 II S. 531; v. 28.1.1981 I R 10/77, BFHE 133, 172, BStBl 1981 II S. 612; v. 19.5.1982 I R 102/79, BFHE 136, 105; v. 21.7.1982 I R 56/78, BFHE 136, 386, BStBl 1982 II S. 761; v. 17.10.1984 I R 22/79, BFHE 142, 276, BStBl 1985 II S. 69; v. 11.2.1987 I R 43/83, BFHE 149, 216, BStBl 1987 II S. 634; v. 28.10.1987 I R 110/83, BFHE 152, 74; v. 24.1.1989 VIII R 74/84, BFHE 156,126.

60 BFH Urteil v. 7.12.1983 I R 70/77, BFHE 140, 221, BStBl 1984, 384.

61 WASSERMEYER, FR 1989, 218 (218).

ausschüttung anzunehmen, wenn eine Kapitalgesellschaft einem Gesellschafter einen Vermögensvorteil zuwendet, den sie bei Anwendung der Sorgfalt eines ordentlichen und gewissenhaften Geschäftsleiters einem Nichtgesellschafter nicht gewährt hätte."[62]

Der BFH ging trotz der unterschiedlichen Formulierungen von einem einheitlichen Begriff der verdeckten Gewinnausschüttung aus, der auf der Ebene des § 8 Abs. 3 Satz 2 KStG, der §§ 27 ff. KStG und des § 20 Abs. 1 Nr. 1 Satz 2 EStG im Kern der gleiche ist[63].

Bis zur Einführung des Anrechnungsverfahrens im KStG 1977[64] wurde sowohl das Einkommen bei der Körperschaft als auch die Ausschüttung bei dem Anteilseigner besteuert. Das Institut der verdeckten Gewinnausschüttung diente somit vor allem der Sicherung der wirtschaftlichen Doppelbelastung. Der Abzug einer verdeckten Gewinnausschüttung als Betriebsausgabe führte zu einer endgültigen Steuerentlastung. Die wirtschaftliche Doppelbelastung ist durch die Einführung des Anrechnungsverfahrens im KStG 1977 entfallen. Dies machte das Institut der verdeckten Gewinnausschüttung jedoch nicht obsolet[65]. Der BFH stellte klar, dass auch nach der Änderung des Körperschaftsteuerrechts die verdeckte Gewinnausschüttung bei der Körperschaft zu erfassen und nicht entbehrlich ist[66].

---

62 Vgl etwa BFH Urteil v. 23.5.1984 I R 294/81, BFHE 141, 266, BStBl 1984 II S. 673; v. 14.8.1985 I R 149/81, BFHE 144, 548, BStBl 1986 II S. 86; v. 11.2.1987 I R 177/83, BFHE 149, 176, BStBl 1987 II S. 461; v. 10.6.1987 I R 149/83, BFHE 150, 524, BStBl 1988 II S. 25; v. 27.7.1988 I R 68/84, BStBl 1989 II S. 57; v. 7.12.1988 I R 25/82, BStBl 1989 II S. 248.

63 BFH Urteil v. 11.10.1977 VIII R 191/74, BStBl 1978 II S. 109; v.18.11.1980 VIII R 8/78, BStBl 1981 II S. 260; v. 10.6.1987 I R 149/83, BFHE 150, 524, BStBl 1988 II S. 25; v. 11.2.1987 I R 43/83, BFHE 149, 217, BStBl 1987 II S. 643; vgl. auch DÖLLERER, BB 1989, 1175 (1175).

64 BGBl I 1976, 2599.

65 Vgl. DÖLLERER, Verdeckte Gewinnausschüttung, S. 24.

66 BFH Beschluß v. 24.3.1987 I B 117/86, BFHE 149, 468, BStBl 1987 II S. 508; Urteil v. 12.12.1990 I R 43/89, BFHE 163, 162, BStBl 1991 II S. 427; a.A. PEZZER, Die verdeckte Gewinnausschüttung, S. 27 ff: eine Besteuerung bei der Körperschaft habe zu unterbleiben, wenn die Besteuerung der verdeckten Gewinnausschüttung bei dem Gesellschafter sichergestellt sei; dagegen statt vieler: REIß, StuW 1996, 337 (342).

Durch das Anrechnungsverfahren kommt es zu einem Ineinandergreifen der Vorschriften über das Herstellen der Ausschüttungsbelastung nach §§ 27 ff. KStG und den Vorschriften über die Anrechnung der Körperschaftsteuer beim Gesellschafter nach § 20 Abs.1 Nr. 1, § 36 Abs. 2 Nr.3 EStG, deren gemeinsame Grundlage die Vorschrift über die Hinzurechnung der verdeckten Gewinnausschüttung zum Einkommen der Kapitalgesellschaft nach § 8 Abs. III Satz 2 KStG ist[67].

Von der einheitlichen Definition der verdeckten Gewinnausschüttung im Sinne der § 8 Abs. 3 Satz 2, § 27 Abs. 3 Satz 2 KStG und § 20 Abs.1 Nr.1 Satz 2 EStG wich der I. Senat des BFH erstmals in seiner Entscheidung vom 1. Februar 1989 I R 73/85[68] ab. Seither heißt es in ständiger Rechtsprechung des I. Senats:

> „Eine verdeckte Gewinnausschüttung im Sinne des § 8 Abs. 3 Satz 2 KStG 1977 ist bei einer Kapitalgesellschaft eine Vermögensminderung (verhinderte Vermögensmehrung), die durch das Gesellschaftsverhältnis veranlasst ist, sich auf die Höhe des Einkommens auswirkt und in keinem Zusammenhang mit einer offenen Ausschüttung steht. Für den größten Teil der entschiedenen Fälle hat der BFH die Veranlassung durch das Gesellschaftsverhältnis angenommen, wenn die Kapitalgesellschaft ihrem Gesellschafter einen Vermögensvorteil zuwendet, den sie bei der Sorgfalt eines ordentlichen und gewissenhaften Geschäftsleiters einem Nichtgesellschafter nicht gewährt hätte.“[69]

---

67 BFH Urteil v. 11.2.1987 I R 43/83, BFHE 149, 216, BStBl 1987 II S. 643.

68 BFHE 156, 155, BStBl 1989 II S. 522.

69 Diese Definition übernimmt der I. Senat auch in seinem Urteil v. 22.2.1989 I R 9/85, BFHE 156, 428, BStBl 1989 II S. 631, für die verdeckte Gewinnausschüttung im Sinne des § 6 Abs. 1 Satz 2 KStG 1968;
weitere Urteile zur geänderten Definition: v. 22.2.1989 I R 44/85, BFHE 156, 177, BStBl 1989 II S. 475; v. 14.3.1989 I R 8/85, BStBl 1989 II S. 633; v. 12.4.1989 I R 142-143/85, BStBl 1989 II S. 636; v. 26.4.1989 I R 172/87, BStBl 1989 II S. 673 – die trotz der Verwendung der Definition im Urteil vom 1.2.89 I R 2/85 allerdings noch das Urteil v. 23.5.1984 I R 194/81 zitieren; v. 28.6.1989 I R 89/85, BFHE 157, 408, BStBl 1989 II S. 854; v. 9.8.1989 I R 4/84, BFHE 158, 510, BStBl 1990 II S. 237; v. 13.12.1989 I R 99/87, BStBl 1990 II S. 454; v. 24.1.1990 I R 157/86, BStBl 1990 II S. 645; v. 28.2.1990 I R 144/87, BStBl 1990 II S. 595; v. 12.12.1990 I R 73/89, BStBl 1991 II S. 593; v. 28.11.1991 I R 13/90, BStBl 1992 II S. 359; v. 17.2.1993 I R 3/92, BFHE 70, 550; v. 2.4.1994 I R 78/92, BStBl 1994 II S. 479.

Durch diese geänderte Definition, bei der der Gesellschafter unerwähnt bleibt, stellte der I. Senat klar, dass die verdeckte Gewinnausschüttung im Sinne des § 8 Abs. 3 Satz 2 KStG weder den Abfluss von Mitteln bei der Kapitalgesellschaft noch den Zufluss eines Vorteils beim Gesellschafter voraussetzt[70]. Die verdeckte Gewinnausschüttung im Sinne des § 8 Abs. 3 Satz 2 KStG wird nun nicht mehr durch die Zuwendung eines Vermögensvorteils an den Gesellschafter definiert, sondern durch eine Vermögensminderung der Kapitalgesellschaft, die durch das Gesellschaftsverhältnis veranlasst ist. Die Vermögensminderung kann auch als eine verhinderte Vermögensmehrung entstehen. Es kommt nur auf die Verhältnisse bei der Kapitalgesellschaft an, nicht jedoch auf einen der Vermögensminderung bei der Kapitalgesellschaft entsprechenden Mittelzufluss beim Gesellschafter, wobei ein Vermögensvorteil beim Gesellschafter jedoch eine Indizwirkung für das Vorliegen einer verdeckten Gewinnausschüttung haben kann[71]. Ein Beispiel dafür ist etwa das unangemessene Pensionsversprechen an einen Gesellschafter. Durch die Bildung einer entsprechenden Rückstellung können die Voraussetzungen einer verdeckten Gewinnausschüttung im Sinne des § 8 Abs. 3 Satz 2 KStG auf der Ebene der Gesellschaft im Jahr der Pensionsrückstellung vorliegen, ohne dass es zugleich bei dieser zu einem Abfluss und beim Gesellschafter zu einem Zufluss der Mittel kommt[72].

---

70 Dies war bereits nach den bis dato ergangenen Urteilen nicht erforderlich; vgl. Urteil v. 11.9.68 I 89/63, BFHE 93, 382, BStBl 1968 II S. 809; v. 3.2.1971 I R 51/66, BFHE 101, 501, BStBl 1971 II S. 408; v. 16.2.1977 I R 132/75, BFHE 121, 343, BStBl 1977 II S. 444; dazu auch: DÖLLERER, BB 1989, 1175 (1176).

71 WASSERMEYER, DStR 1990, 158 (159); MÜLLER, W., DStJG 17 (1994), S 289 (291); WREDE, in: HERMANN/HEUER/RAUPACH, KStG, § 8 Anm. 38; AHMANN, DStZ 1998, 495 (495).

72 Vgl. BFH Urteil v. 17.5.1995 I R 147/93, BFHE 178, 203, BStBl 1995 II S. 204.

III. Voraussetzungen der verdeckten Gewinnausschüttung im Sinne des § 8 Abs. 3 Satz 2 KStG

1. Gesellschafter

Eine verdeckte Gewinnausschüttung kann nur an Gesellschafter erfolgen, denn nur im Verhältnis zu diesen ist eine gesellschaftsrechtliche Veranlassung möglich. Die Höhe der Beteiligung an der Gesellschaft ist nicht maßgeblich[73]. Für den beherrschenden Gesellschafter bestehen allerdings Besonderheiten im Hinblick auf die gesellschaftsrechtliche Veranlassung[74].

2. Dem Gesellschafter nahestehende Person als Empfänger

Nach ständiger Rechtsprechung kann eine verdeckte Gewinnausschüttung auch dann gegeben sein, wenn der Vorteil nicht unmittelbar dem Gesellschafter, sondern einer ihm nahestehenden Person zugewendet wird. Das „Nahestehen" wird als Indiz für die Veranlassung im Gesellschaftsverhältnis gewertet. Nach der Rechtsprechung und der herrschenden Meinung im Schrifttum reicht zur Begründung des „Nahestehens" jede Beziehung zwischen einem Gesellschafter und einem Dritten aus, „die den Schluß zuläßt, sie habe die Vorteilszuwendung der Kapitalgesellschaft an den Dritten beeinflußt"[75]. Dies können Beziehungen familienrechtlicher, gesellschaftsrechtlicher, schuldrechtlicher oder auch rein

73 RENGERS, in: BLÜMICH, KStG, § 8 Rz. 105; FROTSCHER, in: FROTSCHER/MAAS, KStG, Anhang vGA zu § 8 Rz. 52; LANGE, Verdeckte Gewinnausschüttung, Rn. 30 f.

74 Dazu unten Teil 1, A. III. 6. f).

75 BFH Urteil v. 27.1.1972 I R 28/69, BFHE 104, 353, BStBl 1972 II S. 320; v. 29.9.1981 VIII R 8/77, BStBl 1982 II S. 248; v. 22.2.1989 I R 9/85, BFHE 156, 428, BStBl 1989 II S. 631; v. 18.12.1996 I R 139/94, BFHE 182, 184, BStBl 1997 II S. 301; RENGERS, in: BLÜMICH, KStG, § 8 Rz. 140; FROTSCHER, in: FROTSCHER/MAAS, KStG, Anhang vGA zu § 8 Rz. 59; DÖLLERER, Verdeckte Gewinnausschüttung, S. 46 ff.

tatsächlicher Natur sein. Nahestehende Person kann auch eine Kapitalgesellschaft sein[76].

Mit Urteil vom 18. Dezember 1996[77] hat der I. Senat unter Änderung seiner bisherigen Rechtsprechung entschieden, dass eine verdeckte Gewinnausschüttung durch unmittelbare Zuwendung an einen nahestehenden Dritten nicht auch die Zuwendung eines Vermögensvorteils an den Gesellschafter selbst voraussetzt. Der Gesellschafter braucht kein eigenes vermögenswertes Interesse an der Zuwendung an den Dritten zu haben[78], es genügt vielmehr auch die Befriedigung eines immateriellen Interesses[79].

Ob bei der mittelbaren verdeckten Gewinnausschüttung neben der Korrektur des Gesellschaftsgewinns auch eine steuerliche Zurechnung des Vermögensvorteils gemäß § 20 EStG beim Gesellschafter erfolgt, ist nicht abschließend geklärt. Aus der entsprechenden Formulierung des BFH[80] könnte man entnehmen, dass eine Zurechnung beim Gesellschafter zu den Einkünften aus Kapitalvermögen nicht zwingend zu erfolgen habe. Der BFH konnte diese Frage im Streitfall jedoch unbeantwortet lassen. Die Finanzverwaltung vertritt die Auffassung, dass die der nahestehenden Person zugeflossene verdeckte Gewinnausschüttung steuerrechtlich stets dem Gesellschafter als Einnahme zuzurechnen ist, dem die Person nahesteht, der die Gewinnausschüttung zugeflossen ist[81]. Dafür spricht, dass die Vermögenszuwendung gesellschaftsrechtlich veranlasst ist und im Interesse des Gesellschafters erfolgt[82]. Dadurch hat der Gesellschafter über einen Vermögensvorteil verfügt, der dann allerdings nicht in sein eigenes Vermögen geflossen ist,

---

76 BFH Urteil v. 6.12.1967 I 98/65, BFHE 91, 239, BStBl 1968 II S. 322; v. 3.2.1971 I R 51/66, BFHE 101, 501, BStBl 1971 II S. 408.

77 BFH Urteil v. 18.12.1996 I R 139/94 BFHE 182, 184, BStBl 1997 II S. 301.

78 BFH a.a.O.

79 FROTSCHER, in: FROTSCHER/MAAS, KStG, Anhang vGA zu § 8, Rz. 60.

80 BFH Urteil v. 18.12.1996 I R 139/94 BFHE 182, 184, BStBl 1997 II S. 301.

81 BMF, Schreiben v. 20.5.1999, IV C 6 – S 2252 – 8/99, DStR 1999, 1071.

82 BFH Urteil v. 29.9.1981 VIII R 8/77, BStBl 1982 II 248; v. 6.11.1991 XI R 12/87, BStBl 1992 II 415; FROTSCHER, in: FROTSCHER/MAAS, KStG, Anhang vGA zu § 8, Rzn. 60, 205 ff.; STRECK, KStG, § 8 Anm. 105, 106.

sondern direkt in das der nahestehenden Person[83]. Dem widerspricht jedoch die klare Regelung der §§ 8, 11 EStG, wonach ein Zufluss beim Gesellschafter erforderlich ist[84], so dass eine Zurechnung beim Gesellschafter zumindest dann zu unterbleiben hat, wenn er keinerlei Vorteile aus der Zuwendung an die nahestehende Person hat[85]. Die Auffassung der Finanzverwaltung ist insofern verfehlt. Der Klärung dieser Frage soll hier jedoch nicht weiter nachgegangen werden.

3. Vermögensminderung oder verhinderte Vermögensmehrung

a) Begriff

Das Rechtsinstitut der verdeckten Gewinnausschüttung bezweckt die Besteuerung der Kapitalgesellschaft nach ihrer wirtschaftlichen Leistungsfähigkeit. Dies kommt in der Voraussetzung der „Vermögensminderung oder der verhinderten Vermögensmehrung" zum Ausdruck, die für die Ermittlung der wirtschaftlichen Leistungsfähigkeit von zentraler Bedeutung ist[86]. Sie bildet den „wirtschaftlichen Teil" der verdeckten Gewinnausschüttung, dem der „gesellschaftsrechtliche Teil", die Veranlassung im Gesellschaftsverhältnis, folgt[87].

Nach der Änderung der Rechtsprechung des I. Senats[88] ist bei der Ermittlung einer verdeckten Gewinnausschüttung im Sinne des § 8 Abs. 3 Satz 2 KStG nur an die Verhältnisse bei der Kapitalgesellschaft anzuknüpfen. Auf einen Vermögensvorteil beim Gesellschafter oder bei einer ihm nahestehenden Person kommt es nicht an. Dies ist im Hinblick auf das Trennungsprinzip, das eine

---

83 FROTSCHER, GmbHR 1998, 23 (30).

84 DÖLLERER, BB 1989, 1175 (1176); *ders.*, Verdeckte Gewinnausschüttung, S. 49.

85 Das BVerfG hat im Beschluss vom 8.12.1992 1 BvR 326/89, HFR 1993, 201 die Ansicht des BFH bestätigt, dass im Falle einer Pensionszusage an die Mutter der Gesellschafterin ein Vorteil in den ersparten Aufwendungen der Gesellschafterin als Tochter zu sehen ist.

86 Vgl. FROTSCHER in FROTSCHER/MAAS, KStG, Anhang vGA zu § 8, Rz. 73.

87 So die anschauliche Terminologie von HOFFMANN, DStR 1998, 313 (314).

88 Seit BFH Urteil v. 1.2.1989 I R 73/85, BFHE 156, 155, BStBl 1989 II S. 522, vgl. oben.

getrennte Besteuerung der Gesellschaft und ihrer Gesellschafter als jeweils eigenständige Steuersubjekte vorsieht, logisch konsequent[89].

Kapitalgesellschaften ermitteln ihren Gewinn anhand eines Betriebsvermögensvergleichs unter Anwendung des Maßgeblichkeitsgrundsatzes nach den handelsrechtlichen Grundsätzen ordnungsgemäßer Buchführung gemäß § 8 Abs. 1 KStG, § 4 Abs. 1 Satz 1, § 5 Abs. 1 EStG. Eine Vermögensminderung bzw. eine verhinderte Vermögensmehrung erfolgt in dem für die Gewinnermittlung maßgebenden Betriebsvermögen. Eine Vermögensminderung führt zu einer Nichtabziehbarkeit des tatsächlich vorhandenen Aufwands (z.B. überhöhtes Geschäftsführergehalt) bei der Gewinnermittlung. Der Vermögensminderung gleich steht die verhinderte Vermögensmehrung. Eine verhinderte Vermögensmehrung führt zu einer Hinzurechnung der nicht von der Kapitalgesellschaft erzielten Einnahmen (z. B. Verzicht auf angemessenen Kaufpreis für ein Wirtschaftsgut) bei der Gewinnermittlung.

Eine Vermögensminderung ist gegeben, wenn die Kapitalgesellschaft Aufwand tätigt, der steuerrechtlich unter Veranlassungsgesichtspunkten als Einkommensverteilung an die Gesellschafter zu beurteilen ist. Dies ist etwa der Fall, wenn die Kapitalgesellschaft ihrem Gesellschafter ein überhöhtes (unangemessenes) Geschäftsführergehalt zahlt, oder sie von ihrem Gesellschafter ein Wirtschaftsgut zu einem über dem Marktpreis liegenden Preis erwirbt. Derartige Geschäftsvorfälle vermindern das Betriebsvermögen und mithin den Gewinn.

Eine verhinderte Vermögensmehrung ist gegeben, wenn die Kapitalgesellschaft für eine von ihr erbrachte Leistung kein angemessenes Entgelt erhält[90]. So etwa wenn sie ein sich im Betriebsvermögen befindliches Wirtschaftsgut unter dem Teilwert an einen Gesellschafter verkauft, oder wenn sie dem Gesellschafter ein zinsloses Darlehen gewährt, ihm Wirtschaftsgüter zur Nutzung überlässt oder andere Leistungen an ihn erbringt und hierfür kein oder ein unangemessen niedriges Entgelt erhält. Hier stellt die Differenz zwischen tatsächlich gezahltem Kauf-

---

89 So auch WASSERMEYER, StVj 1993, 208 (210).

90 Vgl. BFH Urteil v. 23.6.1993 I R 72/92, BFHE 172, 51.

preis und dem Teilwert, bzw. der entgangene Zins, einen Wert dar, der das Betriebsvermögen vermehrt hätte, so dass der Betriebsvermögensvergleich einen höheren Gewinn ergeben hätte. Die Kapitalgesellschaft verzichtet aus gesellschaftsrechtlicher Veranlassung auf die Erfassung eines Anspruchs auf Vermögensmehrung, der sich aus dem Geschäftsvorfall ergeben hat[91].

Die Vermögensminderung bzw. verhinderte Vermögensmehrung setzt begriffslogisch voraus, dass es sich um eine vermögenswerte Position handelt, die nach den handelsrechtlichen Grundsätzen als zum Betriebsvermögen der Kapitalgesellschaft gehörend anzusehen ist und als solche bilanzierungsfähig ist. Eine Vermögensminderung ist gegeben, wenn solche vermögenswerten Positionen der Kapitalgesellschaft ausgenutzt werden, für die auch ein Dritter ein Entgelt aufwenden würde[92].

In der Handelsbilanz sind Sachen und Rechte als „Vermögensgegenstände" zu aktivieren. In der Steuerbilanz werden Vermögensgegenstände als Wirtschaftgüter bezeichnet. Die Frage der Bilanzierungsfähigkeit, und damit der Qualifikation von vermögenswerten Positionen als Wirtschaftgüter, richtet sich wegen des Maßgeblichkeitsgrundsatzes nach dem Handelsbilanzrecht. Hier ist ein Vermögensgegenstand dann gegeben, wenn er nach der Verkehrsauffassung selbständig bewertet werden kann, selbständig verkehrsfähig ist, und dem Betrieb einen über das Wirtschaftsjahr hinausgehenden Nutzen zu bringen verspricht[93]. Selbständige Bewertungsfähigkeit ist insbesondere dann gegeben, wenn bei einer hypothetischen Veräußerung der Käufer den Vermögensvorteil in die Kaufpreisbemessung mit einbeziehen würde[94].

---

91 SCHULZE-OSTERLOH, FR 1993, 73 (74); WEBER-GRELLET, DStZ 1998, 357 (365).

92 WEBER-GRELLET, a.a.O, S. 365.

93 Vgl. BFH Beschluß v. 2.3.1970 GrS 1/69, BStBl 1970 II S. 382; Urteil v. 9.7.1986 I R 218/82, BStBl 1987 II S. 14; KNOBBE-KEUK, Bilanz- u. Unternehmenssteuerrecht, S. 87 ff.; TIPKE-LANG, § 9 Rz. 339; JAKOB, EStR, § 4 Rn. 71.

94 BFH Urteil v. 9.7.1986 I R 218/82, BStBl 1987 II S. 14.

Nach dem BFH kann auch der Verzicht auf eine Gewinnchance Gegenstand einer Vermögensminderung sein und mithin eine verdeckte Gewinnausschüttung begründen. Ein einfaches Beispiel dafür ist der Fall der unentgeltlichen Nutzungsüberlassung eines Grundstücks der Gesellschaft an den Gesellschafter, der sodann die Fruchtziehung auf eigene Rechnung betreiben darf. Ein gewinnwirksamer Verzicht auf eine Geschäftschance liegt auch vor, wenn die Gesellschaft auf die Annahme eines günstigen Kaufangebots zugunsten ihres Gesellschafters verzichtet[95], oder auf den Erwerb eines Grundstücks zu einem unter dem Verkehrswert liegenden Preis[96]. Auch der Verzicht auf einen vermeintlich bestehenden Anspruch der Gesellschaft gegenüber einem Dritten zugunsten des Gesellschafters kann eine verdeckte Gewinnausschüttung darstellen[97].

Voraussetzung in allen Fällen ist, dass die Gewinnchance hinreichend konkret ist und allein oder überwiegend in der Verfügungsgewalt der Kapitalgesellschaft liegt. Ein gedachter fremder Erwerber des Unternehmens, dem die Gesellschaft nicht gesellschaftsrechtlich verbunden ist, würde für eine nur vage Gewinnchance keinen höheren Preis entrichten. Andererseits würde ein ordentlicher und gewissenhafter Geschäftsleiter eine Gewinnchance, die zwar noch nicht realisiert, deren Verwirklichung aber doch sehr wahrscheinlich ist, einem fiktiven Erwerber nicht unentgeltlich überlassen[98].

b) Vorteilsausgleich

Erbringt der Gesellschafter im Zusammenhang mit einer gesellschaftsrechtlich veranlassten Vorteilszuwendung eine Leistung an die Gesellschaft, so stellt sich die Frage nach dem Ausgleich des gewährten Vorteils. Es ist zu ermitteln, ob es sich um eine Leistung handelt, die zum Zwecke des Vorteilsausgleichs erbracht wird, oder ob nur ein verlorener (verdeckter) Gesellschafterzuschuss gewährt

---

95 BFH Urteil v. 3.11.1971 I R 68/70, BFHE 104, 158, BStBl 1972 II S. 227.

96 FG Münster Urteil v. 8.6.1979 VI 647/76 K, EFG 1980, 44.

97 BFH Urteil v. 18.11.1980 VIII R 8/78, BStBl 1981 II S. 260.

98 BFH Urteil v. 3.11.1971 I R 68/70, BStBl 1972 II S. 227.

wird[99]. Der BFH[100] hat zum Vorteilsausgleich entschieden, dass bei einem gegenseitigen Vertrag Leistung und Gegenleistung immer auszugleichen sind. Der gewährte Vorteil, der Gegenstand der verdeckten Gewinnausschüttung ist, liegt in diesem Fall allein in dem Teil der Leistung der Kapitalgesellschaft, der die Gegenleistung des Gesellschafters übersteigt. Dabei ist das gesamte Schuldverhältnis einschließlich aller Haupt- und Nebenvereinbarungen zu berücksichtigen[101]. Übersteigt die Leistung des Gesellschafters die der Gesellschaft, so liegt in der Höhe der Differenz eine verdeckte Einlage vor, und die Annahme einer verdeckten Gewinnausschüttung entfällt[102]. Gleiches gilt auch bei Leistungen und Gegenleistungen aus mehreren Rechtsgeschäften, wenn sie so eng zusammenhängen, dass sie wirtschaftlich als ein einheitliches Geschäft anzusehen sind. Dies setzt insbesondere voraus, dass sie zum gleichen Zeitpunkt geschlossen wurden und sich im Hinblick auf ihren Rechtsgrund gegenseitig bedingen.

Werden mehrere Rechtsgeschäfte zu unterschiedlichen Zeitpunkten abgeschlossen, so kann ein Vorteilsausgleich zwischen ihnen nur dann erfolgen, wenn aus der Sicht des ordentlichen und gewissenhaften Geschäftsleiters Leistung (Vorteilsgewährung) und Gegenleistung des Gesellschafters im Zusammenhang stehen und die Gegenleistung dem Grunde und der Höhe nach gesichert ist. Nach dem BFH bedarf es dafür im Allgemeinen einer im voraus getroffenen Vereinbarung. Diese brauche nicht den „Inhalt zu haben, daß im Sinn eines gegenseitigen Vertrags das eine als Gegenleistung für das andere bestimmt wird." Es genüge auch eine „rechtliche Verknüpfung anderer Art"[103]. Diese rechtliche Ver-

---

99 BFH Urteil v. 7.12.1988 I R 25/82, BFHE 155, 349, BStBl 1989 II S. 248; RENGERS in BLÜMICH, KStG, § 8 Rz. 283.

100 BFH Urteile v. 8.6.1977 I R 95/75, BFHE 122, 491, BStBl 1977 II S. 704; v. 7.12.1988 I R 25/82, BFHE 155, 349, BStBl 1989 II S. 248; v. 10.3.1993 I R 51/92, BFHE 171, 58.

101 Vgl. STRECK, § 8 Anm. 92.

102 BFH Urteil v. 20.8.1986 I R 87/83, BFHE 147, 521, BStBl 1987 II S. 75; dies setzt freilich voraus, das es sich bei dem Gegenvorteil um einen einlagefähigen Vermögensgegenstand handelt, so DÖLLERER, Verdeckte Gewinnausschüttung, S. 120.

103 BFH Urteil v. 8.6.1977 I R 95/75, BFHE 122, 491, BStBl 1977 II S. 704; RENGERS, in: BLÜMICH, KStG, § 8 Rz. 287; STRECK, § 8 Anm. 93.

knüpfung setzt aber wohl eine synallagmatische Vereinbarung voraus. Letztlich wird doch ein gegenseitiger Vertrag erforderlich sein.

Erst nachträglich vereinbarte Gegenleistungen, mit denen unangemessene Vorteilsgewährungen der Kapitalgesellschaft an ihren Gesellschafter rückgängig gemacht werden sollen, können keinen Vorteilsausgleich ermöglichen. Dies wäre ein Verstoß gegen das steuerrechtliche Nachzahlungsverbot[104].

Besondere Anforderungen werden an den Vorteilsausgleich zur Vermeidung einer verdeckten Gewinnausschüttung an den beherrschenden Gesellschafter gestellt. Bei einem beherrschenden Gesellschafter kann ein betrieblich veranlasster Leistungsaustausch stets nur dann angenommen werden, wenn er auf einer im voraus getroffenen, klaren und eindeutigen Vereinbarung beruht[105].

c) Ermittlung der Vermögensminderung

Nach der Rechtsprechung ist die Vermögensminderung „als Tatbestandsvoraussetzung[106] einer verdeckten Gewinnausschüttung mit Hilfe der Steuerbilanz zu ermitteln, wie sie ohne Berücksichtigung der Rechtsfolge des § 8 Abs. 3 Satz 2 KStG unter Anwendung des Maßgeblichkeitsgrundsatzes aufzustellen ist. Der so ermittelte Steuerbilanzgewinn ist mit demjenigen zu vergleichen, der sich bei dem Ansatz des Aufwandes als Ausschüttung bzw. bei der Erfassung der verhinderten Vermögensmehrung als Einnahme ergibt“[107]. Ein sich daraus ergebender Differenzbetrag stellt die Vermögensminderung bzw. verhinderte Vermögensmehrung

104 RENGERS, in: BLÜMICH, KStG, § 8 Rz. 286.

105 BFH Urteile v. 8.6.1977 I R 95/75, BFHE 122, 491, BStBl 1977 II S. 704; v. 7.12.1988 I R 25/82, BFHE 155, 349, BStBl 1989 II S. 248; v. 10.3.1993 I R 51/92, BFHE 171, 58.

106 Gegen die Verwendung des Begriffs „Tatbestandsmerkmal“: AHMANN, DStZ 1998, 495 (496) Fn 19: Ihres Erachtens sollte der Begriff für gesetzliche Tatbestandsmerkmale reserviert bleiben.

107 BFH Urteil v. 23.6.1993 I R 72/92, BFHE 172, 51, BStBl 1993 II S. 801; v. 29.6.1994 I R 137/93, BFHE 175, 347; v. 14.9.1994 I R 6/94, BFHE 175, 412; v. 4.12.1996 I R 54/95, BFHE 182, 358; vgl. auch MAAS, StVj 1990, 42 (50).

dar, der dann den Betrag der verdeckten Gewinnausschüttung bilden kann, wenn er auch eine Einkommensminderung darstellt.

Der BFH geht bei einer bilanzierenden Kapitalgesellschaft von einer zweistufigen Ermittlung des Gewinns im Sinne des § 2 Abs. 2 Nr. 1 EStG aus. Zunächst wird unter Anwendung des Maßgeblichkeitsgrundsatzes nach § 5 Abs. 1 Satz 1 EStG mittels des Betriebsvermögensvergleichs der Unterschiedsbetrag im Sinne des § 4 Abs. 1 EStG ermittelt. Danach erfolgen Korrekturen des Unterschiedsbetrages. Einlagen und steuerfreie Einnahmen werden abgezogen, Entnahmen, verdeckte Gewinnausschüttungen und nichtabziehbare Aufwendungen werden hinzugerechnet. Die Ermittlung der verdeckten Gewinnausschüttung erfolgt mithin durch die Steuerbilanz, die Hinzurechnung erfolgt außerhalb der Steuerbilanz[108]. Dies entspricht dem Wesen der verdeckten Gewinnausschüttung als Gewinnkorrekturvorschrift[109].

In seiner neueren Rechtsprechung spricht der I. Senat des BFH, allerdings festhaltend an seiner Definition von 1989, im Rahmen der Subsumtion auch von einer „Gewinnminderung“ anstelle der „Vermögensminderung“[110]. Dabei handelt es sich nicht um eine Minderung des in § 4 Abs. 1 Satz 1 EStG legal definierten „Gewinns“, sondern um eine Minderung des Ergebnisses des Bestandsvergleichs (Unterschiedsbetrags)[111].

---

108 BFH Urteil v. 29.6.1994 I R 137/93, BFHE 175, 347; vgl. auch WASSERMEYER in: Gedächtnisschrift für KNOBBE-KEUK, 541 (549).

109 WASSERMEYER, GmbHR 1998, 157 (159); MAAS, StVj 1990, 42 (50, 52); Kritik am Begriff der außerbilanziellen Hinzurechung: REIß, StuW 1996, 337 (340), der Begriff des Steuerbilanzgewinns umfasse bereits die Hinzurechnungen von Entnahmen und verdeckten Gewinnausschüttungen sowie den Abzug von Einlagen zu bzw. von dem Ergebnis des Betriebsvermögensvergleichs; dies führt letztlich jedoch zum gleichen Ergebnis.

110 BFH Urteile v. 4.12.1996 I R 54/95, BFHE 182, 123; v.15.10.1997 I R 42/97, BFHE 184, 444.

111 AHMANN, DStZ 1998, 495 (496); *dies.*, DStZ 1999, 233 (235).

4. Auswirkung auf die Höhe des Einkommens der Gesellschaft

Die Definition der verdeckten Gewinnausschüttung des I. Senats des BFH setzt neben der Vermögensminderung voraus, dass diese sich auch auf die Höhe des Einkommens der Gesellschaft ausgewirkt haben muss, was meistens, jedoch nicht immer der Fall ist.

Ein Fall der Einkommensminderung ohne Vermögensminderung ist etwa der folgende: Eine Kapitalgesellschaft überlässt ihrem Gesellschafter unentgeltlich ihre selbstgeschaffene Kundendatei oder von ihr entwickeltes Know-How. Bei beidem handelt es sich um immaterielle Wirtschaftsgüter die, da sie die Gesellschaft nicht entgeltlich erworben hat, unter das Aktivierungsverbot des § 5 Abs. 2 EStG fallen[112]. Die unentgeltliche Überlassung dieser immateriellen Wirtschaftsgüter führt nun nicht zu einer Vermögensminderung, da sie den Vermögensbestand der Gesellschaft wegen des Aktivierungsverbotes nicht beeinträchtigt. Unter Veranlassungsgesichtspunkten ist jedoch zu dem Ergebnis zu kommen, dass ein ordentlicher und gewissenhafter Geschäftsleiter diese immateriellen Wirtschaftsgüter einem fremden Dritten nicht unentgeltlich überlassen hätte. Der tatsächlich ausgewiesene Gewinn ist somit geringer als der hypothetisch erzielbare Gewinn der Kapitalgesellschaft, wenn sie den Geschäftsvorfall unter Beachtung der Sorgfalt eines ordentlichen und gewissenhaften Geschäftsleiters zu angemessenen Bedingungen durchgeführt hätte. Der Verzicht auf diesen erzielbaren Gewinn begründet somit eine Einkommensminderung der Kapitalgesellschaft[113].

Eine Vermögensminderung, die nicht zugleich eine Einkommensminderung bewirkt, ergibt sich zum Beispiel aus dem Fall, dass die Kapitalgesellschaft eine steuerfreie Forderung, etwa den Anspruch auf eine Investitionszulage, an einen Gesellschafter unentgeltlich abtritt[114]. Die Investitionszulage stellt keine Einkunft

---

112 Vgl. KNOBBE-KEUK, Bilanz- u. Unternehmenssteuerrecht, S. 90 ff.

113 Vgl. DÖLLERER, Verdeckte Gewinnausschüttung, S. 31 f.

114 FORSCHUNGSGRUPPE VIADRINA, BB 1996, 2436 (2437).

im Sinne des EStG dar, § 9 Satz 1 InvZulG 1999[115]. Mangels einer Einkommensminderung bei der Kapitalgesellschaft kann dieser Geschäftsvorfall nicht als verdeckte Gewinnausschüttung im Sinne des § 8 Abs. 3 Satz 2 KStG dem Einkommen der Kapitalgesellschaft hinzugerechnet werden[116].

5. Vorteilszuwendung an den Gesellschafter

Mit der neuen Definition der verdeckten Gewinnausschüttung im Sinne des § 8 Abs. 3 Satz 2 KStG wollte der BFH klarmachen, dass es im Rahmen des § 8 Abs. 3 Satz 2 KStG nur auf die Verhältnisse bei der Kapitalgesellschaft ankommt. Ein Zufluss des Vermögensvorteils beim Gesellschafter ist dazu nicht erforderlich[117]. Gleichwohl hat der BFH den Gesichtspunkt des Vermögensvorteils, der infolge der verdeckten Gewinnausschüttung beim Gesellschafter oder einer diesem nahestehenden Person eintritt, in der Folgezeit nicht fallen gelassen. So heisst es in der Umschreibung der gesellschaftlichen Veranlassung in ständiger Rechtsprechung: „Für den größten Teil der entschiedenen Fälle hat der BFH eine Veranlassung durch das Gesellschaftsverhältnis bejaht, wenn die Kapitalgesellschaft ihrem Gesellschafter einen *Vermögensvorteil*[118] zuwendet... “[119]. Die bei der Kapitalgesellschaft eintretende Vermögensminderung muss somit also geeignet sein, beim Gesellschafter oder einer diesem nahestehenden Person einen Vermögensvorteil auszulösen[120]. An diesem Erfordernis wird der BFH wohl

---

115 BGBl. 1999 I S. 2070.

116 Davon unberührt bleibt die Erfassung dieses Geschäftsvorfalls als „andere Ausschüttung“ i. S. des § 27 Abs. 3 Satz 2, § 28 Abs. 2 Satz 2 KStG und als Kapitalertrag des Gesellschafters nach § 20 Abs. 1 Nr. 1 Satz 2 EStG.

117 Vgl. etwa BFH Urteil v. 22.2.1989 I R 44/85, BFHE 156, 177, BStBl 1989 II S. 475.

118 Hervorhebung durch den Verfasser.

119 Ständige Rechtsprechung, z.B. in BFH Urteil v. 19.2.1999 I R 105-107/99, FR 1999, 601.

120 So auch WASSERMEYER, FR 1997, 563; FROTSCHER, in: WIDMANN, DStJG 20 (1997), 205 (215); vgl auch THIEL, DStR 1993, 1801 (1803).

festhalten und sich so wieder der verdeckten Gewinnausschüttung im Sinne des § 20 Abs. 1 Nr. 1 Satz 2 EStG annähern[121].

6. Veranlassung durch das Gesellschaftsverhältnis

a) Rechtsgrund der Vermögensminderung bzw. verhinderten Vermögensmehrung

Das Schwergewicht[122] oder Zentralproblem[123] der Prüfung der verdeckten Gewinnausschüttung liegt in der Voraussetzung der gesellschaftlichen Veranlassung. Nur wenn die Vermögensminderung oder verhinderte Vermögensmehrung der Kapitalgesellschaft ihren Grund in der geschäftsmäßigen Teilnahme am Marktgeschehen hat, also im Zusammenhang mit der Einkommenserzielung steht, kann sie als Betriebsausgabe gewinnwirksam berücksichtigt werden. Stellt sie sich als Einkommensverwendung[124] dar, so darf sie das Einkommen der Gesellschaft nicht mindern. Eine Einkommensverwendung mit der Rechtsfolge der verdeckten Gewinnausschüttung ist anzunehmen, wenn der Geschäftsvorfall seinen Ursprung („verdeckt") im Gesellschaftsverhältnis hat, eine Teilnahme am Marktgeschehen mithin nur vorgetäuscht wird.

Daraus folgt freilich nicht, dass sämtliche Geschäftsbeziehungen zwischen Gesellschaft und Gesellschafter zugleich als verdeckte Gewinnausschüttungen zu qualifizieren wären. Häufig wird gerade die Gesellschafterstellung den Ausschlag dafür geben, dass ein Geschäft zwischen der Gesellschaft und dem Gesellschafter zustande kommt, so etwa bei der Bestellung zum Geschäftsführer oder im Falle eines Pensionsversprechens. Vertragliche Beziehungen zwischen den beiden eigenständigen Steuersubjekten Gesellschaft und Gesellschafter sind grundsätz-

---

121 AHMANN, DStZ 1998, 495 (499).

122 AHMANN, DStZ 1998, 495 (499).

123 WASSERMEYER, StbJb 1997/98, 79 (95).

124 Zum Dualismus von Einkommenserzielung und Einkommensverwendung: FROTSCHER, in: WIDMANN, DStJG 20 (1997), 205 (213 ff.).

lich auf Grund des Trennungsprinzips auch bei der Besteuerung zu beachten. Verdeckte Gewinnausschüttungen liegen aber dann vor, wenn die vertragliche Beziehung mit dem Gesellschafter für die Gesellschaft ungünstiger ist als es eine Vertragsbeziehung mit einem fremden Dritten wäre. Der Gesellschafter darf nicht auf Grund seiner Gesellschafterstellung bei der Durchführung von Verträgen mit der Gesellschaft begünstigt werden, die Gesellschaft darf nicht benachteiligt werden[125].

Es gilt also, den Rechtsgrund für die eingetretene Vermögensminderung oder verhinderte Vermögensmehrung zu ermitteln. Hier sei an die einfache und verständliche Definition des BFH[126] aus den achtziger Jahren erinnert:

> „Das Wesen der verdeckten Gewinnausschüttung (ihr Kern) besteht darin, daß den Gesellschaftern oder ihnen nahestehenden Personen von der Gesellschaft Gewinn in einer Form zugeführt wird, in der er nicht als Gewinn erscheint, sondern unter anderen Bezeichnungen verborgen ist. Entscheidend ist, ob Leistungen an den Gesellschafter aus betrieblichen Gründen oder mit Rücksicht auf das Gesellschaftverhältnis (societatis causa) gewährt werden."

Die Zielsetzung, die einer Vermögensverschiebung zugrunde liegt, ist ein innerer Vorgang. Ob ein Geschäftsvorfall aus betrieblichen Gründen oder mit Rücksicht auf das Gesellschaftsverhältnis erfolgt, kann daher nur anhand der objektiv nach außen in Erscheinung tretenden Merkmale des Einzelfalls durch Wertung und Auslegung festgestellt werden[127]. Der Rechtsgrund ist aus den Erklärungen des Leistenden und Leistungsempfängers, aus dem Gesamtverhalten der Beteiligten und aus der Wertung der maßgebenden Umstände zu ermitteln[128]. Subjektive Elemente sind nicht nötig, d. h. es ist weder erforderlich, dass die für die Gesellschaft handelnden Personen die Absicht oder das Bewusstsein haben, im Interesse

---

125 Vgl. FROTSCHER, in: FROTSCHER/MAAS, KStG, Anhang vGA zu § 8 Rz. 98; WASSERMEYER, DB 1994, 1105 (1106).

126 BFH Urteil v. 7.12.1983 I R 70/77, BFHE 140, 221, BStBl 1984 II S. 384.

127 BFH Urteile v. 14.8.1985 I R 149/81, BFHE 144, 548, BStBl 1986 II S. 86; v. 7.12.1988 I R 25/82, BFHE 155, 349, BStBl 1989 II S. 248.

128 FROTSCHER, in: FROTSCHER/MAAS, KStG, Anhang vGA zu § 8 Rz. 100.

des Gesellschafters Gewinn zu verteilen, noch braucht eine dahingehende Einigung zwischen Leistendem und Leistungsempfänger vorzuliegen[129].

Die Vermögensminderung oder verhinderte Vermögensmehrung muss jedoch geeignet sein, bei einem Gesellschafter oder einer ihm nahestehenden Person einen korrespondierenden – nicht notwendigerweise zeitgleich eintretenden und zufließenden – Vermögensvorteil auszulösen. Eine verdeckte Gewinnausschüttung setzt also eine zweckgerichtete vermögensmäßige Begünstigung des Gesellschafters voraus[130]. Dies ergibt sich aus dem Ausdruck „Veranlassung im Gesellschaftsverhältnis", wenngleich der BFH dies nicht explizit in seiner Definition festhält[131].

Gesellschaftlich veranlasste Vermögensverschiebungen zwischen Kapitalgesellschaft und Gesellschaftern können in den unterschiedlichsten Gestaltungen vorkommen. Häufig tritt dabei die gesellschaftliche Veranlassung nicht offen zutage, sondern ist verdeckt. Der Tatbestand des § 8 Abs. 3 Satz 2 KStG gibt nicht vor, nach welchen Grundsätzen der Fremdvergleich inhaltlich auszurichten ist[132]. Für die praktische Aufgabenerfüllung von Finanzbehörden und -gerichten ist deshalb eine Aufstellung von Merkmalen, die eine gesellschaftsrechtliche Veranlassung indizieren, unerlässlich[133]. Der BFH hat Hilfskriterien[134], die auf eine Veranlassung im Gesellschaftsverhältnis hindeuten, herausgearbeitet. Heute

---

129 BFH Urteile v. 3.12.1969 I R 107/69, BStBl 1970 II S. 229; v. 10.1.1973 I R 119/70, BFHE 108, 183, BStBl 1973 II S. 322; a.A.: LANGE, Verdeckte Gewinnausschüttung, Rdn. 85 ff.

130 FROTSCHER, in: FROTSCHER/MAAS, KStG, Anhang vGA zu § 8 Rz. 89; *ders.*, in: WIDMANN, DStJG 20 (1997), 205 (215); WASSERMEYER, FR 1997, 563 (563); *ders.*, StbJb 1997/98, 79 (84).

131 WASSERMEYER, FR 1997, 563 (563); *ders.*, StbJb 1997/98, 79 (85).

132 Anders als z.B. § 6 Abs. 1 Nr. 1 Satz 3 EStG oder § 1 AStG; vgl. WASSERMEYER, StVj. 1993, 208 (216), der eine Ausrichtung an § 1 AStG als empfehlenswert erachtet. Dem ist die Rechtsprechung jedoch nicht gefolgt.

133 Vgl. AHMANN, DStZ 1998, 495 (499).

134 BFH Urteil v. 2.12.1992 I R 54/91, BStBl 1993 II S. 311.

heißt es in ständiger Rechtsprechung des BFH[135] zur Veranlassung im Gesellschaftsverhältnis:

> „Für den größten Teil der entschiedenen Fälle hat der BFH die Veranlassung durch das Gesellschaftsverhältnis angenommen, wenn die Kapitalgesellschaft ihrem Gesellschafter einen Vermögensvorteil zuwendet, den sie bei der Sorgfalt eines ordentlichen und gewissenhaften Geschäftsleiters einem Nichtgesellschafter nicht gewährt hätte. Ist allerdings der begünstigte Gesellschafter ein beherrschender, so kann eine vGA auch dann anzunehmen sein, wenn die Kapitalgesellschaft eine Leistung an ihn erbringt, für die es an einer klaren, im voraus getroffenen, zivilrechtlich wirksamen und tatsächlich durchgeführten Vereinbarung fehlt.
>
> Schließlich kann die Veranlassung durch das Gesellschaftsverhältnis auch darin begründet sein, daß das zwischen der Kapitalgesellschaft und ihrem Gesellschafter abgeschlossenen Rechtsgeschäft zwar für die Kapitalgesellschaft günstig ist, jedoch aus Gründen des Fremdvergleichs zu dem Schluß zwingt, daß es von Anfang an nicht ernstlich gewollt war."

Der BFH hat im wesentlichen folgende Kriterien aufgestellt, um eine mögliche gesellschaftsrechtliche Veranlassung eines Geschäftsvorfalls aufzudecken:

- die tatsächliche Durchführung und Ernsthaftigkeit der Vereinbarung,
- das Verhalten eines ordentlichen und gewissenhaften Geschäftsleiters,
- das Verhalten des Geschäftspartners der Körperschaft (Drittvergleich),
- der Maßstab der klaren und eindeutigen, wirksamen, im voraus abgeschlossenen und tatsächlich vollzogenen Vereinbarung.

Diese Maßstäbe beruhen auf dem Fremdvergleich, der auch in anderen Bereichen des Steuerrechts vorkommt[136]. Der Fremdvergleich dient dem Aufspüren von Gestaltungsmissbräuchen in Fällen, in denen den Vertragsparteien wegen der persönlichen Nähe der „natürliche wirtschaftliche Interessengegensatz", der unter

---

135 Vgl. BFH Urteile v. 6.12.1995 I R 88/94, BFHE 179, 322; v. 13.11.1996 I R 53/95, BFH/NV 1997, 622; m.w.N.

136 Etwa bei der Frage der steuerlichen Anerkennung von Verträgen zwischen nahen Angehörigen.

fremden Vertragspartnern besteht, fehlt[137]. Dieser wirtschaftliche Interessengegensatz wird häufig bei Gesellschaftern, insbesondere bei beherrschenden Gesellschaftern, im Verhältnis zu ihrer Kapitalgesellschaft fehlen.

Die sich aus dem Fremdvergleich ergebenden Kriterien sind nicht mit Tatbestandsmerkmalen gleichzusetzen. Es handelt sich um Indizien. Der Fremdvergleich und die Verwendung indizieller Merkmale begegnen grundsätzlich keinen verfassungsrechtlichen Bedenken. Das Bundesverfassungsgericht hat in seinem sog. „Oder-Konto"-Beschluss vom 7. November 1995[138] zur Anerkennung von Ehegatten-Arbeitsverhältnissen entschieden, dass es gerechtfertigt ist, drohenden Missbräuchen zivilrechtlicher Gestaltungsmöglichkeiten mittels des Fremdvergleichs vorzubeugen, um der Ernsthaftigkeit der getroffenen Vereinbarung auf die Spur zu kommen. Da innere Tatsachen häufig nicht zweifelsfrei feststellbar sind, ist es ferner gerechtfertigt, äußerlich erkennbare Merkmale als Beweisanzeichen (Indizien) heranzuziehen. Allerdings darf ein Indizmerkmal nicht mehr mit ausschlaggebender Bedeutung herangezogen werden, wenn ein Sachverhalt nicht beweisbedürftig ist, sondern sich schon aus anderen Quellen mit hinreichender Sicherheit feststellen lässt. Äußere Umstände dürfen nicht wie Tatbestandsmerkmale gehandhabt werden oder zu unwiderlegbaren Vermutungen werden. Daraus folgt, dass der Tatbestand einer verdeckten Gewinnausschüttung nicht schon beim Fehlen eines Merkmals bejaht werden darf, sondern vielmehr eine Gesamtschau und Gesamtwürdigung aller Indizien und Umstände des Einzelfalls zu erfolgen hat[139].

b) Tatsächliche Durchführung und Ernsthaftigkeit der Vereinbarung

Erfolgt ein Leistungsaustausch zwischen Gesellschaft und Gesellschafter in der Form eines schuldrechtlichen Rechtsgeschäfts, so kann darin der Wille der Parteien gesehen werden, dieses Geschäft im Zusammenhang mit einer Einnahmen-

---

137 GOSCH, DStZ 1997, 1 (1).

138 BVerfG Beschluß v. 7.11.1995 – 2 BvR 802/90 –, BStBl 1996 II S. 34.

139 GOSCH, DStZ 1997, 1 (7); AHMANN, DStZ 1998, 495 (502).

erzielung, also der Beteiligung am Marktgeschehen, tätigen zu wollen, so dass das Geschäft betrieblich veranlasst ist. Als betrieblich veranlasst kann ein schuldrechtliches Rechtsgeschäft jedoch nur gewertet werden, wenn es auch tatsächlich durchgeführt wird. Dies ergibt sich aus dem Gedanken des § 41 AO[140], wonach der Besteuerung nur die tatsächlichen Verhältnisse zugrunde gelegt werden können, die die Parteien haben eintreten lassen. Wird ein schuldrechtliches Rechtsgeschäft von den Parteien zwar vereinbart, nicht jedoch durchgeführt, so werden dadurch die tatsächlichen Verhältnisse beeinflusst. Aus einer tatsächlich nicht durchgeführten Vereinbarung lässt sich auf eine fehlende Ernsthaftigkeit der Vereinbarung schließen, wenn die Parteien das Geschäft von Anfang an nicht durchführen wollten[141].

Das Merkmal der tatsächlichen Durchführung und der Ernsthaftigkeit einer Vereinbarung stellt eines der Grundmerkmale zur Abgrenzung der betrieblichen von der gesellschaftsrechtlichen Veranlassung dar[142]. Dies ergibt sich bereits aus dem Begriff „verdeckt“, denn nur eine tatsächlich durchgeführte und ernstlich gewollte Vereinbarung kann betrieblich veranlasst sein. Eine nicht tatsächlich durchgeführte und nicht ernstlich gewollte Vereinbarung verdeckt eben nur die gesellschaftsrechtliche Veranlassung der Vermögensminderung oder verhinderten Vermögensmehrung.

Der BFH hat das Merkmal der tatsächlichen Durchführung und der Ernsthaftigkeit der Vereinbarung nicht ausdrücklich als solches dargestellt. In einer Reihe von Entscheidungen zu Fällen, in denen der Gesellschafter ein beherrschender war, erfolgte jedoch eine Prüfung anhand dieses Kriteriums[143]. Aus der Entscheidung vom 6. Dezember 1995[144] ergibt sich, dass dieses Merkmal nicht nur

140 So FROTSCHER in: FROTSCHER/MAAS, KStG, Anhang vGA zu § 8 Rz. 106.

141 Vgl. BFH Urteil v. 13.11.1996 I R 53/95, BFH/NV 1997, 622.

142 Vgl. AHMANN, DStZ 1998, 495 (499).

143 BFH Urteile v. 10.6.1987 I R 149/83, BFHE 150, 524, BStBl 1988 II S. 25; v. 28.10.1987 I R 110/83, BFHE 152, 74, BStBl 1988 II S. 301; v. 29.7.1992 I R 28/92, BStBl 1993 II S. 247; v. 6.12.1995 I R 88/94, BFHE 179, 322, BStBl 1996 II S. 383; v. 13.11.1996 I R 53/95, BFH/NV 1997, 622.

144 BFH Urteil v. 6.12.1995 I R 88/94, BFHE 179, 322, BStBl 1996 II S. 383.

auf den beherrschenden Gesellschafter beschränkt bleiben muss, sondern auch bei einem nicht beherrschenden Gesellschafter bei der Prüfung einer verdeckten Gewinnausschüttung heranzuziehen ist[145].

c) Maßstab des Handelns des ordentlichen und gewissenhaften Geschäftsleiters

(aa) Der ordentliche und gewissenhafte Geschäftsleiter

Seit 1967[146] beurteilt der BFH bei nicht beherrschenden Gesellschaftern die Veranlassung im Gesellschaftsverhältnis in der Regel anhand des Maßstabs des Handelns eines ordentlichen und gewissenhaften Geschäftsleiters. Es liegt keine Veranlassung im Gesellschaftsverhältnis und somit keine verdeckte Gewinnausschüttung vor, wenn das Handeln des Geschäftsführers bzw. des Gesellschafters dem eines ordentlichen und gewissenhaften Geschäftsleiters entspricht, d. h., wenn ein ordentlicher und gewissenhafter Geschäftsleiter einem Nichtgesellschafter gegenüber nicht anders gehandelt hätte.

Der Maßstab des ordentlichen und gewissenhaften Geschäftsleiters stammt aus dem Handelsrecht und beruht auf den § 93 Abs. 1 Satz 1, § 317 Abs. 2 AktG und § 43 Abs.1 GmbHG[147]. Ein ordentlicher und gewissenhafter Geschäftsleiter hat die Pflicht, „im Rahmen der durch die Gesellschafter gesetzten Vorgaben den Gesellschaftszweck aktiv zu verfolgen.“ Dabei hat sich sein Handeln auch an unternehmerischen Maßstäben zu orientieren[148]. Der ordentliche und gewissenhafte Geschäftsleiter hat die Interessen der Gesellschaft zu beachten und zu för-

145 Vgl. FROTSCHER in: FROTSCHER/MAAS, KStG, Anhang vGA zu § 8 Rz. 115; AHMANN, DStZ 1998, 495 (500).

146 BFH Urteile v. 16.3.1967 I 261/63, BFHE 89, 208, BStBl 1967 III S. 626; v. 10.5.1967 I 187/64, BFHE 88, 518, BStBl 1967 III S. 498.

147 BFH Urteile v. 10.5.1967 I 187/64, BFHE 88, 518, BStBl 1967 III S. 498; v. 25.11.1976 IV R 38/73, BStBl 1977 II S. 477; vgl. auch BGH Urteil v. 1.12.1986 II ZR 306/85, NJW 1987, 1194.

148 BFH Urteil v. 28.11.1991 I R 13/90, BStBl 1992 II S. 359.

dern[149]. Die Interessen der Gesellschafter sind für ihn unbeachtlich. Er hat nicht die Aufgabe, die Gesellschafter zu begünstigen.

Bei dem Maßstab des ordentlichen und gewissenhaften Geschäftsleiters handelt es sich um einen objektiven Maßstab, der sich deduktiv aus der Aufgabenstellung des Geschäftsführers ergibt. Auf subjektive Vorstellungen und den individuellen Kenntnisstand im Einzelfall kommt es nicht an[150]. Zu beachten ist hingegen die konkrete Situation der Gesellschaft[151], je nach Art, Branche und Größe des Unternehmens[152].

Allein ein Missverhältnis zwischen Leistung und Gegenleistung genügt jedoch noch nicht für die Annahme einer gesellschaftsrechtlichen Veranlassung. Ein ordentlicher und gewissenhafter Geschäftsleiter muss dieses Missverhältnis vielmehr auch erkannt haben und das Geschäft deshalb nicht abgeschlossen haben. Bei der Gestaltung seiner geschäftlichen Tätigkeiten steht ihm ein gewisser Spielraum kaufmännischen Ermessens zu, bei dessen Ausübung die Gegebenheiten des Unternehmens zu beachten sind[153].

(bb) Der steuerrechtliche Maßstab des ordentlichen und gewissenhaften Geschäftsleiters

Bei der Konkretisierung der Aufgaben und Pflichten des ordentlichen und gewissenhaften Geschäftsleiters ist zu beachten, dass diese Denkfigur zwar dem Handelsrecht entnommen ist[154], im Steuerrecht aber eine andere Funktion zu erfüllen

---

149 SCHNEIDER in: SCHOLTZ, GmbHG, § 43 Rn. 26.

150 BFH Urteile v. 20.8.1986 I R 283/82, BFH/NV 1987, 63; v. 28.11.1991 I R 13/90, BStBl 1992 II S. 359.

151 BFH Urteile v. 16.4.1980 I R 75/78, BStBl 1981 II S. 492; v. 29.8.1984 I R 68/81, BFHE 142, 234, BStBl 1985 II S. 120.

152 FROTSCHER in: FROTSCHER/MAAS, KStG, Anhang vGA zu § 8, Rz. 178.

153 BFH Urteil v. 10.1.1973 I R 119/70, BFHE 108, 183, BStBl 1973 II S. 322.

154 BECKER, in: FS f. DÖLLERER, 1988, 17 (18); ders., DB 1996, 1439 (1439) macht darauf aufmerksam, daß der Ursprung des ordentlichen und gewissenhaften Geschäftsleiter

hat. Sie dient im Handelsrecht unter anderem dem Schutz der Gesellschaftsinteressen und der Interessen der Gläubiger der Gesellschaft[155]. Nicht zu den sich aus dem Handelsrecht ergebenden Schutzobjekten gehört hingegen der Schutz der Besteuerung nach der wirtschaftlichen Leistungsfähigkeit[156]. Diese Funktion hat der Maßstab des ordentlichen und gewissenhaften Geschäftsleiters jedoch im Steuerrecht. Mit Hilfe dieses Maßstabs soll die gesellschaftsrechtliche Veranlassung einer Handlung, aus der eine verdeckte Gewinnausschüttung resultiert, aufgedeckt werden.

Aus den unterschiedlichen Schutzobjekten ergibt sich, dass der Maßstab im Steuerrecht als eigenständig anzusehen ist[157]. Daraus folgt, dass Verstöße gegen die handelsrechtlichen Anforderungen an das Handeln des ordentlichen und gewissenhaften Geschäftsleiters denkbar sind, die nicht zugleich auch als Verstoß gegen die steuerrechtlichen Anforderungen anzusehen sind. Dies ist etwa der Fall, wenn der Fremdgeschäftsführer Handlungen vornimmt, die ihm im Innenverhältnis nicht gestattet sind. Diese begründen wegen Verstoßes gegen die Handlungsanforderungen einen Schadensersatzanspruch der Gesellschaft gegen den Geschäftsführer. Gleichwohl fehlt es in steuerrechtlicher Hinsicht an einem Verstoß, wenn nicht gleichzeitig die handelsrechtlich verbotene Handlung auch den Gesellschafter begünstigt.

(cc) Angemessenheit

Eine Veranlassung im Gesellschaftsverhältnis ist nicht indiziert, wenn der ordentliche und gewissenhafte Geschäftsleiter das Geschäft in gleicher Weise auch mit einem unabhängigen Dritten geschlossen hätte. Dies wird der Fall sein, wenn der

---

weiter zurück geht. So lasse sich „die Entwicklungslinie bis zum römischen Recht zurückverfolgen, in dem das Sorgfaltsrecht des pater familias, des rechtschaffenden Hausvaters entwickelt wurde".

155 PEZZER, FR 1996, 379 (379).

156 FROTSCHER, in: FROTSCHER/MAAS, KStG, Anhang vGA zu § 8, Rz. 177; *ders.*, in: WIDMANN, DStJG 20 (1997), 205 (227).

157 Vgl. FROTSCHER, GmbHR 1998, 23 (25).

Leistung eine angemessene Gegenleistung gegenüber steht, so dass sich auch ein unabhängiger Dritter auf das Geschäft eingelassen hätte. Mit dem Geschäft ist dann keine Begünstigung des Gesellschafters beabsichtigt. Sind andererseits Leistung und Gegenleistung nicht ausgeglichen, so hätte sich ein ordentlicher und gewissenhafter Geschäftsleiter nicht auf das Geschäft eingelassen, so dass eine Vermutung für eine gesellschaftsrechtliche Veranlassung begründet ist.

Die Ermittlung der Angemessenheit der Gegenleistung des Gesellschafters setzt eine Bewertung von Leistung und Gegenleistung voraus. Leistung und Gegenleistung sind anhand des Maßstabs des ordentlichen und gewissenhaften Geschäftsleiters zu bewerten. Wäre das Geschäft auch mit einem unabhängigen Dritten geschlossen worden, so ist von der Angemessenheit des Leistungsaustausches auszugehen[158]. Bei der Angemessenheitsprüfung ist die konkrete Marktsituation der Gesellschaft zu berücksichtigen[159]. Wäre sie auch gegenüber einem unabhängigen Dritten, etwa wegen eines allgemeinen Preisverfalls, nicht in der Lage, eine höhere Gegenleistung zu erzielen, liegt eine Unangemessenheit nicht vor. Ein ordentlicher und gewissenhafter Geschäftsleiter wird aber bestrebt sein, den Marktpreis zu fordern und einen möglichst hohen Gewinn zu erzielen. Nur beim Vorliegen besonderer Umstände wird er bereit sein, durch Einräumung eines günstigen Abnahmepreises auf einen höheren Gewinn zu verzichten[160]. Die Angemessenheitsprüfung kann sich auch an tatsächlichen Drittgeschäften der Kapitalgesellschaft orientieren. Dies ist jedoch dann nicht möglich, wenn Drittgeschäfte gerade dazu dienen sollen, den Eindruck einer verdeckten Gewinnausschüttung zu verhindern[161].

---

158 BFH Urteile v. 19.3.1975 I R 137/73, BStBl 1975 II S. 722; v. 2.2.1994 I R 78/92, BFHE 173, 412, BStBl 1994 II S. 479; FROTSCHER, in: FROTSCHER/MAAS, KStG, Anhang vGA zu § 8, Rz. 183; STRECK, KStG, Anm. 90.

159 BFH Urteil v. 27.11.1974 I R 250/72, BFHE 114, 236, BStBl 1975 II S. 306.

160 BFH Urteil v. 16.4.1980 I R 75/78, BStBl 1981 II S. 492.

161 BFH Urteile v. 1.12.1982 I R 69-70/80, BFHE 137, 62, BStBl 1983 II S. 152; v. 2.2.1994 I R 78/92, BFHE 173, 412, BStBl 1994 II S. 479.

(dd) Zeitpunkt der Beurteilung der gesellschaftsrechtlichen Veranlassung

Der Zeitpunkt, der für die Beurteilung der Frage, ob die Handlung des Geschäftsleiters den Anforderungen an das Handeln des ordentlichen und gewissenhaften Geschäftsleiters genügt, entscheidend ist, ist der Zeitpunkt des Abschlusses des Geschäfts bzw. der Vornahme der Handlung.

Bei Verträgen ist das Handeln zum Zeitpunkt des Vertragsabschlusses zu prüfen. Im Moment des Verpflichtungsgeschäfts muss eine Entsprechung mit dem Handeln des ordentlichen und gewissenhaften Geschäftsleiters gegeben sein. Erfolgen Verpflichtung und Erfüllung zeitversetzt, so ist ebenfalls auf den Zeitpunkt des Verpflichtungsgeschäfts abzustellen[162]. Spätere Entwicklungen der Verhältnisse haben grundsätzlich außer Betracht zu bleiben. Dies gilt jedoch dann nicht, wenn die Gesellschaft eine rechtliche oder tatsächliche Möglichkeit hat, sich von einem rechtlich wirksamen, für die Gesellschaft aber nachteiligen Vertrag loszusagen und diese nicht nutzt[163]. Insbesondere bei Dauerschuldverhältnissen kann es mithin erforderlich sein, bei einer für die Gesellschaft nachteiligen Veränderung der Verhältnisse Lösungsmöglichkeiten von der vertraglichen Bindung zu nutzen, um der Sorgfalt eines ordentlichen und gewissenhaften Geschäftsleiters zu genügen. So kann etwa der Einwand des Wegfalls der Geschäftsgrundlage oder eine Kündigung erforderlich sein[164].

Auch bei so genannten Risikogeschäften kommt es für die Beurteilung auf den Zeitpunkt der Übernahme des risikobehafteten Geschäfts an. So etwa, wenn die Kapitalgesellschaft zugunsten ihres Gesellschafters eine risikobehaftete Kreditbürgschaft[165] oder ein ungesichertes Darlehen[166] übernimmt. Entsprach das Ge-

---

162 BFH Urteil v. 22.4.1971 I R 114/70, BFHE 102, 268, BStBl 1971 II S. 600.

163 BFH Urteil v. 9.4.1975 I R 166/73, BStBl 1975 II S. 617; FROTSCHER in: FROTSCHER/MAAS, KStG, Anhang vGA zu § 8, Rz. 192.

164 BFH Urteil v. 13.10.1983 I R 4/81, BFHE 193, 393, BStBl 11984 II S. 65; Beschluss v. 5.2.1986 I S 15/86, GmbHR 1987, 69.

165 BFH Urteil v. 19.3.1975 I R 173/73, BFHE 115, 359, BStBl 1975 II S. 614.

166 BFH Urteil v. 31.7.1974 I R 238/72, BFHE 113, 434, BStBl 1975 II S. 48.

schäft im Zeitpunkt seines Abschlusses der Sorgfalt des Handelns eines ordentlichen und gewissenhaften Geschäftsleiters, so ist keine gesellschaftsrechtliche Veranlassung anzunehmen, selbst wenn sich das Geschäft im nachhinein als für die Gesellschaft nachteilig erweist.

Bei tatsächlichen Handlungen, denen keine rechtsgeschäftliche Handlung vorausging, ist auf den Zeitpunkt der Vermögensminderung oder verhinderten Vermögensmehrung als maßgebenden Zeitpunkt abzustellen[167].

d) Ergänzende Kriterien nach Maßgabe des Fremdvergleichs

(aa) Einbeziehung des Vertragspartners

Der Maßstab der Sorgfalt des Handelns des ordentlichen und gewissenhaften Geschäftsleiters wird nur aus der Sicht der Kapitalgesellschaft gesehen. Der ordentliche und gewissenhafte Geschäftsleiter wird einer Vereinbarung stets zustimmen, wenn diese für die Kapitalgesellschaft rechtlich oder tatsächlich vorteilhaft ist[168]. Nach der Auffassung des BFH erfordert der Fremdvergleich jedoch auch die Einbeziehung des Vertragspartners. Auch wenn ein Dritter einer für die Kapitalgesellschaft vorteilhaften Vereinbarung nicht zugestimmt hat, kann dies eine Veranlassung im Gesellschaftsverhältnis indizieren[169]. In dem Maßstab des Handelns eines ordentlichen und gewissenhaften Geschäftsleiters ist nach Ansicht des BFH nur ein Teilaspekt des Fremdvergleichs zu sehen. Ergibt allein die Überprüfung des zu beurteilenden Geschäfts am Maßstab des Handelns eines ordentlichen und gewissenhaften Geschäftsleiters noch keine Vermutung für eine Veranlassung im Gesellschaftsverhältnis, so ist zu prüfen, ob nicht andere Aspekte des Fremdvergleichs für eine gesellschaftsrechtlich Veranlassung sprechen.

---

167 FROTSCHER, in: FROTSCHER/MAAS, KStG, Anhang vGA zu § 8, Rz. 95; STRECK, KStG, § 8 Anm. 85; RENGERS, in: BLÜMICH, KStG § 8 Rz. 398.

168 BFH Urteile v. 17.5.1995 I R 147/93, BFHE 178, 203, BStBl 1996 II S. 204; v. 6.12.1995 I R 88/94, BFHE 179, 322, BStBl 1996 II S. 383.

169 BFH a.a.O; vgl. auch BFH Urteil v. 13.12.1989 I R 99/87, BFHE 159, 338, BStBl 1990 II S. 454.

Eine Vermutung für eine gesellschaftsrechtliche Veranlassung kann somit auch dadurch begründet werden, dass eine Kapitalgesellschaft mit ihrem Gesellschafter Bedingungen vereinbart, die von denen abweichen, die voneinander unabhängige Dritte unter gleichen oder ähnlichen Verhältnissen vereinbart hätten[170]. Auch die Unüblichkeit eines Vertragsinhalts wurde vom BFH als Indiz für das Fehlen einer ernsthaften schuldrechtlichen Vereinbarung gewertet[171].

Dieser Auffassung des BFH ist grundsätzlich zuzustimmen. Die Tatbestandsvoraussetzung des „Verdecktseins" im § 8 Abs. 3 Satz 2 KStG setzt die Bejahung der gesellschaftsrechtlichen Veranlassung der eingetretenen Vermögensminderung oder der verhinderten Vermögensmehrung voraus. Die Maßstäbe, die zur Bestimmung der gesellschaftsrechtlichen Veranlassung entwickelt wurden, sind keine Tatbestandsmerkmale, sondern Hilfskriterien, die der Ermittlung der Frage dienen, ob eine Vermögensminderung oder verhinderte Vermögensmehrung der Kapitalgesellschaft einen betrieblichen oder einen gesellschaftsrechtlichen Ursprung hat. Sie sind Indizien und dürfen als solche keine unwiderlegbaren Vermutungen begründen[172]. Die Frage, ob eine Veranlassung im Gesellschaftsverhältnis vorliegt, ist Gegenstand freier richterlicher Beweiswürdigung. Daher sind die Kriterien des Fremdvergleichs, die aus Praktikabilitätsgründen und Gründen der Rechtssicherheit und -gleichheit der Besteuerung aufgestellt werden, nicht abschließend. Vielmehr sind alle einschlägigen, sachlich gerechtfertigten und der Abgrenzung dienenden Kriterien bei der Rechtsanwendung zu beachten und gegeneinander abzuwägen. PEZZER[173] schreibt zutreffend, „daß das gedachte Verhalten eines nach den theoretischen Maßstäben des richterlichen Weltbildes ordentlichen und gewissenhaften Geschäftsleiters die Prüfung der Voraussetzungen der verdeckten Gewinnausschüttung nicht mehr sein kann als eine Denkhilfe zur Würdigung der Indizien des Einzelfalles". Die Antwort auf die Frage, ob

---

170 BFH Urteile v. 16.12.1992 I R 2/92, BFHE 170,175, BStBl 1993 II S. 455; v. 5.10.1994 I R 50/94, BFHE 176, 523, BStBl 1995 II S. 549; v. 25.10.1995 I R 9/95, BFHE 179, 270; v. 19.3.1997 I R 75/96, BFHE 183, 94.

171 BFH Urteil v. 2.12.1992 I R 54/91, BStBl 1993 II S. 311.

172 Vgl. dazu die Ausführungen oben zum Beschluss des BVerfG Beschluß v. 7.11.1995 – 2 BvR 802/90 –, BStBl 1996 II S. 34.

173 PEZZER, FR 1996, 379 (379).

eine Veranlassung im Gesellschaftsverhältnis gegeben ist, ergibt sich aus einer Gesamtschau und Gesamtwürdigung aller gewonnenen Kriterien. Es muss dabei nicht zwingend nur einen einheitlichen Fremdvergleichsmaßstab geben, sondern es stehen mehrere Kriterien gleichrangig nebeneinander[174].

Bei der Beurteilung der Frage der gesellschaftsrechtlichen Veranlassung darf der Sinn und Zweck der Fragestellung nicht in Vergessenheit geraten.

In seiner „Nur-Pension"-Entscheidung vom 17.Mai 1995[175] hatte der BFH über einen Fall zu entscheiden, in dem der Gesellschafter-Geschäftsführer von der Kapitalgesellschaft kein laufendes Gehalt bezog, sondern nur eine Pensionszusage als Tätigkeitsvergütung versprochen bekam. Der BFH hat entschieden, dass ein derartiger Anstellungsvertrag mit einem fremden Angestellten nicht zustande gekommen wäre. Anhand des Kriteriums der Einbeziehung der Position des Vertragspartners ergäbe sich somit eine Veranlassung im Gesellschaftsverhältnis. Der BFH hat mithin trotz einer für die Kapitalgesellschaft günstigen Vereinbarung[176] eine verdeckte Gewinnausschüttung angenommen, und die Bildung der Pensionsrückstellung teilweise nicht anerkannt. FROTSCHER kritisiert dies als Widerspruch zur Systematik des Instituts der verdeckten Gewinnausschüttung[177]. Bei der verdeckten Gewinnausschüttung gehe es auf der Ebene der Körperschaft nur um eine Verhinderung einer unzulässigen Minderung des Einkommens der Körperschaft und der Sicherstellung der Besteuerung nach der wirtschaftlichen Leistungsfähigkeit. Der Maßstab des Fremdvergleichs dürfe nicht „verabsolutiert" werden[178]. WASSERMEYER[179] macht zwar zu Recht darauf

---

174 So auch WEBER-GRELLET, DStZ 1998, 357 (362); GOSCH, DStR 1997, 1 (2); AHRENKIEL/PETERS, DStR 1997, 1349 (1353).

175 BFH Urteil v. 17.5.1995 I R 147/93, BFHE 178, 203, BStBl 1996 II S. 204.

176 Die Kapitalgesellschaft verfügt über mehr liquide Mittel, wenn sie den Gehaltsanspruch nicht unmittelbar erfüllen muss.

177 FROTSCHER, GmbHR 1998, 23 (27 f.); *ders.*, in: FROTSCHER/MAAS, KStG, Anhang vGA zu § 8 Rz. 191; *ders.*, in: WIDMANN, DStJG 20 (1997), 205 (229).

178 FROTSCHER, GmbHR 1998, 23 (27).

179 WASSERMEYER, Stbg 1996, 481 (484).

aufmerksam, dass die Auffassung FROTSCHERS[180], die Kapitalgesellschaft erfahre bei einer Nur-Pension keine Gewinnminderung, letztlich wegen der gewinnmindernden Pensionsrückstellung nicht zutreffend ist. Das Abweichen vom Fremdvergleich indiziere, so WASSERMEYER, vielmehr die fehlende Ernsthaftigkeit der getroffenen Vereinbarung[181]. Diese Auffassung mag in Einzelfällen zutreffend sein. Auch ist eine Abweichung vom Fremdvergleich grundsätzlich ein geeignetes Kriterium. Aber auch hier gilt das oben Gesagte, nämlich dass am Ende stets eine Abwägung und Gesamtschau aller Indizien zu erfolgen hat. Die Nur-Pensions-Vereinbarung ist infolge der höheren Liquidität für die Kapitalgesellschaft vorteilhaft. Bei der Einbeziehung des Kriteriums der Interessen des Vertragspartners ist auch der Tatsache Rechnung zu tragen, dass das finanzielle und persönliche Engagement des Gesellschafters bzw. des Gesellschafter-Geschäftsführers für die Kapitalgesellschaft selten mit dem eines unabhängigen Fremd-Geschäftsführer vergleichbar ist. Entscheidendes Kriterium muss in derartigen Fällen die Angemessenheit der Vergütung bzw. des Versorgungsversprechens sein, und nicht das Kriterium des unabhängigen Dritten[182]. In seinem Urteil vom 21.2.1974[183] hat der BFH m. E. sehr richtig entschieden, dass es im Ergebnis keinen sachlichen Grund gebe, „weshalb die Wahl einer bestimmten Art von Vergütung (angemessene Barbezüge oder angemessenes Versorgungsversprechen) Anlass geben könnte, den Vereinbarungen die steuerliche Anerkennung zu versagen“. An dieser Auffassung hat der I. Senat allerdings im Nur-Pensions-Urteil vom 19. Mai 1995 nicht festgehalten[184]. Eine jüngere Entscheidung[185] des I. Senats lässt jedoch vermuten, dass an dem Ausspruch, die Veranlassung durch das Gesellschaftsverhältnis könne auch darin begründet sein, „daß das zwischen

---

180 FROTSCHER, a.a.O.

181 WASSERMEYER a.a.O.; REIß, StuW 1996, 337 (347).

182 So i.E. auch KNOBBE-KEUK, StbJb 1990/91, 169 (180); FORSCHUNGSGRUPPE VIADRINA, BB 1996, 2436 (2439); HOFFMANN, DStR 1996, 729 (733).

183 BFH Urteil v. 21.2.1974 I R 160/71, BStBl 1974 II S. 363.

184 Ausdrücklich im Urteil v. 17.5.1995 I R 1447/93, BFHE 178, 203, BStBl 1996 II S. 204; BILSDORFER, INF 1996, 705/745 (708), meint jedoch, dass der BFH künftig eine Nur-Pensionsvereinbarung anerkennen wird, sofern die Vereinbarung mittels einer Rückdeckungsversicherung abgesichert wird.

185 BFH Urteil v. 19.5.1998 I R 36/97, DStR 1998, 1381.

der Kapitalgesellschaft und ihrem Gesellschafter vereinbarte Rechtsgeschäft zwar von einem ordentlichen und gewissenhaften Geschäftsleiter abgeschlossen worden wäre, daß es jedoch aus anderen Gründen des Fremdvergleichs als von Anfang an nicht ernstlich gewollt anzusehen ist"[186], nicht unbedingt festgehalten wird oder dieser Satz zumindest relativiert wird[187].

(bb) Üblichkeit der Vereinbarung und Ernsthaftigkeit

Die Frage nach der Üblichkeit ergibt sich aus dem Fremdvergleich. Bei der Durchführung des Fremdvergleichs wird der tatsächliche Sachverhalt mit einem gedachten Sachverhalt verglichen, der sich an der Lebenserfahrung, am Typischen und am Üblichen[188] orientiert. Ein Vergleich mit dem Üblichen ist dem Fremdvergleich mithin immanent.

Das Kriterium der Üblichkeit zur Ermittlung der Ernsthaftigkeit einer Vereinbarung birgt jedoch die Gefahr, stark von persönlichen Wertungen bei der Entscheidungsfindung beeinflusst zu werden[189]. Aus der bloßen Unüblichkeit einer zivilrechtlich wirksamen Vereinbarung folgt nicht zwingend deren fehlende Ernsthaftigkeit[190]. Gerade in sich schnell wandelnden Geschäftsbereichen sind flexible Gestaltungsformen zur Sicherung künftiger Erträge oftmals erforderlich. Auch die Bestimmung, was nun üblich ist und was nicht, wird wohl schwer durchführbar sein[191]. Letztlich gibt es auch keinen Grundsatz, dass Vereinbarun-

---

186 BFH Urteil v. 6.12.1995 I R 88/94, BFHE 179, 322, BStBl 1996 II S. 383.

187 HOFFMANN, DStR 1998, 1625 (1625), macht in diesem Zusammenhang darauf aufmerksam, dass sich die Besetzung des I. Senats kurz vor Erlass des Urteils v. 19.5.1998 I R 88/94, a.a.O., geändert hat.

188 Vgl. TILLMANN, GmbHR 1993, 466 (466).

189 Zutreffend BILSDORFER, INF 1996, 705/745 (749).

190 So aber BFH Urteil v. 2.12.1992 I R 54/91, BStBl 1993 II S. 311.

191 FROTSCHER, in: WIDMANN, DStJG 20 (1997), 205 (242, Fn. 89); KORN, KÖSDI 1996, 10604 (10609).

gen zwischen Gesellschaft und Gesellschafter üblich sein müssen[192]. Auch hat der Große Senat des BFH anerkannt, dass ein Gesellschafter für seine Gesellschaft auch unentgeltlich tätig werden kann[193].

Aus der bloßen Unüblichkeit einer Vereinbarung sollte nicht auf die fehlende Ernsthaftigkeit der Vereinbarung geschlossen werden. Die Verwendung des Kriteriums der Unüblichkeit als Indiz für eine fehlende Ernsthaftigkeit wird zu Recht kritisiert[194] und ist abzulehnen.

e) Vereinbarungen, die nur mit Gesellschaftern geschlossen werden können

Der Maßstab des Handelns des ordentlichen und gewissenhaften Geschäftsleiters kommt nicht zur Anwendung, wenn als Vertragspartner der Kapitalgesellschaft aus gesellschaftsrechtlichen Gründen nur der Gesellschafter in Frage kommt[195]. Dies sind etwa Fälle wie die Gründung[196] einer Kapitalgesellschaft, deren Kapitalausstattung oder generell die handelsrechtlich unzulässige Einlagenrückgewähr[197]. In diesen Fällen fehlt die Drittvergleichsmöglichkeit mit dem Handeln eines ordentlichen und gewissenhaften Geschäftsleiters, da die Zuwendungen nicht gegenüber Dritten erfolgen können. Daraus, dass die Handlungen nur gegenüber

---

192 BILSDORFER, INF 1996, 705/745 (749); FROTSCHER, GmbHR 1998, 23 (28); *ders.*, in: FROTSCHER/MAAS, KStG, Anhang vGA zu § 8 Rz. 194; *ders.*, in: WIDMANN, DStG 20 (1997), 205 (242).

193 BFH Beschluß v. 26.10.1987 GrS 2/86, BFHE 151, 523, BStBl 1988 II S. 348.

194 Vgl. FORSCHUNGSGRUPPE VIADRINA, BB 1996, 2436 (2440); KORN, KÖSDI 1996, 10604 (10609); HOFFMANN, DStR 1998, 313 (317);FROTSCHER, GmbHR 1998, 23 (28); *ders.*, in: FROTSCHER/MAAS, KStG, Anhang vGA zu § 8 Rz. 194; *ders.*, in: WIDMANN, DStG 20 (1997), 205 (242).

195 Ständige Rechtsprechung, BFH Urteile v. 7.12.1983 I R 70/77, BFHE 140, 221, BStBl 1984 II S. 384; v. 23.5.1984 I R 294/81, BFHE 141, 266, BStBl 1984 II S. 673; v. 17.10.1984 I R 22/79, BFHE 142, 276, BStBl 1985 II S. 69.

196 BFH Urteile v. 7.12.1983 I R 70/77, BFHE 140, 221, BStBl 1984 II S. 384; v. 23.5.1984 I R 294/81, BFHE 141, 266, BStBl 1984 II S. 673; v. 14.8.1985 I R 149/81, BFHE 144, 548, BStBl 1986 II S. 86.

197 BFH Urteil v. 17.10.1984 I R 22/79, BFHE 142, 276, BStBl 1985 II S. 69.

Gesellschaftern erfolgen können, ergibt sich, dass ihnen bereits von vornherein der Verdacht einer gesellschaftsrechtlichen Veranlassung innewohnt[198]. Die steuerrechtliche Beurteilung erfolgt sodann mit Hilfe einer Angemessenheitsprüfung, die entscheidet, ob durch die zu beurteilende Handlung der Gewinn der Kapitalgesellschaft unangemessen gemindert wurde.

Im Rahmen der Kapital- oder Erstausstattung der Kapitalgesellschaft etwa ist es den Gesellschaftern überlassen, zu entscheiden, ob sie das für die Geschäftstätigkeit der Kapitalgesellschaft erforderliche Kapital als Eigenkapital oder als Fremdkapital zur Verfügung stellen. Die mit der Fremdfinanzierung verbundene Zinsbelastung kann dabei jedoch das Gewinnpotential der Kapitalgesellschaft erheblich mindern. Die Absicht, Gewinne zu erzielen, ist aber Wesensmerkmal von Kapitalgesellschaften. Wird der Kapitalgesellschaft durch die Form der Kapitalausstattung und der sich daraus ergebenden Zinslast zugunsten des Gesellschafters die Chance genommen, Gewinne zu erzielen, die dauerhaft nicht über eine Eigenkapitalverzinsung bzw. eine Risikovergütung für das nicht eingezahlte Kapital hinausgehen, so ist dies eine unangemessene Gestaltung, die eine verdeckte Gewinnausschüttung begründen kann[199].

f) Besonderheiten beim beherrschenden Gesellschafter

Ist der Empfänger der verdeckten Gewinnausschüttung ein beherrschender Gesellschafter, so wird von der Rechtsprechung des BFH zur Abgrenzung zwischen betrieblicher und gesellschaftsrechtlicher Veranlassung nicht der Maßstab des Handelns eines ordentlichen und gewissenhaften Geschäftsleiters angewandt, sondern das Vorliegen einer von vornherein klaren und eindeutigen Vereinbarung geprüft.

---

198 Vgl. DÖLLERER, Verdeckte Gewinnausschüttung, S. 66.

199 BFH Urteil v. 23.5.1984 I R 294/81, BFHE 141, 266, BStBl 1984 II S. 673; FROTSCHER, in: FROTSCHER/MAAS, KStG, Anhang vGA zu § 8 Rz. 193.

(aa) Beherrschende Gesellschafterstellung

Ein Gesellschafter hat eine beherrschende Stellung in der Kapitalgesellschaft, wenn er den Abschluss des zu würdigenden Geschäftsvorfalls erzwingen kann. Dies ist in der Regel der Fall, wenn er die Mehrheit der Stimmrechte besitzt und deshalb entscheidenden Einfluss in der Gesellschafterversammlung ausüben kann[200]. Der GmbH-Gesellschafter hat eine Mehrheit der Stimmrechte und damit eine beherrschende Stellung, wenn ihm mehr als 50 v. H. der Anteile der Kapitalgesellschaft gehören (§ 47 Abs. 1 GmbHG), es sei denn, dass besondere Umstände vorliegen, die eine Beherrschung ausschließen[201]. Andererseits kann der Gesellschafter ohne eine Stimmenmehrheit gleichwohl beherrschender Gesellschafter sein, wenn besondere Umstände vorliegen, wegen derer er seinen Willen durchzusetzen vermag, wie etwa besondere gesellschaftsvertragliche Regelungen (faktische Beherrschung)[202]. Bei einer Abweichung der Kapitalbeteiligung von der Stimmbeteiligung ist die Stimmbeteiligung maßgebend[203].

Eine beherrschende Stellung ist nicht nur durch die Möglichkeit des Gesellschafters zu umfassendem Einfluss auf die Gesellschaft gegeben, sondern auch dann, wenn der Gesellschafter das konkret zu beurteilende Geschäft erzwingen kann, also auch bei einer nur begrenzten Einflussmöglichkeit im Einzelfall. Dies ist insbesondere dann der Fall, wenn mehrere Gesellschafter mit gleichgerichteten Interessen beim Abschluss des zu beurteilenden Geschäfts zusammenwirken, um eine ihren Interessen entsprechende Willensbildung der Gesellschaft herbeizuführen. Dabei muss das jeweilige Rechtsgeschäft Ausdruck gleichgerichteter

---

200 BFH Urteile v. 20.6.1974 I R 112/74, BStBl 1974 II S. 694; v. 13.12.1989 I R 99/87, BFHE 159, 338, BStBl 1990 II S. 454; WASSERMEYER, DStR 1991, 1065 (1066).

201 BFH Urteil v. 8.1.1969 I R 91/66, BFHE 95, 215, BStBl 1969 II S. 809; ein besonderer Umstand ist etwa eine gesellschaftvertraglich vereinbarte Stimmrechtsbeschränkung.

202 BFH Urteile v. 8.1.1969 I R 91/66, BFHE 95, 215, BStBl 1969 II S. 809; v. 23.10.1985 I R 247/81, BFHE 145, 165, BStBl 1986 II S. 195; v. 13.12.1989 I R 99/87, BFHE 159, 338, BStBl 1990 II S. 454.

203 BFH Urteil v. 25.9.1968 I 195/65, BStBl 1968 II S. 810.

Interessen sein[204]. Ob ein Gesellschafter ein beherrschender ist, richtet sich nach den tatsächlichen Verhältnissen zum Zeitpunkt des Abschlusses der zu beurteilenden Vereinbarung. Erwirbt der Gesellschafter später mit Rückwirkung zusätzliche Anteile, so macht ihn dies nicht auch rückwirkend zum beherrschenden Gesellschafter[205].

(bb) Von vornherein klare und eindeutige Vereinbarung

Wird eine Kapitalgesellschaft von einem Gesellschafter oder durch das Zusammenwirken mehrerer Gesellschafter mit gleichgerichteten Interessen beherrscht, so fehlt der natürliche Interessengegensatz zwischen den beiden Steuersubjekten. Der beherrschende Gesellschafter hat die Möglichkeit, Geschäfte mit der Gesellschaft so zu tätigen, dass Leistung und Gegenleistung ausgeglichen sind, wie bei Geschäften, die Dritte miteinander schließen würden. Auf Grund seiner beherrschenden Stellung kann er jedoch auch den Abschluss von Geschäften erzwingen, die vorrangig seine persönlichen Interessen befriedigen. Er hat es auch in der Hand, Geschäftsvorfälle nachträglich zu seinen Gunsten zu ändern, wenn er im Verlauf des Geschäfts weitere Kenntnisse erlangt. Der beherrschende Gesellschafter hat letztlich die Möglichkeit, die Vertragsverhältnisse zwischen ihm und der Gesellschaft beliebig zu regeln. Es besteht mithin ein gewisser Anreiz, die Willensbildung der Gesellschaft im Sinne einer Steueroptimierung zu beeinflussen und die Verhältnisse so zu gestalten, wie es bei einer steuerlichen Gesamtbetrachtung der Einkommen der Gesellschaft und des Gesellschafters jeweils am günstigsten ist[206].

---

204 BFH Urteile v. 26.7.1978 I R 138/76, BFHE 125, 557, BStBl 1978 II S. 659; v. 11.12.1985 I R 146/82, BFHE 146, 126, BStBl 1986 II S. 469; v. 1.2.1989 I R 73/85, BFHE 156, 155, BStBl 1989 II S. 522; v. 10.3.1993 I R 51/92, BFHE 171, 58, BStBl 1993 II S. 635; v. 9.4.1997 I R 52/96, BFH/NV 1997, 808.

205 BFH Urteil v. 11.2.1997 I R 43/96, BFH/NV 1997, 806.

206 BFH Urteile v. 7.12.1988 I R 25/82, BFHE 155, 349, BStBl 1989 II S. 248; v. 22.2.1989 I R 9/85, BFHE 156, 428, BStBl 1989 II S. 631; v. 23.6.1993 I R 72/92, BFHE 172, 51, BStBl 1993 II S. 801; v. 17.12.1997 I R 70/97, BFHE 185, 224, BStBl 1998 II S. 545.

Der BFH sieht darin die Gefahr von unerwünschten Gewinnmanipulationen. Deshalb fordert er, dass Verträge, die zwischen der Kapitalgesellschaft und ihrem beherrschenden Gesellschafter geschlossen werden, von vornherein klar und eindeutig vereinbart, zivilrechtlich wirksam und tatsächlich durchgeführt werden müssen[207]. Wirksame zivilrechtliche Verträge, die den Grund der Leistungsbeziehung und die Höhe des Entgelts bestimmen, oder zumindest bestimmbar festlegen, bringen zum Ausdruck, dass der Gesellschafter mit der Kapitalgesellschaft eine schuldrechtliche Geschäftsbeziehung wählt, und der Beziehung keine gesellschaftsrechtliche Veranlassung zugrunde liegt.

Der BFH hat das Kriterium der vorherigen klaren und eindeutigen, zivilrechtlich wirksamenVereinbarung zunächst zumindest in einigen Entscheidungen als einen streng formellen Maßstab angewandt. So lautete es in den Obersätzen:

> „Bei einem beherrschenden Gesellschafter *ist*[208] eine Veranlassung durch das Gesellschaftsverhältnis auch dann anzunehmen, wenn es an einer klaren und von vornherein abgeschlossenen Vereinbarung darüber fehlt, ob und in welcher Höhe ein Entgelt von der Kapitalgesellschaft gezahlt werden soll."[209]

Erfüllte das zu beurteilende Geschäft diesen formellen Maßstab nicht, so hat der BFH eine verdeckte Gewinnausschüttung angenommen, unabhängig davon, ob Leistung und Gegenleistung ausgewogen oder angemessen waren[210].

In seinem Urteil vom 4. Dezember 1991[211] bezeichnet der BFH die Kriterien zur Abgrenzung der betrieblichen von der gesellschaftsrechtlichen Veranlassung als „Tatbestandsmerkmale" die durch das Finanzgericht nach § 118 Abs. 2 FGO bindend festgestellt werden.

---

207 Z. B.: BFH Urteile v. 18.12.1996 I R 26/95, BFHE 182, 190; v. 24.7.1996 I R 115/95, BFHE 181, 281, BStBl 1997 II S. 138; v. 14.3.1990 I R 6/89, BFHE 160, 459, BStBl 1990 II S. 795.

208 Hervorhebung durch den Verfasser.

209 BFH Urteile v. 7.12.1988 I R 25/82, BFHE 155, 349, BStBl 1989 II S. 248; v. 22.2.1989 I R 9/85, BFHE 156, 428, BStBl 1989 II S. 631; v. 13.12.1989 I R 99/87, BFHE 159, 338, BStBl 1990 II S. 454; v. 10.3.1993 I R 51/92, BFHE 171, 58, BStBl 1993 II S. 635.

210 BFH Beschluß v. 12.10.1995 I B 46/95, BFH/NV 1996, 266.

211 BFH Urteil v. 4.12.1991 I R 63/90, BStBl 1992 II S. 362.

Diese streng formale Betrachtungsweise wurde im Schrifttum vielfach zu Recht kritisiert[212]. Die strenge Anwendung der genannten Voraussetzung für die Anerkennung von Vereinbarungen zwischen dem beherrschenden Gesellschafter und der Kapitalgesellschaft hat zur Folge, dass eine Vereinbarung auch dann als verdeckte Gewinnausschüttung gewertet wird, wenn der Leistungsaustausch zwar angemessen ist, das zugrundeliegende Geschäft etwa aber unter einem „bloßen" Formmangel leidet. Dies ist unter anderem ein Widerspruch gegen den in § 41 AO zum Ausdruck kommenden Grundsatz, dass der Besteuerung die tatsächlichen Verhältnisse zugrunde zu legen sind. Außerdem entspricht dies nicht dem Ziel der Besteuerung nach der wirtschaftlichen Leistungsfähigkeit[213]. Die wirtschaftliche Leistungsfähigkeit einer Kapitalgesellschaft wird nicht lediglich durch den Verstoß gegen ein zivilrechtliches Formerfordernis gemindert, wenn der Leistung der Gesellschaft eine angemessene Gegenleistung des Gesellschafters gegenüber steht. Die streng formale Betrachtungsweise ist somit abzulehnen.

In seinen jüngeren Entscheidungen spricht der BFH nicht mehr von „ist anzunehmen" sondern verwendet die Worte „kann anzunehmen sein"[214]. Dies zeigt, dass der BFH das Merkmal der vorherigen klaren und zivilrechtlich wirksamen Vereinbarung unter Beachtung der „Oder-Konto"-Entscheidung des Bundesverfassungsgerichts[215], richtigerweise nicht (mehr) als absolutes Tatbestandsmerkmal versteht, sondern als ein Indiz, aus dem eine widerlegbare Vermutung

---

212 FROTSCHER, in: FROTSCHER/MAAS, KStG, Anhang vGA zu § 8 Rz. 116 ff.; KNOBBE-KEUK, Bilanz- u. Unternehmenssteuerrecht, S.6 52; PEZZER, FR 1996, 379 (378); TILLMANN/SCHMIDT, DStR 1996, 849 (851); FORSCHUNGSGRUPPE VIADRINA, BB 1996, 2436 (2440).

213 FROTSCHER, in: FROTSCHER/MAAS, KStG, Anhang vGA zu § 8 Rz. 121, 122.

214 BFH Urteile v. 23.6.93 I R 72/92, BFHE 172, 51, BStBl 1993 II S. 801; v. 2.2.1994 I R 78/92, BFHE 173, 412, BStBl 1994 II S. 479; v. 18.12.96 I R 26/95, BFHE 182, 190; v. 9.4.97 I R 52/96, BFH/NV 1997, 808; v.17.12.1997 I R 70/97, BFHE 185, 224, BStBl 1998 II 545; v. 19.5.98 I R 36/97, DStR 1998, 1381; so allerdings auch schon zuvor: v. 26.7.78 I R 138/76, BFHE 125, 557, BStBl 1978 II S. 659; 11.12.85 I R 164/82, BFHE 146, 126, BStBl 1986 II S. 469.

215 BVerfG Beschluß v. 7.11.1995 2 BvR 802/90, BStBl 1996 II S. 34.

für das Vorliegen einer Veranlassung im Gesellschaftsverhältnis abgeleitet werden kann[216].

In dem Urteil vom 23.10.1096[217] hat der BFH entschieden, dass zwar die zivilrechtliche Unwirksamkeit eines Vertrages im allgemeinen eine mangelnde Ernsthaftigkeit schuldrechtlicher Leistungsverpflichtungen indiziere. Er hat aber die streitige Vereinbarung – eine Gehaltsvereinbarung ohne wirksame Befreiung von dem Verbot des Selbstkontrahierens nach § 181 BGB – trotz zivilrechtlicher Unwirksamkeit anerkannt, da sich die Ernsthaftigkeit der Vereinbarung und somit die betriebliche Veranlassung aus den tatsächlichen Umständen ergab[218].

Der Verwendung der besonderen Maßstäbe zur Beurteilung von Geschäftsvorfällen zwischen der Kapitalgesellschaft und ihrem beherrschenden Gesellschafter in der BFH-Rechtsprechung kann zugestimmt werden, wenn diesen Maßstäben lediglich eine Indizwirkung zukommt. Ein Leistungsaustausch zu angemessenen Bedingungen muss bei der Gewichtung der Beweisanzeichen berücksichtigt werden. Die Vermutung einer gesellschaftsrechtlichen Veranlassung muss durch den Steuerpflichtigen letztlich widerlegbar sein[219].

g) Zusammenfassung zur gesellschaftsrechtlichen Veranlassung

Ein einheitlicher Fremdvergleichsmaßstab ist aus steuerrechtlicher Sicht nicht erforderlich. Der Fremdvergleich kann anhand verschiedener Kriterien überprüft

---

216 So ausdrücklich BFH Urteile v. 23.10.1996 I R 71/95, BFHE 181, 328; v. 13.11.1996 I R 53/95, BFH/NV 1997, 622; v. 11.2.1997 I R 43/96, BFH/NV 1997, 806; v. 29.10.1997 I R 24/97, DStR 1998, 522; vgl. auch AHMANN, DStZ 1998, 495 (502); AHRENKIEL/PETERS, DStR 1997, 1349 (1350); HOFFMANN, DB 1997, 444 (446); WASSERMEYER, DStR 1996, 733 (734) (dort spricht er allerdings noch von Tatbestandsmerkmalen; *ders*, StbJb 1997/98, 79 (92 ff.).

217 BFH Urteil v. 23.10.1996 I R 71/95, BFHE 181, 328.

218 Vgl. auch BFH Urteil v. 8.4.1997 I R 39/96, BFH/NV 1997, 902.

219 Ob ein Gegenbeweis unter der BFH-Rechtsprechung je gelingen wird bezweifelt: FROTSCHER, in: FROTSCHER/MAAS, KStG, Anhang vGA zu § 8 Rz. 145.

werden. Diese sind nicht abschließend. Sie müssen aber stets geeignet sein, die Veranlassung einer Vermögensminderung oder verhinderten Vermögensmehrung im Gesellschaftsverhältnis aufzudecken. Den Kriterien kann dabei nur eine widerlegbare Indizwirkung zukommen. Bei der Beurteilung ist das Ziel der verdeckten Gewinnausschüttung im Auge zu behalten. Ist eine Vereinbarung als angemessen zu beurteilen, so kann sie keine verdeckte Gewinnausschüttung begründen.

Wollen Kapitalgesellschaft und Gesellschafter im Rahmen der Einkommenserzielung miteinander tätig werden, so ist ihnen mithin zur Vermeidung von verdeckten Gewinnausschüttungen zu empfehlen, ihre Vereinbarungen und Verhältnisse so zu gestalten, wie es voneinander unabhängige Dritte machen würden. Wichtigstes Kriterium muss dabei die Angemessenheit von Leistung und Gegenleistung sein. Die Steuerpflichtigen haben die Möglichkeit, durch eigenen Vortrag Vermutungen für eine gesellschaftsrechtliche Veranlassung im Einzelfall zu entkräften[220].

7. Handlung der Kapitalgesellschaft[221]

Die verdeckte Gewinnausschüttung setzt ein Handeln der Kapitalgesellschaft voraus[222]. Nach der Rechtsprechung des BFH muss die Vermögensminderung oder verhinderte Vermögensmehrung auf einer Rechtshandlung[223] der Kapitalgesellschaft, d. h. ihrer Organe, oder auf einer rein tatsächlichen Handlung[224] beruhen, die der Kapitalgesellschaft zugerechnet werden kann.

---

220 BFH Urteil v. 13.11.1996 I R 53/95, BFH/NV 1997, 622.

221 Bei der Prüfung einer verdeckten Gewinnausschüttung sollte dieser Prüfungspunkt aus systematischen sowie praktischen Gründen vor der Prüfung der Veranlassung im Gesellschaftsverhältnis erfolgen. Der besseren Verständlichkeit wegen wird dieser Punkt in der vorliegenden Darstellung aber erst hier angesprochen.

222 DÖLLERER, Verdeckte Gewinnausschüttung, S. 64.

223 BFH Urteile v. 13.9.1989 I R 41/86, BStBl 1989 II S. 1029; v. 18.7.1990 I R 32/88, BFHE 163, 321 BStBl 1991 II S. 484, m. w. N.

224 BFH Urteil v. 14.10.1992 I R 17/92, BFHE 169, 343, BStBl 1993 II S. 352.

Bei der Prüfung der Handlung ist die Voraussetzung der Zurechenbarkeit der Handlung zur Kapitalgesellschaft entscheidend. Die Zurechenbarkeit richtet sich nicht danach, wer zivilrechtlich berechtigt oder verpflichtet wird, sondern erfolgt anhand einer steuerrechtlichen Wertung. Der Kapitalgesellschaft steuerrechtlich zurechenbar sind die Handlungen der Organe der Kapitalgesellschaft, die durch die Vertretungsmacht im Außenverhältnis gedeckt sind. Dies sind bei der AG die Handlungen der Geschäftsführer, bei der GmbH die Handlungen der Geschäftsführer und zusätzlich die Beschlüsse der Gesellschafterversammlung[225]. Einer GmbH wird in diesem Sinne also die Handlung ihres Geschäftsführers[226] zugerechnet, nicht aber die eines Minderheitsgesellschafters oder die eines Angestellten. Die Handlungen ihres beherrschenden Gesellschafters werden der Kapitalgesellschaft zugerechnet, auch wenn diese unter Überschreitung ihrer Kompetenz für die Kapitalgesellschaft handeln[227]. Diese Zurechnung ist dadurch begründet, dass der beherrschende Gesellschafter kraft seiner beherrschenden Stellung die Beschlüsse der Gesellschafterversammlung bestimmen kann und seine Handlungen letztlich in tatsächlicher Hinsicht solchen der Gesellschafterversammlung gleichstehen.

Die Handlung der Organe kann als Rechtshandlung, als tatsächliche Handlung oder auch in der Form eines Tuns, Duldens oder Unterlassens erfolgen. So kommt es auf eine Handlung der Organe selbst nicht an, wenn diese – durch Tun oder Unterlassen – einem Gesellschafter oder einer ihm nahestehenden Person die Möglichkeit verschafft haben, über Gesellschaftsvermögen zu disponieren[228]. Ein solcher Fall ist z.B. gegeben, wenn ein beherrschender Gesellschafter oder ein Geschäftsführer einem Minderheitsgesellschafter oder einer dem Minderheitsgesellschafter nahe stehenden Person die Möglichkeit gibt – sei es durch ein aktives Tun oder durch ein Dulden – ein gewinnbringendes Geschäft, das die

---

225 Vgl. BFH Urteile v. 13.9.1989 I R 41/86, BStBl 1989 II S. 1029; v. 18.7.1990 I R 32/88, BFHE 163, 321 BStBl 1991 II S. 484.

226 Unabhängig davon ob es sich um einen Fremd-Geschäftsführer oder um einen Gesellschafter-Geschäftsführer handelt, da es nur um die Frage der steuerrechtlichen Zurechenbarkeit geht.

227 BFH Urteil v. 14.10.1992 I R 14/92, BFHE 169, 340, BStBl 1993 II S. 351.

228 BFH Urteil v. 14.10.1992 I R 17/92, BFHE 169, 343, BStBl 1993 II S. 352.

Kapitalgesellschaft initiiert hat und selbst abschließen könnte, auf eigene Rechnung zu tätigen[229].

Die Frage der Zurechnung der Handlung ist von der Frage der gesellschaftsrechtlichen Veranlassung zu trennen[230]. Eine Handlung kann nur dann eine verdeckte Gewinnausschüttung begründen, wenn sie der Kapitalgesellschaft zurechenbar ist und zu einer Vermögensminderung oder verhinderten Vermögensmehrung führt, die ihre Veranlassung im Gesellschaftsverhältnis hat. Entnimmt ein Fremdgeschäftsführer Bargeld aus der Kasse der Kapitalgesellschaft, um es für sich zu verwenden, so ist diese Handlung der Kapitalgesellschaft zurechenbar. Eine verdeckte Gewinnausschüttung ist aber mangels einer gesellschaftsrechtlichen Veranlassung der Vermögensminderung nicht gegeben. Entnimmt ein Minderheitsgesellschafter das Geld ohne Wissen des Geschäftsführers oder der anderen Gesellschafter, so ist die Handlung der Kapitalgesellschaft nicht zurechenbar. Eine verdeckte Gewinnausschüttung kann nicht vorliegen. Entdeckt der Geschäftsführer die rechtswidrige Entnahme und bleibt untätig, so ist diese Handlung der Kapitalgesellschaft zuzurechnen, da der Geschäftsführer eine Handlung unterlassen hat, und die Vermögensminderung ihre Veranlassung im Gesellschaftsverhältnis hat[231].

8. Fehlender Zusammenhang mit einer offenen Gewinnausschüttung

Nach der Definition des BFH darf die Vermögensminderung oder verhinderte Vermögensmehrung nicht im Zusammenhang mit einer offenen Gewinnausschüttung stehen. Diese Formulierung erscheint nicht gelungen. Der BFH wird

---

229 So das Beispiel von PAUS, DB 1993, 1258 (1259); PAUS kritisiert das BFH-Urteil vom 14.10.1992 I R 14/92 als zu weitgehend, ebenso: KNOBBE-KEUK, Bilanz- u. Unternehmenssteuerrecht, S. 646; WREDE, iin: HERMANN/HEUER/RAUPACH, KStG, § 8 Anm. 41; dieser Kritik ist m.E. nicht zu folgen, vgl dazu: WASSERMEYER, DB 1993, 1258 (1260 f.); FROTSCHER, in: FROTSCHER/MAAS, KStG, Anhang vGA zu § 8, Rz. 80.

230 FROTSCHER, in: FROTSCHER/MAAS, KStG, Anhang vGA zu § 8, Rz. 74.

231 Zu den Beispielen vgl.: FROTSCHER, in: FROTSCHER/MAAS, KStG, Anhang vGA zu § 8, Rz. 76, 78.

damit wohl nicht gemeint haben, dass eine verdeckte Gewinnausschüttung, die im Zusammenhang mit einer offenen Gewinnausschüttung erfolgt, deshalb ihren Charakter als verdeckte Gewinnausschüttung verliert. Es sind durchaus Fälle denkbar, in denen neben einer offenen Gewinnausschüttung auch eine verdeckte Gewinnausschüttung erfolgt. Ein Beispiel[232] ist etwa der Fall, dass eine Kapitalgesellschaft ihrem beherrschenden Gesellschafter eine Tantiemezusage gibt, deren Höhe sich nach einem Vomhundertsatz nach der Höhe einer offenen Gewinnausschüttung bemisst, und die in ihrer Fälligkeit von der offenen Ausschüttung abhängt. Diese Zusage steht in einem Zusammenhang mit der offenen Ausschüttung. An der gesellschaftsrechtlichen Veranlassung und der daraus resultierenden verdeckten Gewinnausschüttung bestehen aber keine Zweifel.

Die Aussage des BFH ist daher dahingehend zu verstehen, dass die verdeckte Gewinnausschüttung nicht auf einem den gesellschaftsrechtlichen Vorschriften entsprechenden Gewinnverteilungsbeschluss beruhen darf[233].

IV. Die Voraussetzungen der verdeckten Gewinnausschüttung im Anrechnungsverfahren und auf der Ebene des Gesellschafters

Die Erfassung der verdeckten Gewinnausschüttung im Sinne des § 8 Abs. 3 Satz 2 KStG auf der Ebene der Kapitalgesellschaft erfolgt unabhängig[234] von der Erfassung der verdeckten Gewinnausschüttung im Anrechnungsverfahren und der Erfassung der verdeckten Gewinnausschüttung beim Gesellschafter.

Zunächst wird die verdeckte Gewinnausschüttung auf der Ebene der Kapitalgesellschaft festgestellt. Voraussetzung für die Erfassung der verdeckten Gewinnausschüttung im Anrechnungsverfahren nach §§ 27 ff. KStG ist sodann der

---

232 Beispiel von MAAS, StVj 1990, 42 (47).

233 Vgl. DÖLLERER, BB 1989, 1175 (1176); MAAS, StVj 1990, 42 (47); WINTER, GmbHR 1992, 32 (32).

234 Die Erfassung einer als verdeckte Gewinnausschüttung zu qualifizierenden Pensionsrückstellung erfolgt z.B. bei der Kapitalgesellschaft unabhängig vom Zufluss des Vermögensvorteils beim Gesellschafter.

Abfluss[235] des Vermögensvorteils bei der Kapitalgesellschaft, also deren Entreicherung. Voraussetzung für die Erfassung der verdeckten Gewinnausschüttung auf der Ebene des Gesellschafters ist gemäß § 11 Abs. 1 EStG[236] der Zufluss des Vermögensvorteils beim Gesellschafter. Dies bedeutet aber nicht, dass es sich um drei verschiedene verdeckte Gewinnausschüttungen handeln würde. Es liegt vielmehr nur ein Sachverhalt vor, der eine verdeckte Gewinnausschüttung darstellt, die auf den unterschiedlichen Ebenen unterschiedlichen Regelungen und Rechtsfolgen unterliegt[237].

V. Rechtsfolgen der verdeckten Gewinnausschüttung

1. Rechtsfolge einer verdeckten Gewinnausschüttung im Sinne des § 8 Abs. 3 Satz 2 KStG – Gesellschaftsebene

Nach § 8 Abs. 3 Satz 2 KStG mindert eine verdeckte Gewinnausschüttung das Einkommen der Kapitalgesellschaft nicht. Sie wird dem Einkommen der Kapitalgesellschaft hinzugerechnet. Die Hinzurechnung nach § 8 Abs. 3 Satz 2 KStG ist unabhängig von der Ausschüttung gemäß § 27 KStG und dem Zufluss des Vermögensvorteils beim Gesellschafter gemäß § 20 Abs. 1 Nr. 1, § 11 Abs. 1 EStG[238]. Dies folgt daraus, dass jede der drei Ebenen, die die verdeckte Gewinnausschüttung durchläuft, – Hinzurechnung bei der Einkommensermittlung der Kapitalgesellschaft, Berücksichtigung im Anrechnungsverfahren und Erfassung bei dem Gesellschafter – losgelöst von den anderen Ebenen zu betrachten ist.

---

235 Vgl. BFH Urteile v. 20.8.1986 I R 87/83, BFHE 147, 521, BStBl 1987 II S. 75; v. 9.12.1987 I R 260/83, BFHE 151, 560, BStBl 1988 II S. 460; v. 14.3.1989 I R 8/85, BStBl 1989 II S. 633; v. 28.11.1991 I R 34-35/90, BFH/NV 1992, 560; v. 23.6.1993 I R 72/92, BFHE 172, 51; BStBl 1993 II S. 801; v. 18.12.1996 I R 139/94, BFHE 182, 184, BStBl 1997 II S. 301; v. 16.12.1998 I R 96/95, BFH/NV 1999, 1125.

236 Wenn der Vermögenszufluss bei dem Gesellschafter zu den Einkünften aus Kapitalvermögen gemäß § 20 EStG zu zählen ist. Befinden sich die Anteile an der Kapitalgesellschaft in einem Betriebsvermögen des Gesellschafter, dann kommt es für die Erfassung des Vermögensvorteils auf die Regeln der ordnungsgemäßen Buchführung an.

237 Vgl. FROTSCHER, in: WIDMANN, DStJG 20 (1997), 205 (248).

238 FROTSCHER, in: FROTSCHER/MAAS, KStG, Anhang vGA zu § 8, Rz. 209.

Auch wenn der Gesellschafter die Zuwendung bei sich bereits erfasst und versteuert hat, hat eine Erfassung der verdeckten Gewinnausschüttung bei der Kapitalgesellschaft zu erfolgen[239]. Wie oben dargestellt (vgl. oben Teil 1, A. III. 3. c)) erfolgt die Hinzurechnung des Betrags der verdeckten Gewinnausschüttung außerhalb der Steuerbilanz.

2. Rechtsfolge der verdeckten Gewinnausschüttung im Anrechnungsverfahren

Das durch das KStG 1977 eingeführte Anrechnungsverfahren dient dazu, eine Doppelbelastung des von der Kapitalgesellschaft erwirtschafteten Gewinns mit Körperschaftsteuer einerseits und Einkommensteuer beim Gesellschafter andererseits zu vermeiden[240]. Von einem gänzlichen Verzicht auf eine steuerliche Erfassung ausgeschütteter Gewinnteile bei der Körperschaft wurde abgesehen, da insoweit insbesondere bei großen Publikumskapitalgesellschaften Vollzugsdefizite befürchtet wurden und ferner z.B. auch nicht der inländischen Steuerpflicht unterliegende Personen begünstigt würden[241].

Durch eine Anrechnung der von der Kapitalgesellschaft entrichteten Körperschaftsteuer auf die individuelle Steuerschuld des Gesellschafters wird erreicht, dass im Ergebnis die verdeckte Gewinnausschüttung nur mit dem individuellen Einkommensteuertarif des Gesellschafters belastet wird. Die Kapitalgesellschaft hat gemäß § 27 Abs. 1 KStG die Ausschüttungsbelastung herzustellen, wenn sie Gewinn ausschüttet. Nach § 27 Abs. 3 S. 2 KStG gilt dies auch bei „anderen Ausschüttungen". Die Ausschüttungsbelastung ist in dem Zeitpunkt herzustellen, in dem der Gewinn bei der Kapitalgesellschaft abfließt[242]. Für die Bestimmung des

239 BFH Beschluß v. 24.3.1987 I B 117/86, BFHE 149, 468, BStBl 1987 II S. 508.

240 JAKOB, Einkommensteuer, § 7, Rn. 29; KNOBBE-KEUK, Bilanz- u. Unternehmenssteuerrecht, S. 603.

241 Vgl. PEZZER, Verdeckte Gewinnausschüttung, S. 3.

242 Vgl. BFH Urteile v. 20.8.1986 I R 87/83, BFHE 147, 521, BStBl 1987 II S. 75; v. 9.12.1987 I R 260/83, BFHE 151, 560, BStBl 1988 II S. 460; v. 14.3.1989 I R 8/85, BStBl 1989 II S. 633; v. 23.6.1993 I R 72/92, BFHE 172, 51, BStBl 1993 II S. 801;

Abflusszeitpunktes ist § 11 Abs. 2 EStG in analoger Anwendung heranzuziehen[243].

3. Rechtsfolge der verdeckten Gewinnausschüttung auf der Ebene des Gesellschafters

Der Vermögensvorteil, den der Gesellschafter verdeckt von der Kapitalgesellschaft erhalten hat, führt bei ihm zu einer Erhöhung seiner Einkünfte aus der Beteiligung an der Kapitalgesellschaft. Diese sind grundsätzlich als Einkünfte aus Kapitalvermögen nach § 20 Abs. 1 Nr. 1 Satz 2 EStG zu qualifizieren. Zu den Einkünften aus § 20 Abs. 1 Nr. 1 EStG gehören gemäß § 20 Abs. 3 EStG auch bei verdeckten Gewinnausschüttungen neben den Gewinnanteilen auch die auf diese Teile entfallende anrechenbare Körperschaftsteuer. Ist der Gesellschafter gewerblich tätig und hält er seine Anteile an der Kapitalgesellschaft im Betriebsvermögen, so sind die Einkünfte solchen aus Gewerbebetrieb nach § 15 Abs. 1 Nr. 1, § 20 Abs. 3 EStG zuzurechnen[244]. Hat der Gesellschafter den durch die verdeckte Gewinnausschüttung erhaltenen Vermögensvorteil bereits bei einer anderen Einkunftsart erfasst, etwa als Einkunft aus nichtselbständiger Arbeit nach § 19 EStG im Falle einer unangemessenen Tantiemezahlung, so werden die Einkünfte umqualifiziert[245].

VI. Rückgängigmachung einer verdeckten Gewinnausschüttung

Die Aufdeckung einer verdeckten Gewinnausschüttung wird in der Regel zu Folgen führen, die von den Steuerpflichtigen unerwünscht sind. Zwar hat die verdeckte Gewinnausschüttung ihren „großen Schrecken“ durch den Wegfall der Doppelbelastung infolge des Anrechnungsverfahrens verloren, doch verursacht

---

FROTSCHER, in: FROTSCHER/MAAS, KStG, Anhang vGA zu § 8, Rz. 247.

243 WREDE, in: HERMANN/HEUER/RAUPACH, KStG, § 27 Anm. 30.

244 WREDE, in: HERMANN/HEUER/RAUPACH, KStG, § 8 Anm. 46.

245 Vgl. THIEL, GmbHR 1992, 338 (341).

sie noch immer Folgen, die für die Kapitalgesellschaft und die Gesellschafter nachteilig sein können. So lassen sich die Auswirkungen zumindest von nicht geplanten verdeckten Gewinnausschüttungen auf das verwendbare Eigenkapital nicht sicher vorausplanen. Wegen der Ausschüttungsbelastung, die nach § 27 Abs. 3 KStG herzustellen ist, wird mehr verwendbares Eigenkapital verbraucht als durch die verdeckte Gewinnausschüttung zugeführt wird. Ferner erhöht sich infolge der Aufdeckung einer verdeckten Gewinnausschüttung die Gewerbesteuerbelastung. Es stellt sich mithin die Frage, ob die Folgen einer aufgedeckten verdeckten Gewinnausschüttung durch eine Rückgängigmachung der verdeckten Gewinnausschüttung vermieden werden können.

1. Tatsächliche Rückgängigmachung

Allein durch die Rückgängigmachung des die verdeckte Gewinnausschüttung begründenden Sachverhalts (Geschäftsvorfalls) lässt sich die Verwirklichung des Tatbestands der verdeckten Gewinnausschüttung nicht verhindern. Dem steht § 38 AO entgegen, der festlegt, dass Ansprüche aus dem Steuerschuldverhältnis entstehen, sobald der Tatbestand verwirklicht ist, an den das Gesetz die Leistungspflicht knüpft. Die bloße Nachzahlung oder Ausgleichung einer unangemessenen Gegenleistung führt nicht zu einer Rückgängigmachung der verdeckten Gewinnausschüttung. Ein einmal verwirklichter Steuertatbestand kann grundsätzlich nicht rückgängig gemacht werden[246].

2. Rückgängigmachung auf Grund Satzungsklausel

In der Praxis wird teilweise versucht, zur Vermeidung der steuerrechtlichen Wirkung verdeckter Gewinnausschüttungen sogenannte Satzungs- oder Steuerklauseln zu vereinbaren. Diese Klauseln werden entweder bereits in den Gesellschaftsvertrag aufgenommen (Satzungsklauseln) oder einzelvertraglich geregelt

---

246 BFH Urteil v. 2.8.1983 VIII R 15/80, BStBl 1983 II S. 736; KNOBBE-KEUK, Bilanz- u. Unternehmenssteuerrecht, S. 672; WASSERMEYER, Stbg 1996, 481 (483).

(Steuerklauseln)[247]. Inhalt dieser Klauseln ist es, das jeweilige Geschäft unter die (auflösende) Bedingung der steuerlichen Anerkennung durch die Finanzverwaltung zu stellen. Anerkennt die Finanzverwaltung die betriebliche Veranlassung eines Geschäfts nicht, so soll diese rückwirkend entfallen oder zu angemessenen Bedingungen durchgeführt werden. Dazu soll ein Rückgewähranspruch der Kapitalgesellschaft gegen den Gesellschafter zu aktivieren sein.

Der BFH versagt einer Rückgewähr der verdeckten Gewinnausschüttung auf Grund von Satzungs- oder Steuerklauseln die Anerkennung. Die Klausel habe ihre Grundlage in dem Gesellschaftsverhältnis. Der aus der Klausel resultierende Rückgewähranspruch sei lediglich actus contrarius zur verdeckten Gewinnausschüttung und habe den Charakter einer Einlageforderung.

3. Aktivierung von Rückgewähr- oder Schadensersatzansprüchen

Möglicherweise ist der Tatbestand der verdeckten Gewinnausschüttung nicht erfüllt, wenn die Kapitalgesellschaft Rückgewähr- oder Schadensersatzansprüche in ihrer Bilanz aktiviert. Mittels des aktivierten Anspruchs gegen den Gesellschafter könnte die Vermögensminderung oder verhinderte Vermögensmehrung ausgeglichen werden, so dass keine Einkommensminderung der Kapitalgesellschaft vorliegt[248].

Der BFH hat in seiner früheren Rechtsprechung regelmäßig entschieden, dass ein in der Steuerbilanz aktivierter Rückgewähranspruch den Charakter einer Einlageforderung hat, da er nur actus contrarius zur verdeckten Gewinnausschüttung sei und somit ebenfalls gesellschaftsrechtlich veranlasst sei[249]. Als Einlageforderung

---

247 Vgl. vertiefend: SCHMIDT, L. Steuerklauseln, JbFSt, 1979/80, 315.

248 KNOBBE-KEUK, Bilanz- u. Unternehmenssteuerrecht, S. 676; DÖLLERER, Verdeckte Gewinnausschüttung, S. 164 ff.; BUYER, BB 1990, 1809 (1811 ff.); STRECK, KStG, Anm. 110 ff.; RENGERS, in: BLÜMICH, KStG, Rz. 440 ff.

249 BFH Urteile v. 23.5.1984 I R 266/81, BFHE 141, 261, BStBl 1984 II S. 673; v. 30.1.1985 I R 37/82, BFHE 143, 263, BStBl 1985 II S. 345; v. 29.4.1987 I R 176/83, BFHE 150, 337; BStBl 1987 II S. 733; v. 13.9.1989 I R 41/86, BFHE 158, 338, BStBl

kann der Rückgewähranspruch den Gewinn nicht erhöhen (§ 4 Abs. 1 Satz 1 EStG i. V. m. § 8 Abs. 1 KStG). Durch die Aktivierung von Rückgewähransprüchen könnten die Rechtsfolgen einer verdeckten Gewinnausschüttung mithin nicht vermieden werden. Diese Auffassung der Rechtsprechung traf im Schrifttum teilweise auf Zustimmung[250], vielfach aber auch auf Ablehnung[251].

In seiner jüngeren Rechtsprechung hat der BFH jedoch anerkannt, dass in manchen Fällen die Aktivierung von Rückgewähr- und Schadensersatzansprüche eine verdeckte Gewinnausschüttung ausschließen kann. Wurde eine entsprechende Forderung nicht aktiviert, so ist die Bilanz unrichtig und zu berichtigen. Wurde die Forderung aktiviert bzw. gegebenenfalls die Bilanz durch „Nachaktivierung" berichtigt, so ist der Tatbestand der verdeckten Gewinnausschüttung nicht erfüllt. Erst ein anschließender Verzicht auf den aktivierten Anspruch gegenüber dem Gesellschafter stelle dann eine verdeckte Gewinnausschüttung dar[252].
Dabei ist nach dem BFH in diesem Zusammenhang zwischen zwei Arten von Forderungen zu unterscheiden:
– Forderungen, die aktiviert werden, um die verdeckte Gewinnausschüttung rückgängig zu machen, haben stets nur den Charakter einer Einlageforderung und führen nicht zu einer Einkommenserhöhung. Sie können die Annahme einer verdeckten Gewinnausschüttung nicht verhindern.
– Forderungen die aus Ersatz- oder Rückforderungsansprüchen der Gesellschaft resultieren, führen durch ihre Aktivierung zu einem Ausgleich der Vermögensminderung oder verhinderten Vermögensmehrung und wirken sich einkommenserhöhend aus. Sie verhindern die Annahme einer verdeckten Gewinnausschüttung[253].

1989 II S. 1029; 13.9.1989 I R 110/88, BFHE 158, 346, BStBl 1990 II S. 24; v. 29.5.1996 I R 118/93, BFHE 180, 405, BStBl 1997 II S. 92.

250 RENGERS, in: BLÜMICH, KStG, Rz. 460; FROTSCHER, in: FROTSCHER/MAAS, KStG, Anhang vGA zu § 8, Rz. 295 ff.

251 BUYER, BB 1990, 1908 (1813 ff.); STRECK, KStG, Anm. 112 m.w.N.

252 BFH Urteile v. 18.12.1996 I R 26/95, BFHE 182, 190; v. 30.7.1997 I R 65/96, BFHE 184, 297, BStBl 1998 II S. 402; v. 24.3.1998 I R 88/97, DStZ 1998, 842.

253 Vgl. AHMANN, DStZ 1999, 233 (235); BRENNER, DStZ 1998, 843 (843); WICHMANN, GmbHR 1997, 991 (991); BFH Urteil v. 18.12.1996 I R 139/94, BFHE 182, 184, BStBl

Diese Auffassung des BFH ist zu begrüßen. Die steuerrechtliche Würdigung schließt sich so der handelsbilanziellen Betrachtung an. Wegen des Maßgeblichkeitsgrundsatzes aus § 5 Abs. 1 Satz 2 EStG ist der handelsrechtliche Jahresabschluss, soweit er den Grundsätzen ordnungsgemäßer Buchführung entspricht und soweit steuerrechtliche Bestimmungen nicht entgegenstehen, zu übernehmen[254].

4. Zusammenfassung

Eine verdeckte Gewinnausschüttung lässt sich nicht rückgängig machen. Eine Forderung auf Rückgewähr hat den Charakter einer Einlageforderung, da sie als actus contrarius zur verdeckten Gewinnausschüttung anzusehen ist und ihre Veranlassung im Gesellschaftsverhältnis hat. Als Einlage bewirkt sie keine Gewinnerhöhung und vermag mithin eine Vermögensminderung oder verhinderte Vermögensmehrung nicht auszugleichen.

Dagegen haben Schadensersatzansprüche nicht den Charakter einer Einlageforderung. Sie sind zu aktivieren und gleichen so eine Vermögensminderung oder verhinderte Vermögensmehrung im Ergebnis aus. Erst der Verzicht auf die Geltendmachung einer aktivierten Schadensersatzforderung kann zu einer verdeckten Gewinnausschüttung führen.

1997 II S. 301.

254 HOFFMANN, Stbg 1993, 116 (119). Allerdings ist vom BFH noch nicht abschließend geklärt, welche Ansprüche gewinnwirksam zu erfassen sind und welche als Einlage, vgl. BRENNER, DStZ 1998, 843 (843); WICHMANN, GmbHR 1997, 991 (995). Dieser Frage soll hier jedoch nicht nachgegangen werden, da dies für die Untersuchung der Konkurrenzhandlungen keine weiteren Erkenntnisse verspricht, denn nach der neuen BFH Rechtsprechung zur verdeckten Gewinnausschüttung bei Konkurrenzhandlungen sind zivilrechtliche Ersatzansprüche, die aus der Verletzung des Wettbewerbsverbots oder der treuwidrigen Eigenwahrnehmung von Geschäftschancen resultieren stets erfolgswirksam zu bilanzieren, vgl. sogleich unter Teil 1, B.

B. Die Rechtsprechung des BFH zur verdeckten Gewinnausschüttung bei Konkurrenzhandlungen des Gesellschafters zur Gesellschaft

Eine verdeckte Gewinnausschüttung kann gegeben sein, wenn der oder die Gesellschafter durch eine branchengleiche Tätigkeit in Konkurrenz zu der GmbH treten. Ein solcher Fall ist beispielsweise gegeben, wenn der Gesellschafter-Geschäftsführer einer GmbH, die Logistik-Software entwickelt, die Entwicklung und den Verkauf eines Programms auf eigene Rechnung tätigt, obwohl dies auch im Betätigungsfeld der GmbH liegt. Hier ist der Gesellschafter-Geschäftsführer für sich selber tätig geworden, obwohl dieses Geschäft möglicherweise der GmbH zustand. Aus dem Ausnutzen dieser Geschäftschance der GmbH durch den Gesellschafter-Geschäftsführer können zivilrechtliche (Schadensersatz-) Ansprüche entstanden sein. In steuerrechtlicher Hinsicht kann das Ausnutzen der Geschäftschance als eine gesellschaftsrechtlich veranlasste Vermögensminderung oder verhinderte Vermögensmehrung anzusehen sein und mithin als eine verdeckte Gewinnausschüttung im Sinne des § 8 Abs. 3 Satz 2 KStG.

Über derartige Sachverhalte hat der BFH schon seit den sechziger Jahren immer wieder zu entscheiden. Dabei hat sich die Rechtsprechung zur Annahme einer verdeckten Gewinnausschüttung bei einer Konkurrenztätigkeit des Gesellschafter im Lauf der Zeit stetig gewandelt. Die Entwicklung der Rechtsprechung soll im Folgenden skizziert werden.

I. Rechtsprechung bis 1987 – Erfordernis einer klaren Abgrenzungsvereinbarung

Der BFH ging in seiner älteren Rechtsprechung[255] davon aus, dass der Gesellschafter-Geschäftsführer einer GmbH im Geschäftsbereich der GmbH grundsätzlich nur für diese tätig werden darf und keine Geschäfte auf eigene

---

255 BFH Urteile v. 15.12.1965 I 181/63 U, BFHE 84, 342, BStBl 1966 III S. 123; v. 27.1.1971 I R 79/68, BFHE 101, 361, BStBl 1971 II S. 352; v. 11.2.1981 I R 128/77, BFHE 132, 552, BStBl 1981 II S. 448; v. 9.2.1983 I R 229/81, BStBl 1983 II S. 487.

Rechnung tätigen darf. Die Gesellschaft habe jedoch die Möglichkeit, dem Gesellschafter-Geschäftsführer eine persönliche selbständige oder gewerbliche Tätigkeit im gleichen Geschäftsbereich zu gestatten. Voraussetzung für eine steuerliche Anerkennung einer Konkurrenztätigkeit war jedoch im Falle des beherrschenden Gesellschafters eine im voraus vereinbarte, klare und bis ins einzelne gehende Abgrenzung der Tätigkeitsbereiche zwischen der GmbH und dem Gesellschafter. Dem beherrschenden[256] Gesellschafter-Geschäftsführer einer GmbH könne es keinesfalls überlassen bleiben, jeweils von Fall zu Fall darüber zu entscheiden, welche – im Rahmen des gleichen Geschäftsbereichs ausgeführten – Geschäfte er der Gesellschaft und welche er seiner persönlichen Tätigkeit zurechnen will[257]. Für die Abgrenzungsvereinbarung war nicht ausreichend, dass die übrigen Gesellschafter mit der Tätigkeit einverstanden waren und dies gegebenenfalls nachträglich bestätigten[258]. Auch die Entscheidung des Dritten (Kunde, Geschäftspartner), wem er den Auftrag erteilt, genügte nach der Auffassung des BFH nicht für eine steuerlich anzuerkennende Abgrenzung, da es dem Dritten vielfach gleichgültig sei, ob er mit dem Gesellschafter oder mit der GmbH kontrahiere[259].

Beim Fehlen einer zuvor geschlossenen Vereinbarung über eine klare und eindeutige Aufgabenabgrenzung ging der BFH davon aus, dass der Gesellschafter-Geschäftsführer in dieser Eigenschaft für die GmbH tätig wurde und rechnete die Erträge des Gesellschafter-Geschäftsführers aus einer branchengleichen Tätigkeit der GmbH zu. Habe die GmbH die Gewinne aus den Konkurrenzgeschäften ihrem Gesellschafter-Geschäftsführer überlassen, so sei eine verdeckte Gewinnausschüttung gegeben[260].

---

256 Und ebenso dem Alleingesellschafter, vgl. BFH Urteil v. 9.2.1983 I R 229/81, BStBl 1983 II S. 487.

257 BFH Urteil v. 15.12.1965 I 181/63 U, BFHE 84, 342, BStBl 1966 III S. 123.

258 BFH Urteil v. 27.1.1971 I R 79/68, BFHE 101, 361, BStBl 1971 II S. 352.

259 BFH Urteil v. 11.2.1981 I R 128/77, BFHE 132, 552, BStBl 1981 II S. 448.

260 BFH Urteil v. 11.2.1981 I R 128/77, BFHE 132, 552, BStBl 1981 II S. 448.

Die Forderung nach einer vorherigen, klaren Abgrenzungsvereinbarung galt konsequenterweise auch in Fällen, in denen der Gesellschafter-Geschäftsführer nicht Rechtsgeschäfte mit dritten Personen abgeschlossen hatte, sondern Ergebnisse der eigenen Schaffenskraft entgeltlich der GmbH überlassen wollte[261]. Dies war etwa der Fall, wenn ein Architekt als Gesellschafter-Geschäftsführer einer Projektierungs- und Bau-GmbH der GmbH Baupläne verkaufen wollte. Da die Architektentätigkeit auch zu der der GmbH geschuldeten Tätigkeit gehörte, war eine Abgrenzung der Geschäftsbereiche erforderlich, wenn der Gesellschafter-Geschäftsführer als Architekt selbständig Pläne entwerfen wollte.

II. Verdeckte Gewinnausschüttung bei Verstoß gegen ein Wettbewerbsverbot

1. Änderung der Rechtsprechung – Orientierung am gesellschaftsrechtlichen Wettbewerbsverbot[262]

Der I. Senat des BFH änderte seine Rechtsprechung zur verdeckten Gewinnausschüttung bei Konkurrenzhandlungen mit seinem Urteil vom 11. Februar 1987, I R 177/83[263]. Darin stellt er auf die zivilrechtlichen Folgen ab, die sich aus einer Konkurrenztätigkeit des Geschäftsführers für die GmbH ergeben können. Es wird davon ausgegangen, dass der Geschäftsführer einer GmbH dieser gegenüber eine intensive Treuepflicht habe und einem Wettbewerbsverbot unterliege, das es ihm untersagt, im Geschäftsbereich der GmbH Geschäfte auf eigene Rechnung zu tätigen oder tätigen zu lassen. Das Wettbewerbsverbot gelte auch dann, wenn die

---

[261] BFH Urteil v. 9.2.1983 I R 229/81, BStBl 1983 II S. 487.

[262] BFH Urteile v. 11.2.1987 I R 177/83, BFHE 149, 176, BStBl 1987 II 461; v. 14.3.1989 I R 8/85, BFHE 156, 452, BStBl 1989 II S. 633; v. 12.4.1989 I R 142-143/85, BFHE 156, 484, BStBl 1989 II S. 636; v. 26.4.1989 I R 172/87, BFHE 157, 138, BStBl 1989 II S. 636; v. 28.2.1990 I R 144//87, BFHE 160, 237, BStBl 1990 II S. 595 (in diesem Urteil knüpft der BFH an ein Wettbewerbsverbot an, obwohl kein klassischer Fall eines Wettbewerbsverstoßes gegeben war, vgl. auch KNOBBE-KEUK, GmbHR 1992, 333 (336).

[263] BFH Urteil v. 11.2.1987 I R 177/83, BFHE 149, 176, BStBl 1987 II S. 461.

GmbH im Einzelfall das in ihren Geschäftszweig fallende Geschäft nicht selbst wahrnehmen wolle oder könne. Die GmbH habe auch in diesen Fällen ein berechtigtes Interesse daran, ihren Geschäftsführer nicht als Wettbewerber auf dem Markt auftreten zu lassen. Sie habe zwar grundsätzlich die Möglichkeit, ihren Geschäftsführer vom Wettbewerbsverbot zu befreien, dies setze jedoch voraus, dass eine Befreiungsmöglichkeit in der Satzung vorgesehen sei oder alle Gesellschafter zustimmten. Die Befreiung müsse im voraus in klarer und eindeutiger Weise erteilt sein und erfordere eine Abgrenzung des Pflichtenbereichs des Geschäftsführers. Es dürfe nicht der freien Entscheidung des Geschäftsführers überlassen bleiben, ob er im Einzelfall als Geschäftsführer oder als selbständiger Unternehmer tätig werde[264]. Da es die Aufgabe der GmbH sei, Gewinne zu erzielen, werde sie dem an dem Geschäft interessierten Geschäftsführer die Befreiung vom Wettbewerbsverbot nur gegen Vereinbarung einer angemessenen Gegenleistung erteilen, also einen entgeltlichen Dispensvertrag mit dem Geschäftsführer schließen[265]. Sei dem Geschäftsführer kein Dispens erteilt worden und verstoße er gegen das Wettbewerbsverbot, so entstünden der GmbH aus dem Verstoß Ansprüche auf Schadensersatz oder Vorteilsherausgabe.

Eine verdeckte Gewinnausschüttung nahm der BFH nun an, wenn die GmbH entweder zugunsten ihres Gesellschafter-Geschäftsführers eine angemessene Gegenleistung für die Befreiung vom Wettbewerbsverbot nicht vereinbare, oder wenn die GmbH auf die Geltendmachung des aus dem Wettbewerbsverstoß resultierenden Anspruchs gegenüber ihrem Gesellschafter-Geschäftsführer verzichte.

In weiteren Urteilen ging der BFH davon aus, dass auch der Alleingesellschafter sowie die Gesellschafter in einer mehrgliedrigen GmbH einem Wettbewerbsverbot im Verhältnis zur GmbH unterliegen[266]. Seine Aussagen zur zivilrecht-

264 BFH Urteil v. 12.4.1989 I R 142-143/85, BFHE 156, 484, BStBl 1989 II S. 636.

265 BFH Urteil v. 11.2.1987 I R 177/83, BFHE 149, 176, BStBl 1987 II S. 461.

266 BFH Urteile v. 14.3.1989 I R 8/85, BFHE 156, 452, BStBl 1989 II S. 633; v. 12.4.1989 I R 142-143/85, BFHE 156, 484, BStBl 1989 II S. 636; v. 26.4.1989 I R 172/87, BFHE 157, 138, BStBl 1989 II S. 636.

lichen Treuepflicht und dem Bestehen eines Wettbewerbsverbots stützte der BFH auf Urteile des Bundesgerichtshofs sowie auf das zivilrechtliche Schrifttum.

2. Gründe für die Rechtsprechungsänderung

Die frühe Rechtsprechung des BFH zu Konkurrenztätigkeiten, die eine im voraus getroffene klare und eindeutige Abgrenzungsvereinbarung erforderte, bedeutete, dass die Tätigkeit des Gesellschafter-Geschäftsführers auch dann der GmbH zugerechnet wurde, wenn sie tatsächlich im eigenen Namen und auf eigene Rechnung des Gesellschafter-Geschäftsführers ausgeübt wurde. Eine derartige Sachverhaltsunterstellung ist jedoch keinem Gericht erlaubt[267]. Einkünfte sind steuerrechtlich demjenigen persönlich zuzurechnen, der alle Merkmale des Tatbestands einer Einkunftsart verwirklicht[268], also grundsätzlich demjenigen, für dessen Rechnung sie erzielt werden. Durch die Änderung seiner Rechtsprechung und die Anknüpfung an das zivilrechtliche Wettbewerbsverbot behob der BFH diesen „Systemfehler“[269]. Das Ergebnis der Geschäftstätigkeit, die ein Gesellschafter auf eigene Rechnung ausübt, wird diesem steuerlich zugerechnet. Für die Frage, ob eine verdeckte Gewinnausschüttung gegeben ist, wird auf ein zivilrechtliches Wettbewerbsverbot und daraus entstehende Ersatzansprüche abgestellt.

3. Auffassung der Finanzverwaltung

Die Finanzverwaltung hat sich der geänderten Auffassung des BFH angeschlossen[270]. Auch sie ist der Meinung, dass ein beherrschender Gesellschafter bzw. ein

---

267 WASSERMEYER, DStR 1991, 1065 (1068); KNOBBE-KEUK, GmbHR 1992, 333 (334); SCHNEIDER, DB 1993, 1992 (1993).

268 WOLFF-DIEPENBROCK, in: FS für DÖLLERER, S. 757 (759).

269 THIEL, GmbHR 1992, 338 (339); *ders.*, DStR 1993, 1801 (1801).

270 BMF-Schreiben v. 4.2.1992 – IV B 7 – S 2742 – 6/92, BStBl 1992 I S. 137; v. 18.8.1992 – IV B 7 – S 2742 – 59/92, WPg 1992, 625; v. 15.12.1992 – IV B 7 – S 2742 – 123/92, BStBl 1993 I S. 24; v. 29.6.1993 – IV B 7 – S 2742 – 54/93, BStBl 1993 I S. 556.

Gesellschafter-Geschäftsführer, der im Geschäftszweig der GmbH ohne Erlaubnis für eigene Rechnung Geschäfte macht, das gegenüber seiner Gesellschaft bestehende Wettbewerbsverbot verletze. Daraus entstehe der Gesellschaft ein Anspruch auf Schadensersatz oder auf Herausgabe des erlangten Vorteils. Mache die Gesellschaft diese Ansprüche zugunsten ihres Gesellschafter-Geschäftsführer oder ihres nicht geschäftsführenden Gesellschafters nicht geltend, so stelle dies eine verdeckte Gewinnausschüttung dar. Dies gelte gleichermaßen für die Konkurrenztätigkeit des Geschäftsführers der GmbH, der im Verhältnis zum beherrschenden Gesellschafter als nahestehende Person gilt.

Die Gesellschaft könne den beherrschenden Gesellschafter oder den Gesellschafter-Geschäftsführer vom Wettbewerbsverbot befreien und so eine verdeckte Gewinnausschüttung vermeiden. Dafür sei aber erforderlich, dass eine klare und eindeutige Aufgabenabgrenzung zwischen der Gesellschaft und dem beherrschenden Gesellschafter bzw. dem Gesellschafter-Geschäftsführer getroffen wird, um eine spätere willkürliche Zuordnung der Geschäfte unmöglich zu machen. Die Befreiung müsse außerdem zivilrechtlich wirksam und im voraus getroffen sein. Dazu müsse die Befreiung und die Aufgabenabgrenzung in der ursprünglichen Satzung enthalten sein oder durch einen späteren satzungsändernden oder satzungsdurchbrechenden[271] Beschluss aufgenommen werden. Auch die Aufnahme einer Öffnungsklausel in die Satzung sei ausreichend[272]. Einem nicht beherrschenden Gesellschafter könne ebenso wie einem Geschäftsführer eine Befreiung im Anstellungsvertrag erteilt werden. Für die Befreiung müsse ferner eine angemessene Gegenleistung vereinbart werden, wenn ein ordentlicher und gewissenhafter Geschäftsführer die Befreiung vom Wettbewerbsverbot im Interesse der Gesellschaft nicht unentgeltlich erteilen würde. Dies sei insbesondere dann der Fall, wenn die konkurrierende Tätigkeit des beherrschenden Gesellschafters oder des Geschäftsführers auf einem Teilbereich des Unternehmensgegenstandes erlaubt werde, auf dem die Gesellschaft bereits ihre Tätigkeit entfaltet habe. Bei einer Gesellschaftsneugründung könne eine Befreiung unentgeltlich erfolgen. Offengelassen hat die Finanzverwaltung, ob die genannten

[271] Vgl. BMF-Schreiben v. 18.8.1992 – IV B 7 – S 2742 – 59/92, WPg 1992, 625.

[272] BMF-Schreiben v. 29.6.1993 – IV B 7 – S 2742 – 54/93, BStBl 1993 I S. 556.

Regelungen auch auf Wettbewerbshandlungen durch juristische Personen anzuwenden sind (Konzern-Konkurrenzen)[273].

4. Kritik an der Wettbewerbsverbot-Rechtsprechung des BFH

Der geänderten Rechtsprechung, die auf zivilrechtliche Vorgaben bei der Beurteilung verdeckter Gewinnausschüttungen abstellt, und der Auffassung der Finanzverwaltung begegneten viele Stimmen aus dem steuerrechtlichen Schrifttum erneut mit Skepsis und Kritik[274]. Das Wettbewerbsverbot im Zusammenhang mit der verdeckten Gewinnausschüttung wurde gar zum „Reizwort des Jahres"[275] erhoben, mit dem sich der BFH auf „recht glitschiges Parkett"[276] begeben habe.

Ein Schwerpunkt der Kritik war, dass das zivilrechtliche Wettbewerbsverbot nicht abschließend in Bezug auf seinen konkreten Umfang und die Voraussetzungen für eine Befreiung geklärt sei[277]. Ferner eigne es sich wegen seiner Einzelfallbezogenheit nicht als Anknüpfungspunkt für verdeckte Gewinnausschüttungen[278]. Letztlich sei auch zweifelhaft, ob den Gesellschafter-Geschäftsführer einer Einmann-GmbH überhaupt ein Wettbewerbsverbot im Verhältnis zu seiner GmbH

273 BMF-Schreiben v. 15.12.1992 – IV B 7 – S 2742 – 123/92, BStBl 1993 I S. 24.

274 BORST, BB 1990, 2236 ff.; BUYER, BB 1993, 2057 ff.; KNOBBE-KEUK, GmbHR 1992, 333 ff.; *dies.*, Bilanz- u. Unternehmenssteuerrecht, § 19 I, S. 654 ff.; MERTENS/CAHN, in: FS f. HEINSIUS, S. 545 ff.; MEYER-ARNDT, StbJb 1991/92, 67 ff.; *ders.*, BB 1992, 534 ff.; NIEHEUS, DB 1992, 496 ff.; PELKA, in: FS f. Tipke, S. 251 (265 ff.); PELKA/WÜST, DStR 1991, 578 ff.; SCHNEIDER, BB 1991, 1681 ff.; SCHWEDHELM, DStR 1993, 245 ff.; SINA, DStR 1991, 40 ff.; SPIEGELBERGER, GmbHR 1992, 727 ff.; TILLMANN, GmbHR 1991, 26 ff.; THIEL, GmbHR 1992, 338 ff.; vgl. auch SCHÄFER, StBp 1993, 244/272.

275 TILLMANN, GmbHR 1991, 26 (26).

276 KNOBBE-KEUK, GmbHR 1992, 333 (334).

277 KNOBBE-KEUK, GmbHR 1992, 333 (335); MEYER-ARNDT, StbJb 1991/92, 67 (73); TILLMANN, GmbHR 1991, 26 (27); THIEL, GmbHR 1992, 338 (339).

278 KNOBBE-KEUK, GmbHR 1992, 333 (336); MERTENS/CAHN, in: FS f. HEINSIUS, S. 545 (549, 562); THIEL, GmbHR 1992, 338 (339).

treffe. Die vom BFH[279] zitierte Rechtsprechung des BGH sei nicht zutreffend, da sie in drei Fällen zum Wettbewerbsverbot eines Geschäftsführers und nicht dem eines Gesellschafters ergangen sei[280] und in einem Fall das Wettbewerbsverbot eines Vorstandsmitglieds einer Aktiengesellschaft[281] betraf. Von einer ständigen Rechtsprechung des BGH könne in diesem Zusammenhang nicht gesprochen werden[282]. Schließlich wird die Auffassung des BFH als ein „selbstgezimmertes planwirtschaftliches Gewinnchancenverteilungsmodell" bezeichnet, welches dem Privatrecht fremd und der freiheitlichen Wirtschaftsordnung entgegengesetzt sei[283].

III. Aktuelle Rechtsprechung des BFH zur verdeckten Gewinnausschüttung bei Konkurrenztätigkeit

1. Das Piloturteil[284] vom 30. August 1995 I R 155/94

Mit dem Urteil vom 30. August 1995 I R 155/94[285] hat der BFH seine Rechtsprechung zur verdeckten Gewinnausschüttung infolge einer Konkurrenztätigkeit eines Gesellschafters erneut geändert bzw. teilweise aufgegeben. Dem Urteil lag folgender (vereinfacht wiedergegebener) Sachverhalt zugrunde:

---

279 Vgl. BFH Urteile v. 14.3.1989 I R 8/85, BFHE 156, 452, BStBl 1989 II S. 633; v. 12.4.1989 I R 142-143/85, BFHE 156, 484, BStBl 1989 II S. 636; v. 26.4.1989 I R 172/87, BFHE 157, 138, BStBl 1989 II S. 636.

280 BGH Urteile v. 26.10.1964 II ZR 127/62, WM 1964, 1320; v. 9.11.1967 II ZR 64/67, BGHZ 49, 30; v. 11.10.1976 II ZR 104/75, BB 1977, 313.

281 BGH Urteil v. 9.7.1979 II ZR 125/77, MDR 1980, 206.

282 MERTENS/CAHN, in: FS f. HEINSIUS, S. 545 (549); MEYER-ARNDT, StbJb 1991/92, 67 (73); KNOBBE-KEUK, GmbHR 1992, 333 (335); BUYER, BB 1993, 2057 (2057).

283 MERTENS/CAHN, in: FS f. HEINSIUS, S. 545 (546); so auch KNOBBE-KEUK, GmbHR 1992, 333 (336).

284 So GOSCH, DStR 1997, 442 (442).

285 BFH Urteil v. 30.8.1995 I R 155/94, BFHE 178, 371.

K ist Alleingesellschafter und Geschäftsführer der klagenden GmbH. Satzungsgegenstand der GmbH ist der Grundstückshandel sowie die Bau- und Maklertätigkeit. K hatte 1985 im Wege der vorweggenommenen Erbfolge von seiner Mutter das Eigentum an einem Grundstück erworben. Darauf errichtete er einen Supermarkt und verkaufte das Grundstück am 18. Juli 1986 mit Gewinn. Im Geschäftsführervertrag des K mit der GmbH war ein Wettbewerbsverbot vereinbart, das nach Angaben der GmbH im Dezember 1985 aufgehoben wurde. Das FA nahm einen Verstoß gegen das Wettbewerbsverbot an und sah in dem Sachverhalt eine verdeckte Gewinnausschüttung in Höhe des Veräußerungsgewinns.

Der BFH bestätigt zunächst das FG in der Ansicht, dass der Veräußerungsgewinn von K und nicht von der GmbH erzielt wurde. § 8 Abs. 3 Satz 2 KStG sei keine geeignete Rechtsgrundlage, um die von einem Gesellschafter in eigenem Namen und auf eigene Rechnung ausgeübte Tätigkeit nur deshalb der eigenen GmbH zuzurechnen, weil sie auch unter deren Unternehmensgegenstand fällt.

Der BFH gibt dabei ausdrücklich die in seinen früheren Urteilen[286] vertretene Auffassung auf, nach der es in Fällen von Konkurrenztätigkeiten des beherrschenden oder Alleingesellschafter-Geschäftsführers zur Vermeidung einer verdeckten Gewinnausschüttung stets einer eindeutigen, von vornherein getroffenen detaillierten Vereinbarung über die Abgrenzung der Tätigkeitsbereiche bedurfte.

Für die Bejahung einer verdeckten Gewinnausschüttung wegen eines Verstoßes gegen ein Wettbewerbsverbot sei zunächst der zivilrechtliche Anspruch festzustellen. Dieser setze ein Wettbewerbsverbot voraus. Das FG hat ein Wettbewerbsverbot aus den allgemeinen Treuepflichten des Alleingesellschafter-Geschäftsführers und dem Geschäftsführervertrag abgeleitet und einen Verstoß

---

286 Hierzu zitiert der BFH die Urteile v. 15.12.1965 I 181/63 U, BFHE 84, 342, BStBl 1966 III S. 123; v. 30.9.1970 I R 130/68, BFHE 100, 240, BStBl 1971 II S. 68; v. 27.1.1971 I R 79/68, BFHE 101, 361, BStBl 1971 II S. 352; v. 11.2.1981 I R 128/77, BFHE 132, 552, BStBl 1981 II S. 448 und v. 9.2.1983 I R 229/81, BFHE 138, 208, BStBl 1984 II S. 487.

gegen dieses wegen Fehlens einer klaren und von vornherein abgeschlossenen Vereinbarung bezüglich der behaupteten Aufhebung angenommen. Dem folgt der BFH nicht, sondern führt aus, dass es sich bei dem Erfordernis einer klaren und von vornherein abgeschlossenen Vereinbarung um ein rein steuerliches Kriterium handelt, das nicht zur Beurteilung der Existenz zivilrechtlicher Ansprüche herangezogen werden kann. Entgegen der Auffassung des FG unterliege ferner der Alleingesellschafter-Geschäftsführer nach der Rechtsprechung des BGH[287] solange keinem Wettbewerbsverbot, als er der GmbH kein Vermögen entziehe, das zur Deckung des Stammkapitals benötigt werde. In Bezug auf ein möglicherweise vertraglich vereinbartes Wettbewerbsverbot anerkennt der BFH eine umfassende Dispositionsbefugnis des Alleingesellschafters, die es ihm erlaube, das vertraglich vereinbarte Wettbewerbsverbot aufzuheben, so dass diese Frage dahinstehen kann.

Schließlich führt der BFH aus, dass unabhängig von der Existenz zivilrechtlicher Ansprüche auf Vorteilsherausgabe und/oder Schadensersatz eine verdeckte Gewinnausschüttung im Sinne des § 8 Abs. 3 Satz 2 KStG dann vorliegen kann, wenn zur Ausübung der konkurrierenden Tätigkeit Informationen oder Geschäftschancen der GmbH genutzt werden, für deren Überlassung ein fremder Dritter ein Entgelt gezahlt haben würde. In diesem Falle läge eine verdeckte Gewinnausschüttung jedoch nicht in Höhe des gesamten Veräußerungsgewinns vor, sondern nur in dem Betrag, den ein Dritter für die Überlassung der entsprechenden Information oder Geschäftschance gezahlt hätte.

In dem Urteil vom 22. November 1995 I R 45/95[288], dem ein im Wesentlichen gleich gelagerter Grundstücksverkaufs-Sachverhalt zugrunde lag, hat der BFH die oben genannten Entscheidungsgründe nahezu wortgleich wiederholt.

---

[287] Es wird auf das Urteil des BGH v. 10.5.1993 II ZR 74/92, BGHZ 122, 333 verwiesen.

[288] BFH Urteil v. 22.11.1995 I R 45/95, BFH/NV 1996, 645.

2. Der Vermittlungsprovisionenfall vom 11. Juni 1996 I R 97/95[289]

F ist Alleingesellschafter und Geschäftsführer der klagenden GmbH. Zugleich ist er Gesellschafter und Geschäftsführer der C-GmbH. Satzungsgegenstand der Klägerin ist „u. a. die Finanz- und Wirtschaftsberatung, ferner der Kauf, die Verwaltung, die Vermittlung und die Veräußerung von Vermögen aller Art". F hatte der A-GmbH Provisionen für Hinweise auf Immobiliengeschäfte in Rechnung gestellt und erhalten. Das FA hat die an F gezahlten Provisionen als verdeckte Gewinnausschüttung der Klägerin an F gewertet.

Der BFH legte in seiner Urteilsbegründung zunächst erneut dar, dass der Alleingesellschafter einer GmbH dieser gegenüber keinem Wettbewerbsverbot unterliege.

Die Annahme einer verdeckten Gewinnausschüttung im Sinne des § 8 Abs. 3 Satz 2 KStG müsse jedoch auch dann in Betracht gezogen werden, wenn ein zivilrechtlicher Anspruch der Kapitalgesellschaft gegen ihren Gesellschafter-Geschäftsführer nicht bestehe. Dies ergebe sich aus der Überlegung, dass zivilrechtlich gesehen die Zustimmung der Gesellschafter zu einer verdeckten Gewinnausschüttung gegenüber einem Gesellschafter deren Rückforderung ausschließe. Steuerrechtlich könne jedoch die Rechtsfolge des § 8 Abs. 3 Satz 2 KStG nicht durch das Einvernehmen aller Gesellschafter mit einer verdeckten Gewinnausschüttung ausgeschlossen werden. Deshalb, so der BFH, sei steuerrechtlich eine verdeckte Gewinnausschüttung unabhängig davon anzunehmen, ob die Gesellschafter ihr zugestimmt haben oder nicht.

Eine verdeckte Gewinnausschüttung sei in Form einer verhinderten Vermögensmehrung dann anzunehmen, wenn das Wissen des F, das dieser der A-GmbH verkauft hatte, als eine Geschäftschance der Klägerin anzusehen sei, die sie selbst durch entsprechende Überlassung an die A-GmbH hätte nutzen können. Dies hänge davon ab, ob F das Wissen auf Grund seiner Geschäftsführertätigkeit für die Klägerin erwarb. Dies gelte unabhängig davon, ob die Weitergabe des Wis-

---

[289] BFH Urteil v. 11.6.1996 I R 97/95, BFHE 181, 122.

sens zum Unternehmensgegenstand der Klägerin gehörte und ob die Geschäftsbeziehung zwischen der A-GmbH und F in dessen Privatbereich fiel. Steuerrechtlich gesehen müsse das Verhalten der Klägerin und des F am Fremdvergleich gemessen werden. Ein ordentlicher und gewissenhafter Geschäftsleiter hätte jede sich ihm auch zufällig bietende Geschäftschance genutzt.

Für den zweiten Rechtszug gibt der BFH ferner vor, dass sich aus der Tatsache, dass F kein Einzelunternehmen unterhielt, ergebe, dass er sein Wissen im Zweifel als Geschäftsführer der Klägerin und/oder der C-GmbH erwarb.

3. Der Innenarchitektenfall vom 13. November 1996[290]

Gesellschafter und Geschäftsführer der klagenden GmbH waren die Innenarchitekten A, B und C. Die Klägerin beschäftigte sich nach ihrer Satzung u. a. mit dem Messebau, dem Innenausbau, dem Ladenbau und der Errichtung von schlüsselfertigen Gebäuden. A und B betrieben bereits vor der Gründung der Klägerin gemeinschaftlich ein Architekturbüro in der Rechtsform einer GbR. In diese GbR trat C mit Gründung der Klägerin als weiterer Gesellschafter ein. Die GbR erbrachte Architektenleistungen sowohl gegenüber der Klägerin als auch gegenüber Dritten. FA und FG rechneten sämtliche Einkünfte der GbR über § 8 Abs. 3 Satz 2 KStG der Klägerin zu.

Der BFH verwies die Sache zurück. Er führte aus, dass Einkünfte aus einer gewerblichen Betätigung grundsätzlich der Person zuzurechnen seien, für deren Rechnung die Tätigkeit im Sinne des § 15 Abs. 2 EStG ausgeübt werde. § 8 Abs. 3 Satz 2 KStG sei keine geeignete Rechtsgrundlage, um abweichend vom Grundsatz des § 15 Abs. 2 EStG Tätigkeiten oder die daraus erzielten Einkünfte einer anderen Person zuzurechnen. § 8 Abs. 3 Satz 2 KStG habe nur Gewinnkorrekturfunktion.

290 BFH Urteil v. 13.11.1996 I R 149/94, BFHE 181, 494.

Eine verdeckte Gewinnausschüttung ergebe sich nicht aus einem Verstoß gegen ein Wettbewerbsverbot. Da A, B und C als Gesellschafter gemeinschaftlich und mit gleichgerichteten Interessen handelten, seien sie wie ein Alleingesellschafter zu behandeln. Ein Alleingesellschafter hafte der GmbH gegenüber grundsätzlich nicht aus Geschäften, die er für die GmbH abschließe. Daraus ergebe sich, dass sie keinem Wettbewerbsverbot unterliegen.

Unabhängig davon sei eine verdeckte Gewinnausschüttung aber auch denkbar, wenn dem Sachverhalt eine Gewinnverlagerung zu Lasten der Klägerin und zu Gunsten der GbR entnommen werden könne. Dazu unterscheidet der BFH zwischen den Aufträgen, die die GbR von der Klägerin erhielt, und solchen, die sie von Dritten erhielt:

- Soweit die GbR Aufträge von der Klägerin erhielt, sei von einer Geschäftschance der Klägerin auszugehen. Es sei nach dem Maßstab des Handelns eines ordentlichen und gewissenhaften Geschäftsleiters zu entscheiden, ob die Klägerin die Geschäftschance hätte selbst wahrnehmen müssen oder ob sie einen Subunternehmer beauftragen durfte. Dies hänge wiederum davon ab, was der Klägerin durch den Gesellschaftsvertrag und den tatsächlichen Gegenstand der Gesellschaft vorgegeben war und ob sie personell, finanziell und sachlich in der Lage war, die Geschäftschance persönlich wahrzunehmen. Auch könne es von Bedeutung sein, ob die Beauftragung eines Subunternehmers im Einzelfall wirtschaftlich sinnvoller gewesen wäre. Dabei sei aber darauf zu achten, dass A, B und C als Gesellschafter im Zweifel als Geschäftsführer zum Handeln für die Klägerin verpflichtet gewesen seien.
- Soweit die GbR Aufträge an Dritte erbrachte, komme eine verdeckte Gewinnausschüttung nur in Betracht, wenn diese geschäftschancenmäßig der Klägerin zuzuordnen seien. Eine Zuordnung könne dabei nicht nach formalen Kriterien erfolgen. Eine klare und eindeutige Aufgabenabgrenzung sei nicht geboten, könne aber im umgekehrten Fall ein Indiz sein.

Der BFH sieht ausdrücklich von einer Konkretisierung aller in Betracht kommenden Kriterien ab und verweist statt dessen auf sein Urteil vom 11. Juni 1996 I R

97/95[291] und auf die Ausführungen von THIEL[292]. Es sei aber die Aufgabe des FG, die insoweit für den Streitfall maßgeblichen Kriterien zu finden.

4. Der Versicherungsvertreterfall vom 18. Dezember 1996 I R 26/95[293]

Dem Urteil vom 18. Dezember 1996 I R 26/95 lag folgender (vereinfacht wiedergegebener) Sachverhalt zugrunde:

> An der klagenden GmbH sind der G zu 95 v. H. und der X zu 5 v. H. beteiligt. Geschäftsführer der GmbH war G, der neben seiner Geschäftsführertätigkeit als freier Versicherungsvertreter für die Klägerin tätig war. Nach dem Geschäftsführervertrag hatte G seine volle Arbeitskraft ausschließlich der Klägerin zu widmen. In einer Gesellschafterversammlung wurde beschlossen, dem G die Nebentätigkeit als Versicherungsvertreter zu gestatten, wenn er die Versicherungen über die Klägerin vermittele. G schloss mit der Klägerin einen Vermittlervertrag ab, wonach der G eine Vertretung als freier Handelsvertreter für die Klägerin übernahm. Diese zahlte daraufhin in der Folgezeit Provisionen an G. Die Provisionszahlungen wurden vom FA und vom FG Köln wegen fehlender klarer Abgrenzung zwischen den Tätigkeiten als Geschäftsführer und freier Versicherungsvertreter als verdeckte Gewinnausschüttungen behandelt.

In seinen Entscheidungsgründen führt der BFH zunächst aus, dass zivilrechtliche Ansprüche einer Kapitalgesellschaft gegen ihren Gesellschafter-Geschäftsführer, die in der Steuerbilanz erfolgswirksam zu aktivieren sind, d. h. steuerlich keine Einlageforderung darstellen, nicht gleichzeitig die Rechtsfolge des § 8 Abs. 3 Satz 2 KStG auslösen können. Sei eine solche Forderung nicht aktiviert worden, so sei die Steuerbilanz zu korrigieren[294]. Dem FG hat der BFH für den zweiten Rechtszug aufgegeben, zu prüfen, ob der Klägerin ein Schadensersatzanspruch

---

291 BFH Urteil v. 11.6.1996 I R 97/95, BFHE 181, 122.

292 THIEL, DStR 1993, 1801 (1804).

293 BFH Urteil v. 18.12.1996 I R 26/95, BFHE 182, 190.

294 Dazu auch bereits BFH Urteil v. 14.9.1994 I R 6/94, BFHE 175, 412.

aus einem Verstoß des G gegen ein Wettbewerbsverbot entstanden ist. Dabei wies der BFH „vorsorglich" darauf hin, dass für einen zivilrechtlich wirksamen Dispens vom Wettbewerbsverbot weder eine detaillierte Abgrenzung der wechselseitigen Geschäftsbereiche, noch ein angemessenes Entgelt für die Dispenserteilung erforderlich sei.

Wie schon in den vorangegangenen Urteilen[295] stellt der BFH dar, dass auch ohne die zivilrechtlichen Folgen eines Verstoßes gegen ein Wettbewerbsverbot die Annahme einer verdeckten Gewinnausschüttung denkbar sei.

An dem Grundsatz, dass Vereinbarungen zwischen einer GmbH und ihrem beherrschenden Gesellschafter klar, von vornherein zivilrechtlich wirksam abgeschlossenen und tatsächlich durchgeführt sein müssen, um steuerrechtlich anerkannt zu werden (Klarheitsgebot), sei festzuhalten. Dieser Grundsatz könne jedoch nicht auch auf die zivilrechtliche Befreiung vom Wettbewerbsverbot angewendet werden. Die Provisionsvereinbarung zwischen der Klägerin und dem G müsse nur den schuldrechtlichen Charakter der Provisionszahlungen hinreichend deutlich zum Ausdruck bringen. Eine darüber hinausgehende detaillierte Abgrenzung wechselseitiger Geschäftsbereiche könne nicht gefordert werden, da sie eine wettbewerbsbeschränkende Vereinbarung wäre. Es sei Sache der Gesellschafter, die Aufgaben einer Kapitalgesellschaft zu bestimmen. Die Gesellschafter können den Aufgabenkreis nach eigenem Ermessen weit oder eng ziehen. Die Aufgabenzuweisung durch die Gesellschafter müsse das Steuerrecht im Grundsatz akzeptieren. Eine Grenze werde durch § 8 Abs. 3 Satz 2 KStG dann gezogen, wenn die Kapitalgesellschaft im Interesse eines oder mehrerer Gesellschafter tätig werden solle, ohne dafür ein angemessenes Entgelt zu erhalten, oder wenn durch die Aufgabenabgrenzung einem Gesellschafter in anderer Weise ein Vermögensvorteil eingeräumt werden solle. Dies sei etwa dann der Fall, wenn die Kapitalgesellschaft eigene konkrete Geschäftschancen ihren Gesellschaftern (teil-) unentgeltlich zur Nutzung überlasse.

---

295 Vgl. BFH Urteile v. 30.8.1995 I R 155/94, BFHE 178, 371; v. 22.11.1995 I R 45/95, BFH/NV 1996, 645; v. 11.6.1996 I R 97/95, BFHE 181, 122; v. 13.11.1996 I R 149/94, BFHE 181, 494.

Ob für die Erteilung eines Dispenses von einem Wettbewerbsverbot ein Entgelt vereinbart werden müsse, hänge davon ab, ob die Kapitalgesellschaft für den Dispens ein Entgelt fordern könne. Dies wiederum hänge von der konkreten Situation im Einzelfall ab. Nach dem BFH wird eine Kapitalgesellschaft ein Entgelt gegenüber einem Geschäftsführer nur dann durchsetzen können, wenn sie sich ihm gegenüber in der stärkeren Marktsituation befinde. Die Annahme einer verdeckten Gewinnausschüttung setze deshalb die Feststellung voraus, dass die Kapitalgesellschaft auf die Forderung nach einem besonderen Entgelt verzichtete, obwohl sie ein solches hätte durchsetzen können.

5. Der Gebäude-Vermittlungs-Fall vom 12. Juni 1997 I R 14/96[296]

Die Klägerin ist eine GmbH, an der im Streitjahr die Eheleute P zu 49 v. H. und G zu 51 v. H. beteiligt waren. Satzungsmäßiger Gegenstand war die Finanz- und Immobilienberatung, insbesondere die Vermittlung von Kapital und Vermögensanlagen, Bausparverträgen, Versicherungen und Finanzierungen, die Baubetreuung sowie die Verwaltung von Haus- und Wohnungseigentum, die Vermittlung des Abschlusses und Nachweises der Gelegenheit zum Abschluss von Verträgen über Grundstücke, grundstücksgleiche Rechte, Wohnräume und gewerbliche Räume.

Von der B-Bank erhielt die Klägerin einen Makler-Alleinauftrag über die Vermittlung des Verkaufs eines Bürohauses. Das Objekt war in Teileigentum (Büroetagen) und Eigentumswohnungen aufgeteilt. Der Klägerin war freigestellt, die Einzelpreise für die einzelnen Gebäudeteile festzusetzen, wenn nur der Gesamtkaufpreis von 2,3 Mio. DM nicht unterschritten würde. Ferner durfte die Klägerin Gebäudeteile auch für sich erwerben. Wem der Mehrerlös im Falle des Überschreitens des anvisierten Gesamtkaufpreises zustehen sollte, wurde nicht vereinbart.

---

296 BFH Urteil v. 12.6.1997 I R 14/96, BFHE 183, 459.

Der Klägerin gelang es, den Verkauf des Objekts an fünf verschiedene Personen zu dem vereinbarten Gesamtkaufpreis zu vermitteln. Beim fünften Käufer handelte es sich um die Gesellschafterin P, die für ihren Gebäudeteil nur einen Kaufpreis in Höhe von 500.000 DM zahlen musste, da so der Gesamtkaufpreis bereits erreicht wurde. Zwischen den Parteien war es unstreitig, dass der Verkehrswert des von P erstandenen Gebäudeteils 740.000 DM betrug.
Das FA sah in dem Differenzbetrag in Höhe von 240.000 DM eine verdeckte Gewinnausschüttung. Das FG Baden-Württemberg[297] bestätigte diese Auffassung.

Das FG hat angenommen, dass die Möglichkeit der Klägerin, den fünften Gebäudeteil selbst zu erwerben und ihn anschließend zum Verkehrswert zu veräußern, eine der Klägerin zustehende Geschäftschance (im Wert von 240.000 DM) sei. Diese habe sie aus Gründen, die in der Sphäre der Gesellschafter liegen, nicht genutzt.

Der BFH führt dementgegen aus, dass die Annahme, die B-Bank sei bereit gewesen, den die 2,3 Mio. DM übersteigenden Betrag der Klägerin zu überlassen, für sich gesehen es noch nicht rechtfertige, in Höhe des erzielbaren Mehrerlöses eine verdeckte Gewinnausschüttung anzunehmen. Selbst wenn die Klägerin die Chance gehabt habe, den fünften Gebäudeteil für 500.000 DM zu erwerben, um ihn anschließend gewinnbringend zu verkaufen, bedeute dies nicht, dass sie diese Geschäftschance auch wahrgenommen hätte. Vielmehr sei nicht auszuschließen, dass sich die Klägerin aus vernünftigen Gründen von vornherein darauf beschränkte, nur nach potentiellen Käufern für die Gebäudeteile zu suchen. Ein „Schaden“ der Klägerin beschränke sich in diesem Fall auf die aus einem angemessenen Kaufpreis abzuleitende Provision, die die Klägerin von P oder einem anderen Käufer für die Vermittlung hätte erzielen können. Weiter heißt es: „Das Rechtsinstitut der verdeckten Gewinnausschüttung rechtfertigt es nicht, einer Kapitalgesellschaft ein Rechtsgeschäft ‚aufzudrängen‘, was sie gemessen am Fremdvergleich unter keinen Umständen abgeschlossen hätte“. Da insofern die Tatsachenfeststellungen nicht ausreichend seien, hob der BFH die Entscheidung

---

297 FG Baden-Württemberg Urteil v. 9.11.1995 3 K 127/91, EFG 1996, 673.

des FG auf und wies die Sache zurück[298]. Im zweiten Rechtszug müsse festgestellt werden, ob ein ordentlicher und gewissenhafter Geschäftsleiter den fünften Gebäudeteil selbst erworben hätte, oder sich mit einer Maklerprovision, berechnet von dem angemessenen Kaufpreis, begnügt hätte. Dabei müsse der satzungsmäßige Unternehmensgegenstand der Klägerin, deren tatsächlich ausgeübte Geschäftstätigkeit, die Risiken des Grunderwerbs und die der Klägerin zur Verfügung stehenden finanziellen und sonstigen Mittel berücksichtigt werden.

Der BFH führt weiter aus, dass der Hinweis der Klägerin, sie habe keinen eigenen Bedarf an dem Gebäudeteil, und der Erwerb von Immobilien gehöre nicht zu ihrem Unternehmensgegenstand, nicht zwingend der Annahme einer Geschäftschance der Klägerin widerspreche. Allerdings sei die frühere Entscheidung des Senats vom 11. Juni 1996, I R 97/95[299], wonach eine GmbH eine sich ihr bietende Geschäftschance auch dann nutzen werde, wenn sie nicht zum Unternehmensgegenstand der GmbH gehöre, dahingehend einzuschränken, dass dies nur gelte, wenn es sich um eine Einmalchance handele, die mehr oder weniger risikolos wahrgenommen werden könne. Das Ziel der Klägerin, möglichst Gewinne zu erzielen, lege jedoch die Annahme nahe, dass sie jede interessante und risikoarme Geschäftschance genutzt hätte, soweit sie die dafür erforderlichen personellen und sachlichen Mittel besaß. Auch das Fehlen einer notariellen Eintrittsklausel in der Vereinbarung zwischen der Klägerin und der B-Bank schließe das Vorliegen einer Geschäftschance der Klägerin nicht aus. Eine Geschäftschance kann nach der Auffassung des BFH auch dann bestehen, wenn sie zwar rechtlich nicht abgesichert ist, die Vertragsparteien sich aber an die getroffene Vereinbarung halten.

[298] Im zweiten Rechtszug wurde nach Auskunft der Geschäftsstelle des 3. Senats des FG Baden-Württembergs die Hauptsache nach Einigung der Parteien für erledigt erklärt.

[299] BFHE 181, 122.

6. Die Eckpunkte der neuen Rechtsprechung

Zusammenfassend ergeben sich folgende Aussagen aus der neueren Rechtsprechung des BFH[300] zur verdeckten Gewinnausschüttung im Zusammenhang mit einer Konkurrenztätigkeit eines Gesellschafters:

- Verstößt ein Gesellschafter gegen ein Wettbewerbsverbot, so erwachsen der GmbH daraus Ansprüche, die zu bilanzieren sind. Eine Nicht-Aktivierung der zivilrechtlichen Ansprüche führt zu einer Bilanzberichtigung. Eine verdeckte Gewinnausschüttung liegt erst dann vor, wenn die GmbH zugunsten ihres Gesellschafters auf einen bestehenden Anspruch aus der Verletzungshandlung verzichtet.

- Ein Alleingesellschafter unterliegt keinem zivilrechtlichen Wettbewerbsverbot, solange er der GmbH kein Vermögen entzieht, das zur Deckung des Stammkapitals benötigt wird. In Bezug auf ein vertragliches Wettbewerbsverbot anerkennt der BFH eine umfassende Dispositionsbefugnis des Alleingesellschafters, die es ihm erlaubt, das vertraglich vereinbarte Wettbewerbsverbot aufzuheben.

- Handeln alle Gesellschafter einer GmbH gemeinschaftlich und mit gleichgerichteten Interessen, so sind sie wie ein Alleingesellschafter zu behandeln.

- Es ist Sache der Gesellschafter, den Aufgabenkreis der Gesellschaft festzulegen. Dieser kann nach dem Ermessen der Gesellschafter weit oder eng gezogen werden. Die Aufgabenzuweisung durch die Gesellschafter muss das Steuerrecht grundsätzlich akzeptieren.

- Ein zivilrechtlich wirksamer Dispens von einem Wettbewerbsverbot ist steuerrechtlich anzuerkennen. Für einen zivilrechtlich wirksamen Dispens ist weder

300 Der neuen Rechtsprechung haben sich die Instanzgerichte angeschlossen, vgl. FG Rheinland-Pfalz, Urteil v. 22.4.1996 5 K 2401/95, GmbHR 1996, 944; FG München, Urteil v. 10.2.1998 16 K 3583/95, DStRE 1998, 441.

eine detaillierte Abgrenzung der wechselseitigen Geschäftsbereiche erforderlich noch die Vereinbarung eines angemessenen Entgelts.

- Erfolgt eine (teil-)unentgeltliche Befreiung vom Wettbewerbsverbot, kann eine verdeckte Gewinnausschüttung angenommen werden, wenn die GmbH auf ein Entgelt verzichtet, ob-wohl sie ein solches hätte durchsetzen können. Die GmbH wird ein Entgelt durchsetzen können, wenn sie sich in der stärkeren Marktsituation befindet.

- § 8 Abs. 3 Satz 2 KStG ist keine geeignete Rechtsgrundlage, um die von einem Gesellschafter in eigenem Namen und auf eigene Rechnung ausgeübte Tätigkeit nur deshalb der GmbH zuzurechnen, weil sie auch unter deren Unternehmensgegenstand fällt.

- Unabhängig vom Vorliegen zivilrechtlicher Ansprüche aus einer Konkurrenzhandlung kann eine verdeckte Gewinnausschüttung verwirklicht sein, wenn zur Ausübung der konkurrierenden Tätigkeit Informationen oder Geschäftschancen der GmbH genutzt werden, für deren Überlassung ein fremder Dritter ein Entgelt gezahlt haben würde.

- Wird ein Gesellschafter nicht Dritten gegenüber tätig, sondern erbringt Leistungen auf dem Gebiet der GmbH als Subunternehmer gegen Entgelt, ist neben der Angemessenheit des Entgelts zu prüfen, ob die GmbH nach dem Maßstab des Handelns eines ordentlichen und gewissenhaften Geschäftsleiters die Geschäftschance selbst wahrgenommen hätte, oder ob sie einen Subunternehmer beauftragt hätte. Dies hängt von dem tatsächlichen Aufgabenkreis und der Kapazität der Gesellschaft ab.

- Die Zuordnung einer Geschäftschance kann nicht nach formalen Kriterien erfolgen. Von einer Konkretisierung aller in Betracht kommenden Kriterien sieht der BFH ab.

Der BFH prüft also in Konkurrenzhandlungsfällen zunächst, ob ein zivilrechtlicher Anspruch der GmbH gegen ihren Gesellschafter aus dessen Konkurrenztätigkeit entstanden ist (bestand ein Wettbewerbsverbot und wurde gegen dieses verstoßen?). Bejahendenfalls ist dieser Anspruch zu aktivieren und gegebenenfalls die Bilanz zu berichtigen. Daraus folgt, dass zivilrechtliche Ansprüche der GmbH gegen ihren Gesellschafter, die in der Steuerbilanz erfolgswirksam zu aktivieren sind, nicht gleichzeitig die Rechtsfolge des § 8 Abs. 3 Satz 2 KStG auslösen können. Erst der Verzicht auf die aktivierte Forderung zugunsten des Gesellschafters führt zu einer gesellschaftsrechtlich veranlassten Vermögensminderung der GmbH und mithin zu einer verdeckten Gewinnausschüttung.

Der BFH stellt auf einer ersten Stufe somit zunächst auf gesellschaftsrechtliche Positionen ab. Diese bestimmen sich allein nach zivilrechtlichen Maßstäben. Den gesellschaftsrechtlichen Positionen wird insoweit ein Vorrang vor den steuerrechtlichen Positionen eingeräumt („Primat des Zivilrechts"[301]).

Auf einer zweiten Stufe erfolgt eine steuerrechtlich eigenständige Beurteilung nach den oben genannten Kriterien der Verwertung von Geschäftschancen oder Informationen der GmbH.

Im weiteren Gang der Darstellung sollen nun zunächst die zivilrechtlichen Vorgaben bei einer Konkurrenztätigkeit des Gesellschafters zu seiner GmbH dargestellt werden, soweit diese nach den Vorgaben des BFH für die Besteuerung der GmbH nach § 8 Abs. 3 Satz 2 KStG erforderlich sind. Dazu wird auf die Begründung, den Umfang und die Rechtsfolgen des gesellschaftsrechtlichen Wettbewerbsverbots und des Instituts der Geschäftschancenlehre, soweit sie jeweils die Gesellschafter im Hinblick auf die mögliche Rechtsfolge der verdeckten Gewinnausschüttung betreffen, eingegangen. Anschließend soll untersucht werden, wann eine Konkurrenzhandlung zu einer verdeckten Gewinnausschüttung führt, wenn aus der Konkurrenzhandlung keine zu bilanzierenden Schadensersatzforderungen resultieren.

---

301 Vgl. GOSCH, DStR 1995, 1863 (1863); *ders.*, StBp 1996, 332 (334); *ders.*, DStR 1997, 442 (443).

Teil 2: Wettbewerbsverbot – Zivilrechtliche Vorgaben und steuerrechtliche Folgen

A. Das Wettbewerbsverbot des GmbH-Gesellschafters

I. Vertragliche Wettbewerbsverbote

Die Gesellschafter einer GmbH haben grundsätzlich auf Grund ihrer umfassenden Dispositionsbefugnis die Möglichkeit, ein Wettbewerbsverbot als Beitrag des Gesellschafters im Gesellschaftsvertrag zu vereinbaren[302]. Eine solche Vereinbarung könnte etwa lauten: „Jedem Gesellschafter ist es untersagt, unmittelbar oder mittelbar, für eigene oder für fremde Rechnung, auf einem der Tätigkeitsgebiete der Gesellschaft in Wettbewerb zu dieser zu treten"[303]. Auf vertragliche Wettbewerbsverbote soll aber wegen der vielfältigen Gestaltungsmöglichkeiten hier nicht vertiefend eingegangen werden. Bezüglich der sich aus Verstößen gegen vertragliche Wettbewerbsverbote ergebenden Rechtsfolgen kann auf die Rechtsfolgen von Verstößen aus gesetzlichen (ungeschriebenen) Wettbewerbsverboten verwiesen werden. Gleiches gilt in Bezug auf eine im Zusammenhang mit dem vertraglichen Wettbewerbsverbot entstehende verdeckte Gewinnausschüttung.

II. Treuepflicht als Rechtsgrundlage des ungeschriebenen Wettbewerbsverbots

Auch ohne ausdrückliche vertragliche Regelung kann ein Wettbewerbsverbot für einen Gesellschafter bestehen. Das GmbH-Gesetz sieht ausdrücklich weder ein Wettbewerbsverbot des GmbH-Gesellschafters noch des GmbH-Geschäftsführers vor. Auch in anderen Gesetzen findet sich keine Regelung bezüglich eines den GmbH-Gesellschafter treffenden Wettbewerbsverbots. Soweit Wettbewerbs-

---

302 RAISER, in: HACHENBURG, GmbHG, § 14 Rn. 62; VON DER OSTEN, GmbHR 1989, 450 (450).

303 SCHMIDT, K., Gesellschaftsrecht, § 20 V 1. a), S. 596.

verbote in anderen Gesetzen geregelt sind[304], finden diese keine analoge Anwendung auf die Verhältnisse bei der GmbH[305].

Das den Gesellschafter einer GmbH möglicherweise treffende Wettbewerbsverbot ist nach heute herrschender Meinung[306] und ständiger Rechtsprechung des BGH[307] ein Ausfluss der Treuepflicht, der jeder Gesellschafter grundsätzlich unterliegt.

1. Treuepflicht der Gesellschafter

Die Gesellschafter verbinden sich zum gemeinsamen Betrieb eines Unternehmens in der Rechtsform einer GmbH. Sie verpflichten sich damit zur Förderung eines gemeinsamen Zwecks. In jedem Rechtsverhältnis und somit auch in jeder Gesellschaft gibt es Loyalitätspflichten. Diese finden ihren Ausdruck in dem allgemeinen Rechtsgedanken von Treu und Glauben wie ihn § 242 BGB enthält. Heute ist anerkannt, dass die gesellschaftliche Treuepflicht ihren Ursprung in dem allgemeinen Rechtsgedanken von Treu und Glauben hat, aber zu einem weiterreichenden eigenständigen Rechtsinstitut entwickelt wurde[308]. Der Gesellschaftsvertrag ist auf ein gedeihliches Zusammenwirken der Gesellschafter zur Erreichung

---

304 Vgl. etwa § 88 und § 284 AktG, §§ 60 ff. und §§ 112 ff. HGB.

305 Dazu: DE ANGELIS, Wettbewerbsverbote, S. 4 ff.; LAWALL, Wettbewerbsverbot, S. 46 ff.

306 CREZELIUS, in: Gesellschaftsrecht 1995, S. 47 (57); HUECK, in: BAUMBACH/HUECK, GmbHG, § 13 Rn. 29; LAWALL, Wettbewerbsverbot, S. 102; LUTTER/HOMMELHOFF, GmbHG, § 14 Rn. 20; MEYER-ARNDT, StbJb 1991/92, 67 (70); MERTENS/CAHN, FS f. HEINSIUS, 545 (553); VON DER OSTEN, GmbHR 1989, 450 (451); PELKA/WÜST, DStR 1991, 578 (578); RAISER, in: HACHENBURG, GmbHG, § 14 Rn. 64; RÖHRICHT, WPg 1992, 766 (767, 771); ROWEDDER, in: ROWEDDER, GmbHG, § 13 Rn. 14; SCHIEßL, GmbHR 1988, 53 (53); SCHMIDT, K., Gesellschaftsrecht, § 20 V 1. b), S. 597; SCHULZE-OSTERLOH, FR 1993, 73 (76); SINA, DStR 1991, 40 (40); TILLMANN, FS f. FELIX, S. 507 (509); TIMM, GmbHR 1981, 177 (178); WESTERFELHAUS, GmbHR 1993, 21 (24); WIEDEMANN/HIRTE, ZGR 1986, 163 (168).

307 BGH Urteile v. 5.6.1975 II ZR 23/74 „ITT“, BGHZ 65, 15; v. 24.11.1975 II ZR 104/73, WM 1976, 77; v. 5.12.1983 II ZR 242/82 „Heumann-Ogilvy“, BGHZ 89, 162.

308 Vgl. IMMENGA, in: FS 100 Jahre GmbHG, S. 189 (190); WINTER, in: SCHOLZ, GmbHG, § 14 Anm. 50.

eines gemeinsamen Zweckes angelegt[309]. Die allgemeine Loyalitätspflicht, als Inhalt jeder Mitgliedschaft, den gemeinsamen Zweck nicht zu gefährden, kann sich zu konkreten Förderungs- und Interessenwahrungspflichten verdichten[310], Soweit sich daraus Handlungspflichten ergeben, lassen diese sich allgemein auf § 705 BGB gründen[311]. Aus dem Zusammenschluss der Gesellschafter ergibt sich die jeden Gesellschafter treffende Verpflichtung gegenüber der Gesellschaft und den Mitgesellschaftern[312] zu einem Mindestmaß an loyalem Verhalten gegenüber dem Verband und zur Wahrung und Förderung des gemeinsamen Interesses an der GmbH[313].

Die Treuepflicht trifft jedoch nicht jeden Gesellschafter in gleicher Intensität. Die Intensität der der Gesellschaft geschuldeten Loyalität hängt vielmehr von der Art und Beschaffenheit des konkreten Verbandes, seiner Realstruktur, dem Inhalt des Gesellschaftsvertrages und der Satzung, insbesondere dem statuarischen Zweck des Verbandes, und der Stellung und Einflussmöglichkeiten des betreffenden Gesellschafters ab[314]. Entscheidend für den Umfang der Treuepflicht kann etwa die Einwirkungsmöglichkeit des Gesellschafters auf die anderen Gesellschafter kraft seiner Beteiligung sein und/oder der Zugang zu gesellschaftsinternen Informationen. Das einzelne Mitglied einer typischen börsennotierten Aktiengesellschaft etwa steht der realen Zweckerreichung rechtlich und faktisch so fern, dass eine Treuepflicht nicht in Betracht kommen wird. Sind an einer Aktiengesellschaft hingegen nur zwei Gesellschafter zu gleichen Teilen beteiligt, so kommt eine Treuepflicht sehr wohl in Betracht. Gleiches gilt für eine GmbH. Die Treuepflicht des Minderheitsgesellschafters, der nur mit 1 vom Hundert an der GmbH

---

309 BGH Urteil v. 13.7.1981 II ZR 56/80, BGHZ 81, 263.

310 SCHMIDT, K., Gesellschaftsrecht, § 20 IV 1. a), S. 588.

311 LUTTER, AcP 180 (1980), 84 (117) m. w. N.

312 Zur dogmatischen Begründung von Treuepflichten der Gesellschafter untereinander vgl. LAWALL, Wettbewerbsverbot, S. 60 ff.; vgl. ferner WINTER, in: SCHOLZ, GmbHG, § 14 Anm. 51.

313 Vgl. BGH Urteil v. 5.6.1975 II ZR 23/74 „ITT“, BGHZ 65, 15; LUTTER, AcP 180 (1980), 84 (103); RÖHRICHT, WPg 1992, 766 (771).

314 LUTTER, AcP 180 (1980), 84 (105 ff., 109 f.); TIMM, GmbHR 1981, 177 (179); WINTER, in: SCHOLZ, GmbHG, § 14 Anm. 53.

beteiligt ist, ist weniger intensiv als die Treuepflicht, die zwei gleich beteiligte Gesellschafter trifft. Wer also kraft seiner mitgliedschaftlichen und/oder tatsächlichen Stellung im Verband in der Lage ist, einen maßgeblichen Einfluss auf die unternehmerischen Zielsetzungen und die zu ihrer Erreichung erforderlichen Maßnahmen auszuüben, unterliegt einer intensiveren Treuepflicht, als derjenige, der wegen seiner Beteiligungsquote und der tatsächlichen Stellung im Verband nur über geringe Mitwirkungs- und Gestaltungsmöglichkeiten verfügt. Umfang und Schutzrichtung der Treuepflicht können daher nur für den konkreten Einzelfall festgestellt werden[315]. Die Treuepflicht kann schließlich so intensiv sein, dass sie sich zu einem Wettbewerbsverbot verdichtet.

2. Treuepflicht des Gesellschafter-Geschäftsführers

Ein Gesellschafter kann zugleich der Geschäftsführer der GmbH sein. In diesem Fall unterliegt er den Regeln des GmbHG betreffend den Geschäftsführer[316].

Nach § 43 Abs. 1 GmbHG hat der Geschäftsführer der GmbH in den Angelegenheiten der Gesellschaft die Sorgfalt eines ordentlichen Geschäftsmannes anzuwenden. Die Begründung für die Treuepflicht des Geschäftsführers ist in der ihm kraft Gesetz oder Satzung zustehenden Befugnis zu sehen, die es ihm gestattet, über fremdes Vermögen zu verfügen. Der Geschäftsführer nimmt dadurch eine treuhänderische Stellung gegenüber der Gesellschaft und ihren Gesellschaftern ein. Dies bedeutet, dass er die geschäftlichen Belange der Gesellschaft nachhaltig und vorbehaltlos wahrzunehmen und zu fördern hat. Dem aktiven Förderungsgebot entspricht eine umfassende Pflicht zur Treue und Loyalität gegenüber den Belangen der Gesellschaft[317]. Den Geschäftsführer trifft die umfassende Pflicht zur aktiven Förderung der Gesellschaft. Er hat alles unter den

---

315 HUECK, in: BAUMBACH/HUECK, GmbHG, § 13 Rn. 23; LUTTER, AcP 180 (1980), 84 (130); SCHMIDT, K., Gesellschaftsrecht, § 20 IV 2. d), S. 593; WINTER, in: SCHOLZ, GmbHG, § 14 Anm. 53.

316 SCHNEIDER, in: SCHOLZ, GmbHG § 43 Anm. 126 a.

317 SCHNEIDER, in: SCHOLZ, GmbHG § 43 Anm. 121; KOPPENSTEINER, in: ROWEDDER, GmbHG § 43 Rn. 17; ZÖLLNER, in: BAUMBACH/HUECK, GmbHG, § 35 Rn. 19, 20.

jeweiligen Umständen Gebotene zu tun, um die geschäftlichen Interessen der Gesellschaft voranzubringen und die Verpflichtung, alles zu unterlassen, was das Fortkommen der Gesellschaft verhindern oder der Gesellschaft Nachteile bringen könnte[318]. Dazu führt der BGH aus, dass der Geschäftsführer einer GmbH auf Grund seiner treuhänderischen Funktion „grundsätzlich bei der Wahrnehmung der ihm übertragenen Aufgaben allein das Wohl des Unternehmens im Auge haben" muss. Seinen eigenen wirtschaftlichen Vorteil darf der Geschäftsführer dabei nicht verfolgen[319].

3. Wettbewerbsverbot und Kartellrecht

Wettbewerbsverbote stehen grundsätzlich in einem Spannungsverhältnis zu § 1 GWB. Durch Wettbewerbsverbote soll der Wettbewerb in einem bestimmten Bereich verhindert werden. Das Kartellrecht hingegen will Wettbewerbsbeschränkungen verhindern, um den freien Wettbewerb zu sichern. Einen allgemeinen Vorrang des gesellschaftsrechtlich Zulässigen gegenüber dem GWB gibt es dabei nicht[320].

Zur Lösung des Konflikts wird nach der heute wohl herrschenden Meinung die sogenannte Immanenztheorie[321] angewendet. Sie geht davon aus, dass das GWB Wettbewerbsbeschränkungen hinnimmt, wenn sie mit einem von der Rechtsordnung gebilligten Hauptzweck verbunden sind[322]. Die Freistellung begründet

---

318 RÖHRICHT, WPg 1992, 766 (767).

319 BGH Urteil v. 12.6.1989 II ZR 334/87, WM 1989, 1335; vgl. auch Urteil v. 23.9.1985 II ZR 246/84, GmbHR 1986, 42.

320 IMMENGA, in: IMMENGA/MESTMÄCKER, GWB, § 1 Rn. 357.

321 Erstmals vertreten von STEINDORFF, BB 1977, 569 (570); vgl. ferner: IMMENGA, in: IMMENGA/MESTMÄCKER, GWB, § 1 Rn. 353 ff.; IVENS, DB 1988, 215 (215); MÖSCHEL, Wettbewerbsbeschränkungen, Rn. 204; SCHMIDT, K., ZHR 149 (1985), 1 (7, 10ff.); WESTERMANN, Kartellrechtliche Aspekte des Wettbewerbsverbots, in: Gesellschaftsrecht 1995, S. 75 (80).

322 MÖSCHEL, Wettbewerbsbeschränkungen, § 5, Rn. 204; SCHMIDT, K., ZHR 149 (1985), 1 (10ff.).

sich dadurch, dass eine Wettbewerbswirtschaft am Vorhandensein leistungsfähiger Gesellschaften interessiert ist, die am Wettbewerb teilnehmen und mit ihrer Wirtschaftskraft den Wettbewerb antreiben. Da ein Gemeinschaftsunternehmen (im Sinne eines Zusammenschlusses mehrerer Personen) in vielen Fällen den Wettbewerb wegen einer höheren Wirtschaftskraft stärker beleben kann als ein Einzelunternehmen, hat die Wettbewerbswirtschaft ein besonderes Interesse an Gesellschafts-/Gemeinschaftsunternehmen[323].

Gesellschaftsrechtliche Wettbewerbsverbote sind somit kartellrechtlich freizustellen, soweit sie erforderlich sind, um eine Schädigung der Gesellschaft durch ihre Mitglieder „von innen her“[324] abzuwenden und die Gesellschaft funktionsfähig zu erhalten[325]. Eine Schädigung der Gesellschaft kann etwa dadurch eintreten, dass Informationen, die durch mitgliedschaftliche Einflussmöglichkeiten erlangt wurden, außerhalb der Gesellschaft zu deren Nachteil verwendet werden, oder durch Störung der für eine effektive Zweckverfolgung unerlässlichen Vertrauensgrundlage zwischen den Mitgliedern einer Gesellschaft[326]. Dies gilt auch für ein mögliches Wettbewerbsverbot des GmbH-Gesellschafters[327]. Jedes Wettbewerbsverbot bedarf aber der kritischen Rechtfertigung im Einzelfall[328],[329].

---

323 BEUTHIEN, ZHR 142 (1978), 259 (285, 288); IVENS, DB 1988, 215 (215 f.).

324 BGH Urteil v. 5.12.1983 II ZR 242/82, BGHZ 89, 162 (169).

325 SCHMIDT, K., ZHR 149 (1985), 1 (12); IMMENGA, in: IMMENGA/MESTMÄCKER, GWB, § 1 Rn. 359, 361; MÖSCHEL, Wettbewerbsbeschränkungen, § 5, Rn. 204; WESTERMANN, in: Gesellschaftsrecht 1995, S. 75 (80 f.).

326 WINTER, Treuebindungen, S. 246 m.w.N.

327 IVENS, DB 1988, 215 (217); IMMENGA, in: IMMENGA/MESTMÄCKER, GWB, § 1 Rn. 362.

328 SCHMIDT, K., ZHR 149 (1985), 1 (12).

329 Zur praktischen Bedeutung des Kartellverbots im Zusammenhang mit gesellschaftsrechtlichem Wettbewerbsverbot und steuerrechtlicher verdeckter Gewinnausschüttung vgl.: WESTERMANN, in: Gesellschaftsrecht 1995, S. 75 (84 f.).

III. Voraussetzungen und Umfang des ungeschriebenen Wettbewerbsverbots des GmbH-Gesellschafters

Aus der Treuepflicht eines Gesellschafters kann ein Wettbewerbsverbot folgen, wenn sich die Treuepflicht zu einem solchen verdichtet, d. h. wenn die Treuepflicht derart intensiv ist, dass dem Gesellschafter ein Wettbewerb mit der Gesellschaft wegen seiner Treuepflicht untersagt ist.

Sind Umfang und Intensität der Treuepflicht des Gesellschafters nicht generell und allgemeingültig für alle Gesellschafter einer GmbH bestimmbar, so ist auch das aus der Treuepflicht folgende Wettbewerbsverbot nicht in Bezug auf jede GmbH und jeden Gesellschafter gleichermaßen umfänglich. Vielmehr hängt das Vorhandensein und der Umfang eines Wettbewerbsverbots ebenfalls von verschiedenen Faktoren in der tatsächlichen und rechtlichen Ausgestaltung der GmbH ab und bedarf in jedem Einzelfall einer umfassenden Interessenabwägung. Ebenso wie bei der Bestimmung der Reichweite der Treuepflicht, kommt es bei der Prüfung, ob aus der Treuepflicht eines Gesellschafters auch ein Wettbewerbsverbot folgt, etwa auf die Art und Beschaffenheit des konkreten Verbandes, seine Realstruktur, den Inhalt des Gesellschaftsvertrages und der Satzung, insbesondere den statuarischen Zweck des Verbandes und die Stellung und Einflussmöglichkeiten des betreffenden Gesellschafters an. Das Wettbewerbsverbot gilt im Innenverhältnis der Gesellschaft, so dass es für dessen Beurteilung nicht darauf ankommt, welche Stellung der verpflichtete Gesellschafter nach außen einnimmt[330].

1. Vom Wettbewerbsverbot betroffene Gesellschaften mbH

Bei der erforderlichen Konkretisierung der Treuepflicht zur Begründung eines Wettbewerbsverbots des GmbH-Gesellschafters ist von den in den §§ 121, 161 Abs. 2, 165 HGB niedergelegten gesetzlichen Wertungen auszugehen[331]. Für den

[330] SCHWEDHELM, DStR 1993, 245 (245).

[331] BGH Urteil v. 5.12.1983 II ZR 242/82, BGHZ 89, 162; MERTENS/CAHN, FS f. HEINSIUS, S. 545 (556).

persönlich haftenden Gesellschafter einer Personenhandelsgesellschaft besteht ein auf den Handelszweig der Gesellschaft beschränktes Wettbewerbsverbot, das die Tätigkeit als Einzelkaufmann und die Beteiligung an einer anderen Gesellschaft als persönlich haftender Gesellschafter untersagt. Dieses besteht unabhängig davon, ob der Gesellschafter zugleich eine Geschäftsführungsbefugnis hat oder von der Geschäftsführung ausgeschlossen ist. Nach § 165 HGB findet das Wettbewerbsverbot auf den Kommanditisten hingegen keine Anwendung. Dies zeigt, dass aus einer bloß kapitalistischen Beteiligung kein Wettbewerbsverbot folgen soll.

Somit ist bei der Prüfung der Frage, ob ein Gesellschafter einem Wettbewerbsverbot unterworfen ist, zunächst auf die Struktur der GmbH abzustellen.

a) Personalistisch geprägte GmbH

Eine genaue Definition einer personalistisch geprägten GmbH lässt sich nicht geben[332], es lassen sich nur charakteristische Merkmale allgemeiner Art beschreiben. Das aussagekräftigste Merkmal ist insoweit die Ausgestaltung einer GmbH als Mitunternehmergemeinschaft, die auf der vertrauensvollen Zusammenarbeit ihrer Gesellschafter aufbaut. Auch eine geringe Zahl von Gesellschaftern, die zugleich unternehmerisch für die GmbH tätig sind, ist Merkmal einer personalistisch geprägten GmbH.

Kennzeichnend ist hier die enge persönliche Bindung und/oder das auf vertrauensvolle Zusammenarbeit angelegte Gesellschaftsverhältnis, so dass ein mit der Personenhandelsgesellschaft vergleichbares Vertrauensverhältnis gegeben ist. Dies rechtfertigt grundsätzlich eine intensive Treuepflicht und mithin ein Wettbewerbsverbot der Gesellschafter[333].

---

332 Vgl. LAWALL, Wettbewerbsverbot, S. 102 ff.

333 MERTENS/CAHN, FS f. HEINSIUS, S. 545 (556); TIMM, GmbHR 1981, 177 (179); vgl. auch ROWEDDER, in: ROWEDDER, GmbHG, § 13 Rn. 14; SCHMIDT, K., Gesellschaftsrecht, § 20 IV 2. a), b), S. 590 ff.

b) Kapitalistisch geprägte GmbH

Im Gegensatz zur personalistisch geprägten GmbH, in der eine enge persönliche Bindung zwischen den Gesellschaftern besteht und das Gesellschaftsverhältnis auf vertrauensvoller persönlicher Zusammenarbeit aufbaut, ist für die kapitalistisch geprägte GmbH kennzeichnend, dass an ihr viele Gesellschafter beteiligt sind, von denen die meisten oder alle keine persönliche Tätigkeit innerhalb des Verbundes entfalten, deren Beteiligung sich mithin auf das Halten von Geschäftsanteilen beschränkt, ohne dass sie unmittelbar Einfluss auf die Geschäftsführung der GmbH nehmen.

Anerkannt ist, dass auch die Gesellschafter einer kapitalistisch geprägten GmbH einer Treuepflicht unterliegen[334], allerdings besteht hier ein weitaus geringerer Pflichtenrahmen als in einer personalistisch geprägten GmbH[335]. Die Treuepflicht gebietet es den Gesellschaftern einer kapitalistisch geprägten GmbH mithin nicht grundsätzlich, sich des Wettbewerbs zu enthalten[336]. Dies entspricht auch dem Rechtsgedanken des § 165 HGB. Hat der Gesellschafter aber auf Grund seiner Stellung in der GmbH die Möglichkeit, maßgeblich auf die Interessen seiner Mitgesellschafter und der Gesellschaft einzuwirken, so kann dies auch in einer kapitalistisch geprägten GmbH zu einer Verdichtung der Treuepflicht und zu einem Wettbewerbsverbot führen. Auch in einer kapitalistisch geprägten GmbH kann somit im Einzelfall ein Wettbewerbsverbot eines Gesellschafters gerechtfertigt sein[337].

---

334 RAISER, in: HACHENBURG, GmbHG, § 14 Rn. 53; WINTER, in: SCHOLZ, GmbHG, § 14 Anm. 50; vgl. auch: LUTTER, AcP 180 (1980), 84, 105 ff.; LAWALL, Wettbewerbsverbot, S. 104 ff. m. w. N.

335 Vgl. TIMM, GmbHR 1981, 177 (179), ähnlich SCHMIDT, K., Gesellschaftsrecht, § 20 IV 2. a), b), S. 590 ff.

336 BGH Urteil v. 5.12.1983 II ZR 242/82, „Heumann-Ogilvy“, BGHZ 89, 162; PELKA/WÜST, DStR 1991, 578 (578); ROWEDDER, in: ROWEDDER, GmbHG, § 13 Rn. 14; SINA, DStR 1991, 40 (40); TIMM, GmbHR 1981, 177 (179).

337 Vgl. LAWALL, Wettbewerbsverbot, S. 105 ff. m. w. N.; SCHNEIDER, in: SCHOLZ, GmbHG, § 43 Anm. 126b; a. A. RÖHRICHT, WPg 1992, 766 (773).

c) Eingliedrige GmbH

Ist das Wettbewerbsverbot Ausdruck einer besonders intensiven Treuepflicht des Gesellschafters gegenüber seinen Mitgesellschaftern und gegenüber seiner Gesellschaft, so stellt sich die Frage, ob auch in einer eingliedrigen GmbH der Alleingesellschafter einem Wettbewerbsverbot unterliegen kann.

Unabhängig von der Frage eines möglichen Eigeninteresses der GmbH als juristischer Person[338], ist für die Rechtfertigung eines möglichen Wettbewerbsverbots erforderlich, dass es der Wahrung der Funktionsfähigkeit der in der Rechtsform der GmbH verfassten Mitunternehmerschaft dient, was in einer eingliedrigen GmbH nicht der Fall sein kann[339]. Ferner fehlt es in einer eingliedrigen GmbH an einem Interessengegensatz zwischen einzelnen Verbandsmitgliedern und der Absicht, in einer Gemeinschaft einen Zweck verfolgen zu wollen. Eine Treuepflicht besteht dort nicht, wo es keine Mehrheit von Gesellschaftern gibt[340]. „Die Einmann-GmbH ist ausschließlich eine wirtschaftliche Veranstaltung ihres einzigen Gesellschafters“[341]. Auch aus Gläubigerschutzgründen ist ein Wettbewerbsverbot nicht erforderlich, zumindest nicht, solange der Alleingesellschafter der Gesellschaft kein zur Deckung des Stammkapitals erforderliches Kapital entzieht[342].

---

338 Vgl. PRIESTER, ZGR 1993, 512 (517); CREZELIUS, in: Gesellschaftsrecht 1995, S. 47 (62); vertiefend zur Treuepflicht des Alleingesellschafter: DE ANGELIS, Wettbewerbsverbote, S. 66 ff.

339 MERTENS/CAHN, in: FS f. HEINSIUS, S. 545 (561); TIEDCHEN, GmbHR 1993, 616 (617); a. A. wohl PROBST, in: FS f. L. SCHMIDT, S. 539 (548 ff.).

340 MEYER-ARNDT, StbJb 1991/92, 67 (74) m. w. N.

341 RÖHRICHT, WPg 1992, 766 (785).

342 BGH Urteil v. 28.9.1992 II ZR 299/91 BGHZ 119, 257.

Mit der herrschenden Meinung[343] ist davon auszugehen, dass in einer eingliedrigen GmbH kein Wettbewerbsverbot für den Alleingesellschafter bestehen kann. Dies gilt auch dann, wenn im Geschäftsführervertrag ein Wettbewerbsverbot vereinbart ist, da der Alleingesellschafter-Geschäftsführer auf Grund seiner umfassenden Dispositionsbefugnis diese Vereinbarung jederzeit aufheben kann. Auch der BFH hat sich in seiner neueren Rechtsprechung zur verdeckten Gewinnausschüttung bei Konkurrenzhandlungen dieser Auffassung angeschlossen[344]. Ob dies bedeutet, dass eine verdeckte Gewinnausschüttung bei einer Konkurrenzhandlung eines Alleingesellschafters nun generell ausgeschlossen ist, soll hier zunächst unbeantwortet bleiben.

Kein Wettbewerbsverbot wird ferner in einer mehrgliedrigen GmbH anzunehmen sein, wenn alle Gesellschafter einvernehmlich einer gleichwertigen Konkurrenztätigkeit nachgehen, so dass es eines besonderen Schutzes der mitgliedschaftlichen Interessen durch eine zum Wettbewerbsverbot verdichteten Treuepflicht nicht bedarf[345]. Dieser Auffassung folgt auch der BFH in seiner neuen Rechtsprechung[346].

---

343 BGH Urteil v. 28.9.1992 II ZR 299/91 BGHZ 119, 257 (wirtschaftlicher Alleingesellschafter); DE ANGELIS, Wettbewerbsverbote, S. 74; DÖRNER, INF 1997, 392 (393); HUECK, in: BAUMBACH/HUECK, GmbHG, § 13 Rn. 29; KNOBBE-KEUK, GmbHR 1992, 335; LAWALL, Wettbewerbsverbot, S. 107 ff.; *ders.*, DStR 1996, 605 (609); LUTTER/HOMMELHOFF, GmbHG, § 14 Rn. 21; MERTENS/CAHN, FS f. HEINSIUS, S. 545 (561); MEYER-ARNDT, StbJb 1991/92, 67 (73 f.); ROWEDDER, in: ROWEDDER, GmbHG, § 13 Rn. 14; SCHMIDT, K., Gesellschaftsrecht, § 40 III 2. a), S. 1247; SCHNEIDER, BB 1991, 1681 (1685); SCHNEIDER, in: SCHOLZ, GmbHG, § 43 Anm. 138a; SCHULZE-OSTERLOH, FR 1993, 73 (80). SPIEGELBERGER, GmbHR 1992, 727 (735).

344 BFH Urteil v. 30.8.1995 I R 155/94, BFHE 178, 371; vgl. oben. Teil 1, B. III. 1.

345 SCHNEIDER, H., DB 1993, 1992 (1997).

346 Vgl. BFH Urteil v. 13.11.1996 I R 149/94, BFHE 181, 494; GOSCH, DStR 1997, 442 (443).

d) Konzerngebundene GmbH

Das Konzernrecht ist im Recht der GmbH nicht kodifiziert. Es ist Gegenstand reger zivilrechtlicher Diskussion und derzeit nicht abschließend geklärt[347]. Grundlage des ungeschriebenen gesetzlichen Wettbewerbsverbots ist die den Gesellschafter treffende Treuepflicht. Im Falle einer konzerngebundenen GmbH wird bezüglich der Treuepflicht nichts anderes gelten können, als in einer nicht konzerngebundenen GmbH. Worauf sich die Konzerngebundenheit gründet, ist dabei letztlich unerheblich. Zu beachten ist, dass nach der Rechtsprechung des BGH schon dann von einem Konzerntatbestand auszugehen ist, wenn der Allein- oder Mehrheitsgesellschafter-Geschäftsführer einer GmbH eine natürliche Person ist und gleichzeitig als Einzelkaufmann unternehmerisch tätig ist, oder sich seine anderweitige unternehmerische Tätigkeit in der Einflussnahme auf andere Gesellschaften erschöpft, an denen er maßgeblich beteiligt ist[348].

Keiner Treuepflicht und mithin keinem Wettbewerbsverbot unterliegen herrschende Unternehmen bei 100%iger Beteiligung[349]. Hier ist die Lage nicht anders als im Falle einer Ein-Personen-GmbH: Es gibt keine zu schützenden Minderheitsgesellschafter.

Sind an einer konzerngebundenen GmbH neben dem beherrschenden Gesellschafter Minderheitsgesellschafter beteiligt, so führt die Konzernierung nicht zum Verlust der die Minderheit schützenden Treuepflicht und dem gegebenenfalls daraus resultierenden Wettbewerbsverbot. Diese sind vielmehr hier ebenso zu beachten. Wettbewerbsverbote sind somit grundsätzlich auch im GmbH-Konzern zwischen Mutter- und Tochtergesellschaft zu beachten[350].

---

347 RÖHRICHT, WPg 1992, 766 (777); SCHMIDT, K., Gesellschaftsrecht, § 39 I 1., S. 1208 f.

348 BGH Urteil v. 16.9.1985 II ZR 275/84, BGHZ 95, 330; SCHMIDT, K., Gesellschaftsrecht, § 39 I 2., S. 1209, m. w. N.

349 Vgl. TIEDCHEN, GmbHR 1993, 616 (619).

350 Vertiefend: TIEDCHEN, GmbHR 1993, 616 (619 ff.).

2. Vom Wettbewerbsverbot betroffene Gesellschafter

Bildet die Treuepflicht die Grundlage für ein den Gesellschafter treffendes Wettbewerbsverbot, so stellt sich die Frage, unter welchen Maßgaben sich die Treuepflicht eines Gesellschafters zu einem Wettbewerbsverbot verdichtet. Hier ist zu prüfen, ob die Treuepflicht im konkreten Fall ein Wettbewerbsverbot erfordert. Dabei ist zu beachten, dass ein Wettbewerbsverbot nur insoweit gerechtfertigt ist, als es für den Schutz des funktionsnotwendigen Vertrauens der Mitgesellschafter erforderlich ist[351]. Auch gibt es keinen gesellschaftsrechtlichen Grundsatz, dass ein Gesellschafter seine eigenen Interessen stets hinter die der GmbH zurückzustellen habe[352].

Wie oben dargestellt resultiert die Treuepflicht aus dem persönlichen gegenseitigen Vertrauensverhältnis und aus der Einwirkungsmöglichkeit des Gesellschafters auf die Belange der Gesellschaft und auf die Interessen der Mitgesellschafter. Die Möglichkeit der Einflussnahme auf die Geschäftsleitung korrespondiert mit der Möglichkeit, Kenntnisse über Verbandsinterna zu erlangen, und damit mit einer potentiellen Gefährdung der Gesellschaft. Dies bedeutet, dass die Treuepflicht sich bei jenen Gesellschaftern zu einem Wettbewerbsverbot verdichtet, die wegen ihrer Stellung und ihrer mitgliedschaftlichen Befugnisse jederzeit Einfluss auf die Geschehnisse der Gesellschaft und das Gesellschaftsvermögen nehmen können, sowie interne Kenntnisse erlangen können und so kraft ihrer Herrschaft zur Sicherung eigener Vorteile nachteilig auf die Gesellschaft und die Interessen der anderen Verbandsmitglieder einwirken können[353].

Ein generelles Wettbewerbsverbot, das grundsätzlich jeden Gesellschafter einer GmbH träfe, ist nicht anzunehmen[354]. Allein die Möglichkeit des Gesellschafters,

---

351 IMMEGA, in: IMMENGA/MESTMÄCKER, GWB, § 1 Rn. 374; MERTENS/CAHN, in: FS f. HEINSIUS, S. 545 (555).

352 Vgl. IMMENGA, in: FS 100 J. GmbHG, S. 189 (198); MERTENS/CAHN, in: FS f. HEINSIUS, S. 545 (554); WINTER, Treuebindungen, S. 121, 124.

353 Vgl. VON DER OSTEN, GmbHR 1989, 450 (451).

354 KNOBBE-KEUK, GmbHR 1992, 333 (335); LAWALL, Wettbewerbsverbot, S. 111 ff., 114; SCHNEIDER, in: SCHOLZ, GmbHG, § 43 Anm. 126b.

an der Beschlussfassung gemäß § 47 GmbHG teilzunehmen und dabei auch nach eigenen Interessen zu entscheiden, reicht grundsätzlich wegen der Möglichkeit des Stimmrechtsausschlusses im Sinne des § 47 Abs. 4 GmbHG nicht für die Begründung eines Wettbewerbsverbots aus. Auch ließe sich in bestimmten Fällen aus der Treuepflicht eine Pflicht zur Abstimmung im Interesse der Gesellschaft ableiten, die sich als geeigneteres, da weniger einschneidendes Mittel gegenüber einem Wettbewerbsverbot darstellte[355]. Auch aus dem aus § 51 a GmbHG folgenden Auskunfts- und Einsichtsrecht des Gesellschafters kann sich kein Wettbewerbsverbot ergeben, da bereits § 51 a Abs. 2 GmbHG eine wiederum geeignetere Einschränkungsmöglichkeit zum Schutz der GmbH bietet[356].

Ob der Gesellschafter einem Wettbewerbsverbot unterliegt, ist mithin im Wesentlichen von seinen konkreten Einwirkungsmöglichkeiten auf die Geschicke der Gesellschaft abhängig[357].

a) Wettbewerbsverbot des beherrschenden Gesellschafters

Ein Gesellschafter hat eine beherrschende Stellung in der Kapitalgesellschaft, wenn er den Abschluss des zu würdigenden Geschäftsvorfalls erzwingen kann. Dies ist in der Regel der Fall, wenn er die Mehrheit der Stimmrechte besitzt und deshalb entscheidenden Einfluss in der Gesellschafterversammlung ausüben kann[358]. Eine beherrschende Stellung kann sich allerdings auch aus anderen Umständen ergeben. Sie kann etwa auch auf gesellschaftsvertraglichen Sonder-

355 Dazu LAWALL, Wettbewerbsverbot, S. 111.

356 Vgl. CREZELIUS, in: Gesellschaftsrecht 1995, S. 47 (60); LAWALL, Wettbewerbsverbot, S. 112; VON DER OSTEN, GmbHR 1989, 450 (451); SCHULZE-OSTERLOH, FR 1993, 73 (77); a. A. SCHNEIDER, in: SCHOLZ, GmbHG, § 43 Anm. 126b.

357 BGH Urteil v. 5.12.1983 II ZR 242/82 „Heumann-Ogilvy“, BGHZ 89, 162; MERTENS/CAHN, in: FS f. HEINSIUS, S. 545 (558 ff.); RAISER, in: HACHENBURG, GmbHG, § 14 Rn. 64; RÖHRICHT, WPg 1992, 766 (772); SCHULZE-OSTERLOH, FR 1993, 73 (77); SCHWEDHELM, DStR 1993, 245 (245); TILLMANN, in: FS f. Felix, S. 507 (509); TIMM, GmbHR 1981, 177 (179).

358 Vgl. oben unter Teil 1, A.. III. 6. e) (aa).

rechten beruhen[359] oder sich aus einem gezielten und dauerhaften Zusammenwirken[360] mit anderen Gesellschaftern bei gleichgerichteten Interessen ergeben[361]. Worauf sich die beherrschende Stellung konkret gründet, ist mithin letztlich ohne Bedeutung[362].

Aus der starken Einflussmöglichkeit des beherrschenden Gesellschafters resultiert eine besonders hohe Gefahr, insbesondere wenn der beherrschende Gesellschafter außerhalb der Gesellschaft unternehmerisch auf dem Unternehmensgebiet der Gesellschaft tätig wird. Kraft seiner Stimmenmehrheit hat er, auch wenn er nicht an der Geschäftsführung unmittelbar beteiligt ist, die Möglichkeit, auf die Geschäftsleitung maßgeblich einzuwirken und so den Abschluss von Geschäften zu erzwingen bzw. zu verhindern, um die eigene Konkurrenztätigkeit zu fördern. In vielen Fällen wird ein objektiver Maßstab zur Ermittlung der jeweils sachgerechten und dem Interesse der Gesellschaft entsprechenden Maßnahme nicht aufzustellen sein, so dass sich allein aus der beherrschenden Stellung eines Gesellschafters eine starke Gefahr für die Leistungs- und Wettbewerbsfähigkeit und damit den Bestand der Gesellschaft ergibt[363]. Ferner hat der beherrschende Gesellschafter durch seine Stellung die Möglichkeit, gesellschaftsinterne Informationen zu erlangen und diese zu Lasten der Gesellschaft für die eigenen Interessen gewinnbringend zu verwerten[364].

---

359 Etwa dem Recht, einen von zwei gleichberechtigten Geschäftsführern zu bestellen und abzuberufen, vgl. BGH Urteil v. 3.5.1988 KZR 17/87, BGHZ 104, 246.

360 Eine bloße Übereinstimmung des Stimmverhaltens genügt für die Begründung einer beherrschenden Stellung nicht. Erforderlich ist ein bewußtes Zusammenwirken oder ein Stimmbindungsvertrag. Vgl. LAWALL, Wettbewerbsverbot, S. 118; VON DER OSTEN, GmbHR 1989, 450 (452); SCHWEDHELM, DStR 1993, 245 (246).

361 Vgl. BGH Urteil v. 16.2.1981 II ZR 168/79, BGHZ 80, 69.

362 RÖHRICHT, WPg 1992, 766 (772).

363 Vgl. BGH Urteile v. 16.2.1981 II ZR 168/79, BGHZ 80, 69; v. 5.12.1983 II ZR 242/82 „Heumann-Ogilvy", BGHZ 89, 162.

364 BEUTHIEN, ZHR 142 (1978), 259 (288).

Mit der herrschenden Meinung[365] ist somit davon auszugehen, dass der beherrschende Gesellschafter einer GmbH dieser gegenüber einem präventiven Wettbewerbsverbot unterliegt.

Der Gesellschafter unterliegt dem Wettbewerbsverbot sobald er die beherrschende Stellung innehat. Eine konkrete Verletzungshandlung ist zur Begründung des Wettbewerbsverbots nicht erforderlich, da sonst ein effektiver Schutz der Gesellschaft nicht gewährleistet wäre[366].

b) Wettbewerbsverbot des Gesellschafter-Geschäftsführers

Für den Geschäftsführer einer GmbH besteht nach herrschender Meinung[367] ein umfassendes Wettbewerbsverbot. Dieses folgt aus der Loyalitäts- und Treuepflicht des Geschäftsführers und gilt mithin unabhängig von einer dahingehenden Vereinbarung im Anstellungs- oder Gesellschaftsvertrag. Auch der Gesellschafter-Geschäftsführer unterliegt dem den Geschäftsführer treffenden Wettbewerbsverbot unabhängig von seiner konkreten Stellung als Gesellschafter[368]. Gerade der Gesellschafter-Geschäftsführer einer GmbH hat ungehinderten Zugang zu den Geschäftsinterna und genaue Kenntnisse der Geschäfts-

---

365 BGH Urteil v. 5.12.1983 II ZR 242/82 „Heumann-Ogilvy“, BGHZ 89, 162; VON DER OSTEN, GmbHR 1989, 450 (451); RAISER, in: HACHENBURG, GmbHG, § 14 Rn. 64; RÖHRICHT, WPg 1992, 766 (772); SINA, DStR 1991, 40 (40); WINTER, in: SCHOLZ, GmbHG, § 14 Anm. 59; SÖFFING, FR 1993, 699 (701).

366 WINTER, Treuebindungen, S. 250; DE ANGELIS, Wettbewerbsverbote, S. 45; LAWALL, Wettbewerbsverbot S. 115 f.; letztlich offengelassen: BGH v. 5.12.1983 II ZR 242/82 „Heumann-Ogilvy“, BGHZ 89, 162; für ein Wettbewerbsverbot erst bei tatsächlicher unternehmerischer Einflussnahme: MERTENS/CAHN, FS f. HEINSIUS, S. 545 (559); SCHULZE-OSTERLOH, FR 1993, 73 (78).

367 KORN/HERFF, KÖSDI, 1996, 10858 (10863); LUTTER/HOMMELHOFF, GmbHG, Anh. § 6, Rn. 20; RÖHRICHT, WPg 1992, 766 (772); SCHNEIDER, in: SCHOLZ, GmbHG, § 43 Anm. 126; SCHULZE-OSTERLOH, FR 1993, 73 (80); SÖFFING, FR 1993, 699 (701) ZÖLLNER, in: BAUMBACH/HUECK, GmbHG, § 35 Rn. 22.

368 BORST, BB 1990, 2236 (2236); RÖHRICHT, WPg 1992, 766 (772).

beziehungen der Gesellschaft. Gerade bei ihm ist die Gefahr einer für die Gesellschaft schädlichen Ausnutzung der Kenntnisse besonders groß.

c) Wettbewerbsverbot des Minderheitsgesellschafters

Ist ein Gesellschafter wegen seiner geringen Beteiligung am Stammkapital nicht in der Lage, maßgeblichen Einfluss auf die Gesellschaft zu nehmen, so verwirklicht er nicht die typische Gefährdungslage, die bei einem beherrschenden Gesellschafter zu einer Verdichtung der Treuepflicht zu einem Wettbewerbsverbot führt. Den Minderheitsgesellschafter einer GmbH wird daher nur dann ein Wettbewerbsverbot treffen, wenn weitere Umstände hinzutreten, die eine konkrete Einflussnahme auf die Belange der Gesellschaft ermöglichen, oder er die Möglichkeit hat, Geschäftsinterna zu erfahren und nach außen treuwidrig zu verwerten[369]. Der Minderheitsgesellschafter unterliegt somit grundsätzlich keinem Wettbewerbsverbot[370].

d) Wettbewerbsverbot bei ausschließlich kapitalistischer Beteiligung

Den Gesellschafter, der seine Beteiligung an der Gesellschaft nur als Kapitalanlage verwaltet, ohne sich dabei aktiv an der Führung der GmbH zu beteiligen, und der keinen beherrschenden Einfluss auf die Geschäftsführung ausübt, wird nur eine Treuepflicht von geringerer Intensität treffen als den Gesellschafter, der ständig mit geschäftspolitischen Aufgaben betraut ist und alle wesentlichen Geschäftsführungsmaßnahmen beeinflusst. Übt ein Gesellschafter keinen wesentlichen Einfluss auf die Gesellschaft aus, so unterliegt er unabhängig von der Höhe seiner Beteiligung keinem Wettbewerbsverbot[371]. Allerdings besteht nach

369 Vgl. OLG Hamm Urteil v. 9.11.1988, 8 U 295/87, GmbHR 1989, 259.

370 Vgl. BGH Urteil v. 9.3.1987 II ZR 215/86, GmbHR 1987, 302; DE ANGELIS, Wettbewerbsverbote, S. 50 ff.; KORN/HERFF, KÖSDI, 1996, 10858 (10864); RÖHRICHT, WPg 1992, 766 (773); SÖFFING, FR 1993, 699 (701).

371 RAISER, in: HACHENBURG, GmbHG, § 14 Rn. 63.

§ 17 Abs. 2, § 18 Abs. 1 Satz 3 AktG bei der Möglichkeit eines beherrschenden Einflusses eine tatsächliche Vermutung dafür, dass von den bestehenden Einflussmöglichkeiten tatsächlich Gebrauch gemacht wird[372]. Da es zur Beurteilung, ob ein Wettbewerbsverbot vorliegt, auf die tatsächliche Einflussmöglichkeit ankommt, kann der Gesellschafter die Vermutung widerlegen durch den Beweis, dass seine Beteiligung lediglich eine Kapitalanlage darstellt und er keinen beherrschenden Einfluss auf die Gesellschaft nimmt[373].

3. Inhalt und Reichweite des Wettbewerbsverbots

a) Inhalt und Reichweite des Wettbewerbsverbots des Gesellschafter-Geschäftsführers

Den Gesellschafter-Geschäftsführer trifft das Wettbewerbsverbot in gleichem Umfang wie den Nur-Geschäftsführer. Das den Geschäftsführer treffende Wettbewerbsverbot verbietet ihm in sachlicher Hinsicht jede Teilnahme am geschäftlichen Verkehr im eigenen oder im fremden Namen, für eigene oder für fremde Rechnung im Geschäftsbereich der Gesellschaft[374]. Grundsätzlich gilt, dass der Gesellschafter kein Konkurrenzunternehmen eröffnen und nicht mit der Gesellschaft in Wettbewerb treten darf. Dies umfasst auch die Beteiligung an anderen Gesellschaften, die im gleichen Geschäftszweig tätig sind, als Geschäftsführer, Vorstandsmitglied oder in sonstiger leitender Position mit beherrschender Einflussmöglichkeit[375]. Ob gegebenenfalls die beherrschende Einflussmöglichkeit in der anderen Gesellschaft auf einer Mehrheitsbeteiligung beruht oder aber durch nahe Angehörige oder Strohleute vermittelt wird, ist dabei ohne Bedeutung[376].

---

372 BGH Urteil v. 5.12.1983 II ZR 242/82 „Heumann-Ogilvy“, BGHZ 89, 162.

373 LAWALL, Wettbewerbsverbot, S. 117, 118 m. w. N.

374 SCHNEIDER, in: SCHOLZ, GmbHG, § 43 Anm. 128; vgl. mit Beispielen: BORST, BB 1990, 2236 (2237).

375 BGH Urteil v. 6.12.1962 KZR 4/62; BGHZ 38, 306; RÖHRICHT, WPg 1992, 766 (768); SCHNEIDER, in: SCHOLZ, GmbHG, § 43 Anm. 128.

376 RÖHRICHT, WPg 1992, 766 (768); SCHNEIDER, in: SCHOLZ, GmbHG, § 43 Anm. 129.

Entscheidend für die Abgrenzung der Reichweite des Wettbewerbsverbots ist der Geschäftsbereich der GmbH. Trifft den Gesellschafter-Geschäftsführer ein umfassendes Wettbewerbsverbot, so hat er sämtliche schädlichen Handlungen im gesamten Geschäftsbereich der GmbH zu unterlassen. Maßgebend für die Bestimmung des Geschäftsbereichs ist zunächst der formelle Satzungsgegenstand[377]. Dies gilt auch, wenn der Satzungsgegenstand bewusst weit gefasst ist, und die tatsächliche Betätigung nicht den gesamten satzungsmäßigen Unternehmensgegenstand umfasst. Die Gesellschaft muss die Möglichkeit haben, ihre geschäftlichen Aktivitäten jederzeit auf den in der Satzung vorgesehenen Bereich auszuweiten. Der durch das Wettbewerbsverbot geschützte Geschäftsbereich umfasst aber auch alle Bereiche, in denen die Gesellschaft tatsächlich tätig ist[378], d. h. auch jene Bereiche, die über den in der Satzung vorgesehenen hinausgehen[379]. Nicht vom Wettbewerbsverbot erfasst werden die Bereiche außerhalb des Geschäftsbereichs der Gesellschaft, denn dort gibt es kein ständiges Konkurrenzverhältnis zwischen Gesellschaft und Gesellschafter-Geschäftsführer[380].

b) Inhalt und Reichweite des Wettbewerbsverbots des Gesellschafters

Ergibt sich aus der Treuepflicht des Gesellschafters ein Wettbewerbsverbot, so ist dieses im Umfang nicht zwangsläufig so weitreichend wie das den Geschäftsführer treffende Wettbewerbsverbot. Auszugehen ist stets von der individuellen Treuepflicht des Gesellschafters. Nur aus dieser kann sich ein Wettbewerbsverbot ergeben. Dieses ist somit abhängig von dem konkreten Schutzbedürfnis, das in der mitgliedschaftlichen Verbindung zu den anderen Gesellschaftern besteht. Das Wettbewerbsverbot kann daher nur so weit reichen, als es nach der Art und dem Zweck des Verbands und zum Schutz der Mitgesellschafter vor einer Ausnutzung

377 BGH Urteil v. 11.10.1976 II ZR 104/75, DB 1977, 158.

378 Vgl. BGH Urteile v. 21.2.1978 KZR 6/77, BGHZ 70, 331; v. 5.12.1983 II ZR 242/82, BGHZ 89, 162; LUTTER/HOMMELHOFF, GmbHG, Anh § 6, Rn. 21; SCHNEIDER, in: SCHOLZ, GmbHG, § 43 Anm. 129; ULMER, in: HACHENBURG, GmbHG, § 53 Rn. 101, 102; ZÖLLNER, in: BAUMBACH/HUECK, GmbHG, § 35 Rn. 22a.

379 SCHNEIDER, in: SCHOLZ, GmbHG, § 43 Anm. 128.

380 Vgl. SCHUHKNECHT, Geschäftschancenwahrnehmung, S. 21 f.

von beherrschender Einflussmöglichkeit im Einzelfall erforderlich ist[381]. Maßgeblich für die Reichweite des Wettbewerbsverbots des Gesellschafters ist nach einer Meinung[382] der tatsächliche Unternehmensgegenstand. Auf den häufig wesentlich weiter gefassten statuarischen Unternehmensgegenstand komme es insofern nicht an. Überzeugender ist jedoch die von LAWALL vertretene Auffassung, wonach auch bei einem Wettbewerbsverbot des Gesellschafters grundsätzlich auf den Unternehmensgegenstand der Satzung abzustellen ist[383]. Füllt der tatsächliche Unternehmensgegenstand den in der Satzung vorgesehenen Bereich nicht aus, so bedeutet dies nicht zugleich, dass die Gesellschaft auf eine Betätigung in diesem Bereich vollständig verzichten möchte. Vielmehr ist der Verband ein „nach vorne offen" orientiertes System[384], dem die Möglichkeit gegeben sein muss, in dem in der Satzung vereinbarten Geschäftsbereich auch zukünftig tätig zu werden und den tatsächlichen Geschäftsbereich auszudehnen. Zu diesem Zweck haben sich die Gesellschafter zusammengeschlossen. Aus der gemeinsamen vertraglich festgehaltenen Verfolgungsabsicht folgt ihre Treuepflicht gegenüber den Mitgesellschaftern. Das Wettbewerbsverbot erstreckt sich dann jedoch nicht auf Gebiete, die zwar zum statuarischen Unternehmensgegenstand gehören, die aber von den Gesellschaftern von Anfang an willentlich nicht verfolgt wurden, oder deren Verfolgung später dauerhaft aufgegeben wurde[385]. Dafür ist jedoch ein konkreter Verzichtswille der Gesellschafter erforderlich, den der betreffende Gesellschafter nachzuweisen hat[386].

Hat die Gesellschaft ihren tatsächlichen Unternehmensgegenstand über den statuarischen Gegenstand hinaus ausgeweitet, so erstreckt sich das Wettbewerbsverbot aus Rechtssicherheitsgründen grundsätzlich nur auf den statuarischen Gegenstand, denn allein aus der Satzung lassen sich die Pflichten des Gesell-

---

381 RÖHRICHT, WPg 1992, 766 (773); SCHULZE-OSTERLOH, FR 1993, 73 (77 f.).

382 KORN/HERFF, KÖSDI 1996, 10858 (19864); RÖHRICHT, WPg 1992, 766 (773); WIEDEMANN/HIRTE, ZGR 1986, 163 (170 f.).

383 LAWALL, Wettbewerbsverbot, S. 10 ff.; vgl. auch TILLMANN, GmbHR 1991, 26 (27).

384 LUTTER, AcP 180 (1980), 84 (91 f.).

385 LAWALL, Wettbewerbsverbot, S. 11.

386 LAWALL, Wettbewerbsverbot, S. 12.

schafters ableiten[387]. Etwas anderes gilt, wenn in der Ausweitung zugleich eine konkludente Satzungsänderung gesehen werden kann, mit der alle Gesellschafter einverstanden sind[388].

Keinem Wettbewerbsverbot unterliegt der Gesellschafter nach herrschender Meinung[389] dann, wenn er die betreffende Tätigkeit schon bei der Gründung der Gesellschaft bzw. beim Eintritt in die Gesellschaft ausgeübt hat. In derartigen Fällen kann – vorbehaltlich anders lautender vertraglicher Regelungen – von keinem Gesellschafter verlangt werden, mit Abschluss des Gesellschaftsvertrages auf die bereits vorher ausgeübte Tätigkeit zu verzichten. Rechtssystematisch gesehen handelt es sich um eine Einwilligung der Mitgesellschafter in eine ihnen bekannte, anderweitige unternehmerische Tätigkeit des konkurrierenden Gesellschafters, die dessen Treuepflicht dahingehend modifiziert, dass sie das Gebot, Wettbewerbshandlungen auf dem betroffenen Gebiet zu unterlassen, nicht umfasst[390]. Die die Gesellschafter schützende Treuepflicht steht zugleich in der gemeinschaftlichen Disposition der Gesellschafter. Sie haben die Möglichkeit, einvernehmlich die Treuepflicht und das gegebenenfalls daraus resultierende Wettbewerbsverbot zu beschränken.

---

387 WINTER, Treuebindungen, S. 253 f.

388 LAWALL, Wettbewerbsverbot, S. 12 ff., 14.

389 BGH Urteil v. 9.3.1987 II ZR 215/86, GmbHR 1987, 302; DE ANGELIS, Wettbewerbsverbote, S. 83 ff.; KORN/HERFF, KÖSDI 1996, 10858 (19864); MERTENS/CAHN, in: FS f. HEINSIUS, S. 545 (560 f.); RÖHRICHT, WPg 1992, 766 (779); WIEDEMANN/HIRTE, ZGR 1986, 163 (170 f.).

390 RÖHRICHT, WPg 1992, 766 (779).

IV. Rechtsfolgen bei Verstoß gegen das Wettbewerbsverbot

1. Unterlassungsanspruch

Aus einem Verstoß gegen ein Wettbewerbsverbot erwächst der Gesellschaft zunächst nach herrschender Meinung[391] ein Unterlassungsanspruch gegen den Gesellschafter. Sie kann von dem konkurrierenden Gesellschafter verlangen, die konkurrierende Tätigkeit unverzüglich einzustellen und jede weitere Tätigkeit im Geschäftsbereich der GmbH untersagen.

Unter dem Gesichtspunkt der Besteuerung der GmbH kommt dem Unterlassungsanspruch der GmbH keine eigene Bedeutung zu. Der Verzicht der Gesellschaft auf die Geltendmachung des Unterlassungsanspruchs führt nicht zu der nach § 8 Abs. 3 Satz 2 KStG erforderlichen Vermögensminderung. Nach der gegenwärtigen Definition des BFH zur verdeckten Gewinnausschüttung muss sich die gesellschaftsrechtlich veranlasste Vermögensminderung auf das Einkommen auswirken. Maßgeblich ist hierfür die Bilanz der GmbH[392]. Der Unterlassungsanspruch der GmbH ist als solcher aber nicht bilanzierungsfähig. Als immaterielle Wirtschaftsgüter sind Forderungen nur aktivierbar, wenn sie selbständig veräußerlich und selbständig bewertbar oder einzeln verwertbar sind[393]. Der Unterlassungsanspruch ist ein Abwehranspruch, der als solcher untrennbar mit der GmbH verbunden ist. Er hat keinen Einfluss auf die bilanzielle Vermögenssituation der Gesellschaft. Ein Verzicht auf die Geltendmachung des Unterlassungsanspruchs kann somit noch nicht die Rechtsfolge des § 8 Abs. 3 Satz 2 KStG auslösen[394].

---

391 LAWALL, Wettbewerbsverbot, S. 191 ff.; LUTTER/HOMMELHOFF, GmbHG, Anh § 6 Rn. 24; RAISER, in: HACHENBURG, GmbHG, § 14 Rn. 66, 61; RÖHRICHT, WPg 1992, 766 (778); SCHNEIDER, in: SCHOLZ, GmbHG, § 43 Rn. 130, 146; SCHWEDHELM, DStR 1993, 245 (250).

392 Vgl. oben Teil 1, A. III. 3. c).

393 Vgl. SCHULZE-OSTERLOH, in: BAUMBACH/HUECK, GmbHG, § 42 Rn. 70

394 Ebenso BUYER, GmbHR 1996, 98 (103).

2. Schadensersatzanspruch

Es ist herrschende Meinung[395], dass der Gesellschaft aus einem Verstoß ihres Gesellschafters gegen ein Wettbewerbsverbot Schadensersatzansprüche entstehen können. Hinsichtlich der dogmatischen Herleitung des Schadensersatzanspruchs bestehen verschiedene Meinungen. So wird zum Teil vertreten, ein Schadensersatzanspruch sei in entsprechender Anwendung aus den § 61 Abs. 1, § 113 Abs. 1 HGB, § 88 Abs. 2, § 284 Abs. 2 AktG abzuleiten[396]. Andere Stimmen im Schrifttum lehnen diesen Ansatz ab, da im GmbH-Recht keine unbewusste Regelungslücke enthalten sei und sich daher eine Analogie verbiete. Vielmehr gründe sich der Schadensersatzanspruch auf eine positive Vertragsverletzung der sich aus dem Mitgliedschaftsverhältnis ergebenden Treuepflicht[397].

Der Streit um die dogmatische Herleitung kann vorliegend jedoch offen bleiben. Für den Tatbestand der verdeckten Gewinnausschüttung im Sinne des § 8 Abs. 3 Satz 2 KStG ist es ausreichend, dass die generelle Existenz eines Schadensersatzanspruchs infolge eines Wettbewerbsverstoßes anerkannt ist.

Als Haftungsmaßstab ist bei der Haftungsbegründung auf § 276 BGB abzustellen und nicht auf die Haftung des ordentlichen und gewissenhaften Geschäftsleiters aus § 43 GmbHG. Der strengere Haftungsmaßstab des § 43 GmbHG kommt nur dann zur Anwendung, wenn der Gesellschafter als Geschäftsführer oder in Geschäftsführungsangelegenheiten tätig wird[398]. Dies begründet sich dadurch, dass

---

395 KOPPENSTEINER, in: ROWEDDER, GmbHG, § 43 Rn. 57 f.; LUTTER, AcP 180 (1980), 84 (119 f.); LUTTER/HOMMELHOFF, GmbHG, Anh. § 6 Rn. 24; RÖHRICHT, WPg 1992, 766 (778); ROWEDDER, in: ROWEDDER, GmbHG, § 13 Rn. 17.

396 BUYER, GmbHR 1996, 98 (102); LUTTER/HOMMELHOFF, GmbHG, Anh § 6 Rn 24; SCHULZE-OSTERLOH, FR 1993, 73 (83); TILLMANN, in: FS f. FELIX, S. 507 (515); ZÖLLNER, in: BAUMBACH/HUECK, GmbHG, § 35 Rn. 22a; vgl. auch MECHNIG, Wettbewerbsverbot, S. 84.

397 DE ANGELIS, Wettbewerbsverbote, S. 115 ff., 121; LAWALL, Wettbewerbsverbot, 202 ff., 211 ff.; zur Verletzung von Treuepflichten: BGH Urteil v. 5.6.1975 II ZR 23/74, „ITT", BGHZ 65, 15.

398 Vgl. BGH Urteil v. 13.11.1973 VI ZR 53/72, GmbHR 1974, 9; v. 21.03.1988 II ZR 194/87, WM 1988, 756.

der Gesellschafter, der nicht zugleich Geschäftsführer ist, letztlich nicht als Treuhänder für die GmbH tätig wird, der organschaftliche Interessen zu wahren hat. Es muss ihm vielmehr möglich sein, unter Beachtung der Treuepflichten, auch seine eigenen Interessen zu verfolgen[399].

Ein Schadensersatzanspruch ist mithin gegeben, wenn ein Gesellschafter, der einem Wettbewerbsverbot unterliegt, schuldhaft eine konkurrierende Tätigkeit ausübt, ohne von dem Wettbewerbsverbot befreit zu sein, oder ohne einen Anspruch auf Befreiung zu haben, und dadurch eine Schädigung der Gesellschaft verursacht.

3. Eintrittsrecht

Alternativ zu einem Anspruch auf Schadensersatz kann für die Gesellschaft auch ein Eintrittsrecht in Betracht kommen[400]. Das Eintrittsrecht ist als Alternative in den gesetzlichen Wettbewerbsverbotsvorschriften der § 61 Abs. 1, § 113 Abs. 1 HGB, § 88 Abs. 2, § 284 Abs. 2 AktG vorgesehen. Seine Begründung kann sich aber auch ebenfalls auf den Treuepflichtgedanken stützen[401]. Das Eintrittsrecht hat dabei keine Außenwirkung. Die Gesellschaft tritt nicht in die Vertragsposition des konkurrierenden Gesellschafters mit dem Dritten ein. Durch das Eintrittsrecht wird der Gesellschafter lediglich verpflichtet, den wirtschaftlichen Erfolg des Konkurrenzgeschäfts an die Gesellschaft weiterzuleiten, d. h. die Gesellschaft kann verlangen, dass der das Wettbewerbsverbot verletzende Gesellschafter die erlangten Gewinne an sie abführt[402]. Obwohl nicht ausdrücklich gesetzlich geregelt, ist allgemein anerkannt, dass der Gesellschafter im Gegenzug entsprechend § 670 BGB den Ersatz seiner Aufwendungen im Zusammenhang mit dem Kon-

---

399 KOPPENSTEINER, in: ROWEDDER, GmbHG, § 43 Rn. 59; RAISER, in: HACHENBURG, GmbHG, § 14 Rn 61; LAWALL, Wettbewerbsverbot, S. 208 f. m. w. N.

400 RÖHRICHT, WPg 1992, 766 (778); TILLMANN, in: FS f. FELIX, S. 507 (515); KORN/HERFF, KÖSDI 10858 (10865).

401 LAWALL, Wettbewerbsverbot, S. 213.

402 BGH Urteil v. 5.12.1983 II ZR 242/82, BGHZ 89, 162; SCHNEIDER, in: SCHOLZ, GmbHG, § 43 Anm. 131; TILLMANN, in: FS f. FELIX, S. 507 (515).

kurrenzgeschäft verlangen kann[403]. Haben sich aus dem Geschäft Verluste ergeben, so braucht die Gesellschaft diese allerdings nicht zu übernehmen[404].

4. Anspruch auf Herausgabe des Erlangten

Schließlich hat die Gesellschaft auch einen Anspruch auf Herausgabe des aus dem Geschäft Erlangten aus angemaßter Eigengeschäftsführung gemäß § 687 Abs. 2 Satz 1, § 681 Satz 1 i.V.m. § 667 BGB[405].

5. Geltendmachung und Verzicht der Gesellschaft auf Ansprüche, die aus einer Verletzung des Wettbewerbsverbots resultieren

Zur Geltendmachung von Ansprüchen aus der Verletzung des Wettbewerbsverbots gegenüber einem Gesellschafter ist nach § 46 Nr. 8 GmbHG ein dahingehender Beschluss erforderlich[406]. Dieser Beschluss ist materielle Voraussetzung für die Geltendmachung des Anspruchs, da es sich bei der Vorschrift des § 46 Nr. 8 GmbHG nicht lediglich um eine Kompetenzzuweisung handelt. Die Vorschrift dient vielmehr dem Schutz der Gesellschafter und Organmitglieder sowie der Gesellschaft vor Erörterung ihrer internen Angelegenheiten in einer grundsätzlich

---

403 SCHNEIDER, in: SCHOLZ, GmbHG, § 43 Anm. 131; LAWALL, Wettbewerbsverbot, S. 215. Im Falle des Gesellschafter-Geschäftsführers wird eine Entschädigung für die aufgewendete Arbeitskraft aber nur dann in Betracht kommen, wenn er nicht auf Grund des Geschäftsführer-Anstellungsvertrages verpflichtet war, seine ganze Arbeitskraft der GmbH zur Verfügung zu stellen.

404 BGH Urteil v. 6.12.1962 KZR 4/62, BGHZ 38, 306; SCHNEIDER, in: SCHOLZ, GmbHG, § 43 Anm. 131.

405 LAWALL, Wettbewerbsverbot, S. 126.

406 BGH Urteil v. 16.2.1981 II ZR 168/79, BGHZ 80, 69; ZÖLLNER, in: BAUMBACH/HUECK, GmbHG, § 46 Rn. 38a.

öffentlichen Gerichtsverhandlung[407]. Fehlt ein derartiger Beschluss, ist eine Klage als unbegründet abzuweisen[408].

Nur die Gesellschaftergesamtheit hat also die Möglichkeit, die aus der Verletzung des Wettbewerbsverbots resultierenden Ersatzansprüche geltend zu machen. Die Geschäftsführer haben diese Möglichkeit nicht. Sie haben aber gegebenenfalls bei Kenntniserlangung die Pflicht, die anderen Gesellschafter auf den Verstoß hinzuweisen. Von der Mitwirkung an dem Geltend-machungsbeschlusses ist der betroffene Gesellschafter gemäß § 47 Abs. 4 GmbHG ausgeschlossen.

Die Gesellschaftergesamtheit kann aber auch beschließen, auf die Geltendmachung zu verzichten und einen Erlassvertrag im Sinne des § 397 Abs. 1 BGB mit dem betroffenen Gesellschafter zu schließen[409]. Ein solcher Erlassvertrag setzt zwingend den Beschluss der Gesellschaftergesamtheit voraus. Aus dem Beschluss wird sich auch der Rechtsbindungswille für den Vertrag ergeben. Der Vertrag kann formfrei zustande kommen und kann auch durch konkludentes Verhalten geschlossen werden[410].

V. Befreiung vom Wettbewerbsverbot

Einigkeit besteht darüber, dass die Gesellschafter die Möglichkeit haben, einen Mitgesellschafter vom Wettbewerbsverbot zu befreien[411]. Die Gesellschafter haben es in der Hand, den Geschäftsbereich der Gesellschaft nach ihrem Belieben zu erweitern oder zu verengen und dabei auf die Wahrnehmung von Geschäften

---

407 KOPPENSTEINER, in: ROWEDDER, GmbHG, § 46 Rn. 34.

408 BGH Urteil v. 21.4.1986 II ZR 165/85, NJW 1986, 2250.

409 Vgl. DÖLLERER, Verdeckte Gewinnausschüttung, S. 36 f.; MERTENS/CAHN, in: FS f. HEINSIUS, S. 545 (566 f.).

410 Vgl. HEINRICHS, in: PALANDT, BGB, § 397 Rn. 4 ff.; KORN/HERFF, KÖSDI 1996, 10858 (10870).

411 Statt aller: SCHULZE-OSTERLOH, FR 1993, 73 (78).

zu verzichten[412]. Eine zivilrechtlich wirksame Befreiung führt dazu, dass der Gesellschaft keine Schadensersatz- oder Herausgabeansprüche entstehen. Ein zivilrechtlich wirksamer Dispens ist nach neuester Rechtsprechung des BFH[413] auch steuerrechtlich anzuerkennen.

1. Zuständigkeit für die Befreiung, Form

Die Befreiung vom Wettbewerbsverbot ist ein satzungsrelevanter Vorgang, denn das aus der gesellschaftlichen Treuepflicht abgeleitete ungeschriebene gesetzliche Wettbewerbsverbot ist Bestandteil des ungeschriebenen Inhalts der Satzung der Gesellschaft[414]. Die Befreiung kann somit ausdrücklich in der Satzung vereinbart werden. Eine ausdrückliche Vereinbarung wird unter Umständen jedoch unpraktikabel sein, da sich eine gegebenenfalls eintretende Wettbewerbssituation der Gesellschafter nicht immer schon im voraus abzeichnen wird und eine spätere Satzungsänderung an strenge Form- und Publizitätsvorschriften gebunden ist. Außerdem wird u. U. die Aufnahme einer detaillierten Befreiungsvorschrift in die Satzung im Hinblick auf mögliche Geheimhaltungsinteressen[415] der Beteiligten unzweckmäßig sein.

Die Befreiung vom Wettbewerbsverbot kann aber auch durch eine in der Satzung enthaltene Öffnungsklausel erfolgen[416]. Eine Öffnungsklausel enthält zwar als Ausnahmeklausel ein Minus an Publizität gegenüber einer konkreten Ausnahmeregelung, sie signalisiert dem Rechtsverkehr aber, dass insoweit mit einer abwei-

---

412 BUYER, GmbHR 1996, 98 (103 f.).

413 Vgl. BFH Urteil v. 18.12.1996 I R 26/95, BFHE 182, 190; oben Teil 1, B. III. 4.

414 PRIESTER, DB 1992, 2411 (2412).

415 Etwa die Mandatsbeziehungen von Wirtschaftsprüfern und Steuerberatern, die zusätzlich noch unter die berufsrechtlicher Verschwiegenheitspflicht fallen, PRIESTER, DB 1992, 2411 (2412).

416 Vgl. BGH Urteil v. 16.2.1981 II ZR 168/79, BGHZ 80, 69; SCHNEIDER, in: SCHOLZ, GmbHG, § 43, Anm. 138; SCHWEDHELM, DStR 1993, 245 (248); SINA, DStR 1991, 40 (41); SÖFFING, FR 1993, 699 (706); WINTER, Treuebindungen, S. 258 f.

chenden Regelung zu rechnen ist[417]. Dies ist sodann auch für erst später eintretende Gesellschafter erkennbar.

Zuständig für die Befreiung vom gesetzlichen Wettbewerbsverbot ist die Gesellschafterversammlung[418]. Enthält die Satzung eine Öffnungsklausel, so genügt für die Beschlussfassung die einfache Mehrheit[419]. Der betroffene Gesellschafter unterliegt dabei allerdings dem gesetzlichen Stimmverbot gemäß § 47 Abs. 4 GmbHG[420]. Keine Befreiung kann der Geschäftsführer erteilen[421], denn die Befreiung vom Wettbewerbsverbot greift unter Umständen erheblich in mitgliedschaftliche Positionen ein. So kann eine Befreiung vom Wettbewerbsverbot unter Umständen – in Abhängigkeit vom Umfang des Wettbewerbs – zu einer wertmäßigen Minderung der Beteiligung des einzelnen Gesellschafters führen. Als Ausdruck der gesellschaftsrechtlichen Treuepflicht steht das Wettbewerbsverbot in der Dispositionsbefugnis der Gesamtheit der Gesellschafter. Ihre Belange werden durch das Wettbewerbsverbot geschützt. Das Wettbewerbsverbot und die Befreiung von demselben betreffen nur das Innenverhältnis der Gesellschaft. Ein gläubigerschützende Funktion hat es daneben nicht[422].

Enthält die Satzung weder eine ausdrückliche Befreiungsregelung noch eine Öffnungsklausel, so kommt eine Befreiung vom Wettbewerbsverbot auch durch einen satzungsdurchbrechenden Beschluss der Gesellschafter in Betracht[423]. Dies ist ein Beschluss, mit dem die Gesellschafter in einem konkreten Einzelfall

---

417 PRIESTER, DB 1992, 2411 (2412), m. w. N.

418 BGH Urteil v. 16.2.1981 II ZR 168/79, BGHZ 80, 69.

419 Vgl. LAWALL, Wettbewerbsverbot, S. 161.

420 BGH Urteil v. 16.2.1981 II ZR 168/79, NJW 1981, 1512; insoweit nicht abgedruckt in BGHZ 80, 69; RÖHRICHT, WPg 1992, 766 (781); SCHIEßL, GmbHR 1988, 53 (55); TIMM, GmbHR 1981, 177 (183).

421 VON DER OSTEN, GmbHR 1989, 450 (454); RÖHRICHT, WPg 1992, 766 (780); SCHULZE-OSTERLOH, FR 1993, 73 (78); SINA, DStR 1991, 40 (41).

422 BGH Urteil v. 5.12.1983 II ZR 242/82, BGHZ 89, 162.

423 RÖHRICHT, WPg 1992, 766 (781); SCHWEDHELM, DStR 1993, 245 (248);SCHNEIDER, in: SCHOLZ, GmbHG, § 43, Anm. 138; SINA, DStR 1991, 40 (41); TILLMANN, GmbHR 1991, 26 (29).

bewusst von Satzungsbestimmungen abweichen. Im Übrigen soll aber die Satzung mit ihrem Regelungsgehalt unangetastet bleiben[424]. Ein derartiger Beschluss erfordert die Beachtung aller Voraussetzungen, wie sie auch für eine Satzungsänderung erforderlich sind, insbesondere die ordnungsgemäße Ladung der Gesellschafter mit entsprechender Ankündigung, die Zustimmung mit qualifizierter Mehrheit[425] und die notarielle Beurkundung des Beschlusses[426]. Streitig ist allerdings, ob der satzungsdurchbrechende Beschluss der Eintragung ins Handelsregister bedarf[427]. Hierzu muss nach dem Zweck des Handelsregisters gefragt werden. Es hat die Aufgabe, die Öffentlichkeit über die Struktur und die Vertretungsbefugnisse der Gesellschaft zu informieren und so den Rechtsverkehr zu schützen. Bei satzungsdurchbrechenden Beschlüssen ist zwischen Beschlüssen mit punktueller Satzungsdurchbrechung einerseits und dauerhafter (zustandsbegründender[428]) Durchbrechung andererseits zu differenzieren[429]. Punktuell wirkende Satzungsdurchbrechungen sind zwangsläufig nur von kurzer Dauer, etwa bei der Freigabe eines bestimmten, eng umgrenzten Geschäftsvorfalls. Durch eine Eintragung würde der Rechtsverkehr in diesen Fällen nur über eine historische Tatsache in Kenntnis gesetzt, so dass für punktuell wirkende Satzungsdurchbrechungen keine Eintragungspflicht anzunehmen ist[430]. Anders hingegen verhält es sich mit den Beschlüssen, die eine zeitlich dauerhafte Wirkung beinhalten, etwa weil die genehmigte Maßnahme einen dauerhaften Wettbewerbszustand verfestigt. Hier kommt es zu einer Modifikation der Satzung. Diese ist, da eine

---

424 PRIESTER, in: SCHOLZ, GmbHG, § 53 Anm. 26; ULMER, in: HACHENBURG, GmbHG § 53 Rn. 30.

425 Nach § 53 Abs. 2 GmbHG sind drei Viertel der abgegebenen Stimmen erforderlich; PRIESTER, ZHR 151 (1987), 40 (49).

426 PRIESTER, ZHR 151 (1987), 40 (47 ff.); RÖHRICHT, WPg 1992, 766 (781); gegen das Erfordernis der notariellen Beurkundung: TILLMANN, GmbHR 1991, 26 (29), anders noch *ders.*, in: FS f. FELIX, S. 505 (514).

427 RÖHRICHT, WPg 1992, 766 (781).

428 RÖHRICHT, WPg 1992, 766 (782).

429 LAWALL, Wettbewerbsverbot, S. 145 f.; PRIESTER, ZHR 151 (1987), 40 (52 ff.).

430 LAWALL, Wettbewerbsverbot, S. 146; PRIESTER, ZHR 151 (1987), 40 (53).

Befreiung vom Wettbewerbsverbot – wie oben dargestellt – ein satzungsrelevanter Vorgang ist, ins Handelsregister einzutragen[431].

Bei einem derartigen Beschluss ist kein Stimmrechtsausschluss des begünstigten Gesellschafters nach § 47 Abs. 4 GmbHG anzunehmen[432]. Da durch die Änderung des Gesellschaftsvertrages die Struktur der Gesellschaft verändert wird, erfordert die Änderung stets die Mitwirkung aller Gesellschafter. Der Gefahr einer Interessenkollision wird in diesen Fällen mit einer Missbrauchskontrolle[433] begegnet und nicht mit einem Stimmrechtsausschluss[434].

Der Gesellschafter-Geschäftsführer kann in zweifacher Hinsicht einem Wettbewerbsverbot unterliegen: Zum einen kann es sich aus dem Geschäftsführer-Anstellungsvertrag ergeben, zum anderen wird es regelmäßig als Folge der gesellschafterlichen Treuepflicht gegeben sein[435]. Die Regelung einer Befreiung allein im Geschäftsführer-Anstellungsvertrag wird nicht genügen, da sich das Wettbewerbsverbot des Geschäftsführers nicht primär aus seinem Anstellungsvertrag, sondern aus seiner Organstellung als Geschäftsführer ergibt[436]. Als zu-lässig erachtet wird aber auch ein Gesellschafterbeschluss im Einzelfall[437]. Ist der Geschäftsführer allerdings zugleich auch Gesellschafter, so werden die Regeln zur Befreiung des Geschäftsführers vom Wettbewerbsverbot durch jene, die für

---

431 LAWALL, Wettbewerbsverbot, S. 146; enger: PRIESTER, ZHR 151 (1987), 40 (57 f.), der zustandsbegründende Satzungsdurchbrechung für unzulässig erachtet und an derer statt eine Satzungsänderung annimmt.

432 A.A. TILLMANN, GmbHR 1991, 26 (29).

433 Vgl. zur Mißbrauchskontrolle von Gesellschafterbeschlüssen: BGH Urteil v. 28.1.1980 II ZR 124/78, BGHZ 76, 352; v. 16.2.1981 II ZR 168/79, BGHZ 80, 69; v. 13.7.1981 II ZR 56/80, BGHZ 81, 263; v. 19.4.1982 II ZR 55/81, BGHZ 83, 319; v. 1.2.1988 II ZR 75/87, BGHZ 103, 184; ULMER, in: HACHENBURG, GmbHG, § 53 Rn. 62 ff.; aus der Treuepflicht kann ein bestimmtes, insbesondere Minderheitsinteressen berücksichtigendes, Abstimmungsverhalten zu fordern sein.

434 SCHULZE-OSTERLOH, FR 1993, 73 (79 f.), m. w. N.

435 SCHNEIDER, in: SCHOLZ, GmbHG, § 43, Anm. 137.

436 RÖHRICHT, WPg 1992, 766 (781); SCHNEIDER, in: SCHOLZ, GmbHG, § 43 Anm. 137; a. A. MEYER-ARNDT, StbJb 1991/92, 67 (82); SCHULZE-OSTERLOH, FR 1993, 73 (81).

437 SCHNEIDER, in: SCHOLZ, GmbHG, § 43 Anm. 137.

den Gesellschafter anzuwenden sind, überlagert. Insofern gelten für die Befreiung des Gesellschafter-Geschäftsführers die gleichen Regeln wie für die Befreiung der nicht geschäftsführenden Gesellschafter[438].

2. Notwendigkeit einer Abgrenzungsvereinbarung

Der BFH hat in seiner Konkurrenz-Rechtsprechung zwischen 1987 und 1995 stets eine klare und eindeutige Abgrenzungsvereinbarung gefordert, um die Befreiung auch steuerrechtlich anzuerkennen. Ein derartiges Erfordernis lässt sich zivilrechtlich allerdings nicht begründen[439]. Der BFH hat daher in seiner aktuellen Rechtsprechung zu Konkurrenzhandlungen das Erfordernis der klaren und eindeutigen Aufgabenabgrenzung aufgegeben[440].

3. Notwendigkeit einer sachlichen Rechtfertigung

Wird ein Gesellschafter von seiner mitgliedschaftlichen Treuepflicht (teilweise) entbunden, so wird dadurch zugleich die Mitgliedschaft der anderen Gesellschafter in ihrer Substanz betroffen. Der Wert der Beteiligung der anderen Gesellschafter kann beeinträchtigt werden[441]. Nach der „Süßen"-Entscheidung des BGH[442] muss daher bei der Befreiung vom Wettbewerbsverbot neben den formellen Voraussetzungen auch eine sachliche Rechtfertigung für die Befreiung vorliegen. Die Befreiung steht danach nicht im freien Ermessen der Mehrheit, sondern muss durch sachliche Gründe im Interesse der Gesellschaft gerechtfertigt sein.

---

438 SCHULZE-OSTERLOH, FR 1993, 73 (81).

439 KNOBBE-KEUK, GmbHR 1992, 333 (336); LAWALL, Wettbewerbsverbot, S. 154 ff.; MEYER-ARNDT, BB 1992, 727 (730); PELKA/WÜST, DStR 1991, 578 (580); RÖHRICHT, WPg 1992, 766 (782); SCHULZE-OSTERLOH, FR 1993, 73 (83); SCHWEDHELM, DStR 1993, 245 (250).

440 Vgl. oben Teil 1, B. III. 6.

441 RÖHRICHT, WPg 1992, 766 (782); SCHIEßL, GmbHR 1988, 53 (55); SINA, DStR 1991, 40 (42); TIMM, GmbHR 1981, 177 (182).

442 BGH Urteil v. 16.2.1981 II ZR 168/79, BGHZ 80, 69.

Dies erfordert eine Abwägung der betroffenen Interessen und die Beachtung der Verhältnismäßigkeit von Mittel und Zweck[443]. Eine sachliche Rechtfertigung kann etwa dann anzunehmen sein, wenn es für die Gesellschaft im Interesse künftiger Leistungs- und Wettbewerbsfähigkeit wichtig ist, Einfluss – etwa in Form einer Beteiligung – auf ein Konkurrenzunternehmen zu erhalten. Ist ihr dies allerdings aus finanziellen Gründen nicht möglich, so kann es im Gesellschaftsinteresse geboten sein, einem Gesellschafter die Möglichkeit zur Beteiligung an dem Konkurrenten zu gestatten. Unter Umständen ist es dabei aber unter dem Gesichtspunkt der Verhältnismäßigkeit erforderlich, dass der befreite Gesellschafter bestimmte, zum Beispiel treuhänderische[444], Bindungen eingeht, um gegebenenfalls eintretende Nachteile durch eine mittelbare Beteiligung der Gesellschaft auszugleichen[445]. Ein weiterer Fall, in dem eine sachliche Rechtfertigung anzunehmen sein wird, liegt etwa vor, wenn die Gesellschaft ein besonderes Interesse am Verbleib des betroffenen Gesellschafters in der Gesellschaft hat, zum Beispiel weil er als Geschäftsführer große Erfolge für die Gesellschaft erzielt hat und über hervorragende unternehmerische Fähigkeiten und Kontakte oder besonderes Know-how verfügt oder der Kundenstamm eng mit seiner Person verbunden ist. Hier kann der persönliche Marktwert des Gesellschafters unter Umständen so hoch einzustufen sein, dass der Gesellschaft und den Mitgesellschaftern viel daran gelegen ist, den Gesellschafter in der Gesellschaft zu halten. Dies kann dann gegebenenfalls durch die Gestattung weiterer unternehmerischer Tätigkeit auch außerhalb der GmbH im erforderlichen Rahmen erfolgen, und somit trotz eventuell eintretender Nachteile im Interesse der Gesellschaft liegen.

Weder erforderlich noch zulässig ist eine materielle Inhaltskontrolle allerdings dann, wenn keine dissentierende Minderheit vorhanden ist[446]. Im Falle des Einverständnisses oder des Zusammenwirkens aller Gesellschafter sind Minderheitsinteressen nicht gefährdet.

---

443 BGH, a. a. O., S. 74 f.; vgl auch BGH Urteil v. 13.03.1978 II ZR 142/76, BGHZ 71, 40.

444 So der BGH, a. a. O., S. 75.

445 Vgl. dazu LAWALL, Wettbewerbsverbot, S. 176 ff.

446 TILLMANN, in: FS f. FELIX, S. 507 (515).

4. Notwendigkeit einer Entgeltvereinbarung für die Befreiung

In seiner Konkurrenz-Rechtsprechung[447] zwischen 1987 und 1995 vertrat der BFH die Auffassung, dass die zivilrechtlich wirksame Befreiung vom Wettbewerbsverbot nur gegen die Vereinbarung einer angemessenen Gegenleistung erfolgen könne, da es Aufgabe der GmbH sei, Gewinne zu erzielen. Von dieser Postulierung hat sich der BFH in seiner aktuellen Rechtsprechung[448] zur verdeckten Gewinnausschüttung bei Konkurrenzhandlungen wieder abgewandt, und ausgeführt, dass die zivilrechtliche Wirksamkeit einer Befreiung vom Wettbewerbsverbot keine Vereinbarung eines angemessenen Entgelts voraussetze. Der BFH gelangt in einem zweiten Schritt aber zu der Annahme einer verdeckten Gewinnausschüttung, wenngleich die unentgeltliche Befreiung zwar zivilrechtlich wirksam war, die GmbH sich jedoch in einer stärkeren Marktposition (als der Gesellschafter) befand und somit ein Entgelt hätte durchsetzen können. Deshalb soll im Folgenden zunächst untersucht werden, wann aus zivilrechtlicher Sicht die Befreiung vom Wettbewerbsverbot mit einem angemessenen Entgelt als Gegenleistung verbunden werden muss.

Ob eine zivilrechtlich wirksame Befreiung vom Wettbewerbsverbot eine Entgeltsvereinbarung erfordert, lässt sich nicht pauschal beantworten. Zu beachten ist, dass es keinen allgemeinen zivilrechtlichen Grundsatz gibt, der die Gesellschaft verpflichten würde, sich die Freigabe unter allen Umständen abkaufen zu lassen[449]. Vielmehr kommt es auf eine Abwägung der im Einzelfall betroffenen Interessen an. Ausgangspunkt der Überlegung hat wiederum die Treuepflicht der Gesellschafter gegenüber ihrer Gesellschaft und ihren Mitgesellschaftern zu sein. Aus dem Treuepflichtgedanken folgt das Erfordernis der sachlichen Rechtfertigung. Danach kann es geboten sein, Befreiungen vom Wettbewerbsverbot, die im Interesse der Gesellschaft liegen, aber mit schwerwiegenden Nachteilen für die Mitgliedschaft der Minderheit verbunden sind, in geeigneter Weise auszuglei-

447 Oben Teil 1, B. II. 1.

448 Vgl. BFH Urteil v. 18.12.1996 I R 26/95, BFHE 182, 190.

449 RÖHRICHT, WPg 1992, 766 (783).

chen[450], etwa durch Zahlung eines Entgelts. Andererseits kann es für eine Gesellschaft auch vernünftige kaufmännische Überlegungen geben, ein Geschäft nicht wahrzunehmen. Die anderen Gesellschafter wären dann treuepflichtwidrig, wenn sie den interessierten Gesellschafter nicht vom Wettbewerbsverbot befreiten. Für diesen kann sogar ein Anspruch auf Befreiung angenommen werden[451]. Bei der notwendigen Einzelfallbetrachtung sind unter anderem die Marktposition der Gesellschaft, die Bedeutung der Freigabe für die Gesellschaft und die aus der Freigabe entstehenden Nachteile für die Gesellschaft und die Minderheitsgesellschafter in Betracht zu ziehen, sowie die tatsächlich ausgeübte Tätigkeit der Gesellschaft, ihre Betriebsauslastung und Kostenstruktur und letztlich die Frage, ob die Gesellschaft durch die Befreiung einen Vermögensnachteil erleidet. Zu beachten ist ferner auch, dass der konkurrierende Gesellschafter das gesamte betriebswirtschaftliche und haftungsrechtliche Risiko des Geschäfts übernimmt. Allgemeingültige feste Kategorien für eine Entgeltvereinbarung lassen sich nicht aufstellen. Schließlich wird „von der Minderheit und dementsprechend auch bei der späteren Überprüfung durch staatliche Gerichte jede Entscheidung der Gesellschafterversammlung als rechtmäßig hinzunehmen [sein], die auf kaufmännisch vertretbaren, nachvollziehbaren Erwägungen beruht, die Minderheit nicht unzumutbar benachteiligt und deshalb nicht als treuwidriger Missbrauch der Mehrheitsherrschaft zum Nachteil der Minderheit gelten kann“[452]. Dabei kann zur Beurteilung nicht auf den Maßstab des Handelns des ordentlichen und gewissenhaften Geschäftsführers abgestellt werden. Die Befreiung vom Wettbewerbsverbot ist nicht eine Angelegenheit, die zum Zuständigkeitsbereich des Geschäftsführers gehört, sie bleibt allein der Gesellschaftergesamtheit in ihrer uneingeschränkten Freiheit zur Verfügung über Angelegenheiten der Gesellschaft vorbehalten[453].

---

450 Vgl. BGH Urteil v. 16.02.1981 II ZR 168/79, BGHZ 80, 69.

451 MERTENS/CAHN, in: FS f. HEINSIUS, S. 545 (562); RÖHRICHT, WPg 1992, 766 (783).

452 RÖHRICHT, WPg 1992, 766 (783).

453 KNNOBBE-KEUK, GmbHR 1992, 333 (335 f.); LAWALL, Wettbewerbsverbot, S. 160, 162; RÖHRICHT, WPg 1992, 766 (783).

Aus der Notwendigkeit einer gesonderten Einzelfallbetrachtung ergibt sich mithin, dass keine pauschale Aussage über die Notwendigkeit einer Entgeltvereinbarung getroffen werden kann. Eine allgemeine Aussage lässt sich jedoch zu jenen Fällen machen, bei denen eine Entgeltvereinbarung mit überwiegender Wahrscheinlichkeit nicht erforderlich sein wird. Dies sind zunächst die Fälle, in denen sich die GmbH noch im Anfangsstadium befindet. Vor ihrer Gründung kann sie noch keine Vermögensposition erworben haben, die sie durch eine Freigabe verlieren könnte. Tritt ein Gesellschafter unter Beibehaltung seiner bisherigen branchengleichen Tätigkeit in eine bereits bestehende Gesellschaft ein, so wird ebenfalls kein Entgelt erforderlich sein[454]. Die Gesellschaft musste bereits vor Eintritt des neuen Gesellschafters mit der Konkurrenzsituation leben. Sie gibt insofern keine Vermögensposition auf, sondern profitiert im Gegenzug unter Umständen noch von dem Synergieeffekt. Kein Entgelt wird ferner in den Fällen zu fordern sein, in denen der konkurrierende Gesellschafter einen Anspruch auf Befreiung[455] vom Wettbewerbsverbot hat, etwa weil die Gesellschaft in dem freigegebenen Bereich nicht (mehr) tätig ist[456]. Schließlich wird dann kein Entgelt vereinbart werden, wenn die Gesellschaft durch die Konkurrenztätigkeit mittelbar profitiert, etwa durch die Öffnung neuer Marktchancen[457].

Wird ein Entgelt vereinbart, so kann dies in einer Einmalzahlung erfolgen oder auch in Form von laufenden Bezügen. Ein Indiz der Angemessenheit trägt eine Vereinbarung in sich, die sich an einer Gegenleistung in Höhe von 3-5% des Umsatzes oder 20-25% des Gewinns orientiert[458]. Diese Zahlen können allerdings nur einen groben Anhaltspunkt geben und dürfen nicht zu einer starren Forderung erhoben werden. Es muss der Versuch unternommen werden, die Gewinnerwartung der Gesellschaft ohne Dispensierung mit der Gewinnerwartung mit dem

---

454 Vgl. SCHWEDHELM, DStR 1993, 245 (249).

455 Der Gesellschafter kann ja nur soweit zur Unterlassung des Wettbewerbs verpflichtet werden, als dies zum Schutz der Gesellschaft erforderlich ist.

456 Vgl. NIEHUES, DB 1992, 496 (500); SCHWEDHELM, DStR 1993, 245 (249).

457 SCHWEDHELM, DStR 1993, 245 (249).

458 MEIER, DStR 1992, 334 (346); SCHÄFER, StBp 1993, 244/272 (279); SCHWEDHELM, DStR 1993, 245 (249).

Dispens zu vergleichen und in den Vergleich das Unternehmungsrisiko mit einzubeziehen[459]. Dabei kommt es maßgeblich auf die Verhältnisse und Erkenntnismöglichkeiten zum Zeitpunkt der Befreiung vom Wettbewerbsverbot an, und nicht auf eine ex-post Betrachtung, die spätere Entwicklungen mit berücksichtigt.

Bei der Befreiung des Gesellschafter-Geschäftsführers vom Wettbewerbsverbot ist zu beachten, dass der Geschäftsführer grundsätzlich einem umfassenden Wettbewerbsverbot unterliegt. Die daraus resultierende persönliche Wettbewerbsbeschränkung des Gesellschafter-Geschäftsführers wird im Normalfall durch eine entsprechend angepasste Geschäftsführervergütung kompensiert. Der Geschäftsführer ist regelmäßig verpflichtet, seine ganze Arbeitskraft der Gesellschaft zur Verfügung zu stellen. Wird der Gesellschafter-Geschäftsführer vom Wettbewerbsverbot befreit, so kann dies gleichzeitig eine Reduzierung seiner Pflichten als Geschäftsführer mit sich bringen. Dies wird gegebenenfalls eine Anpassung seiner Geschäftsführervergütung erfordern.

Aus der alleinigen Dispositionsbefugnis[460] der Gesellschaftergesamtheit ergibt sich ferner, dass eine Entgeltsvereinbarung für eine wirksame zivilrechtliche Befreiung vom Wettbewerbsverbot nicht erforderlich ist, wenn alle Gesellschafter mit dem Wettbewerb einverstanden sind und einvernehmlich auf die Ausbedingung einer Gegenleistung verzichten[461].

VI. Zusammenfassung

Verbinden sich zwei oder mehr Personen zur gemeinschaftlichen Zweckverfolgung und gründen eine GmbH, so resultiert aus ihrer Mitgliedschaft eine Treue-

---

459 SCHWEDHELM, a. a. O.

460 Im Rahmen der gesetzlichen Bestimmungen, insbesondere unter Beachtung der Regeln über die Kapitalaufbringung und Kapitalerhaltung (§§ 30, 31 GmbHG) oder den Schutz dissentierender Minderheiten.

461 RÖHRICHT, WPg 1992, 766 (783 f.).

pflicht. Die Treuepflicht ist in ihrer Intensität von der mitgliedschaftlichen Stellung des Gesellschafters und der Realstruktur des Verbands abhängig.

Ein generelles Wettbewerbsverbot des GmbH-Gesellschafters gibt es nicht. Die jeden Gesellschafter treffende Treuepflicht kann sich in ihrer Intensität derart verdichten, dass aus ihr ein Wettbewerbsverbot entsteht. Dies wird in der Regel von der konkreten Möglichkeit der Einflussnahme des betroffenen Gesellschafters, seiner Stellung im Verband und seiner Möglichkeit, Verbandsinterna zu erfahren, abhängen. Ist ein Wettbewerbsverbot infolge gesteigerter Treuepflicht gegeben, so ist dem Gesellschafter jede Teilnahme am wirtschaftlichen Verkehr im Geschäftsbereich der Gesellschaft untersagt. Das Wettbewerbsverbot ist abhängig von dem konkreten Schutzbedürfnis, das aus der mitgliedschaftlichen Verbindung zu den anderen Gesellschaftern besteht. Das Wettbewerbsverbot kann daher nur soweit reichen, als es nach der Art und dem Zweck des Verbands und zum Schutz der Mitgesellschafter vor einer Ausnutzung von beherrschender Einflussmöglichkeit im Einzelfall erforderlich ist. Maßgeblich ist dabei sowohl der statuarische Geschäftsbereich als auch der tatsächlich ausgefüllte Geschäftsbereich der GmbH.

Aus einer Verletzung des Wettbewerbsverbots entstehen der Gesellschaft Ansprüche auf Unterlassung des Wettbewerbs, auf Herausgabe des Erlangten, auf Eintritt in das Geschäft und/oder auf Schadensersatz. Auf die Geltendmachung dieser Ansprüche kann die GmbH verzichten.

Ihre umfassende Dispositionsbefugnis über Gesellschaftsangelegenheiten ermöglicht es der Gesellschaftergesamtheit, einen Dispens vom Wettbewerbsverbot zu erteilen. Das Wettbewerbsverbot hat keine gläubigerschützende Funktion. Bei der Dispensierung sind die Interessen der Gesellschaft und der Minderheitsgesellschafter zu beachten. Maßgebend ist in jedem Fall die Treuepflicht. Ein aus dem Gesellschaftsinteresse erforderlicher Dispens, der einen Nachteil für die Minderheitsgesellschafter mit sich bringt, ist gegebenenfalls durch geeignete Mittel auszugleichen. In Betracht kommt eine Entgeltvereinbarung. Sie ist nicht grundsätzlich zwingende Voraussetzung für eine zivilrechtlich wirksame Dispensierung.

Der Alleingesellschafter-Geschäftsführer einer Einmann-GmbH unterliegt, zumindest solange er der Gesellschaft kein zur Deckung der Stammeinlage erforderliches Kapital entzieht, keinem Wettbewerbsverbot.

B. Steuerrechtliche Anknüpfung an die Folgen des zivilrechtlichen Wettbewerbsverbots

In seiner aktuellen Rechtsprechung zur verdeckten Gewinnausschüttung im Zusammenhang mit einer Konkurrenzhandlung eines Gesellschafters knüpft der BFH bei der Prüfung, ob der Tatbestand des § 8 Abs. 3 Satz 2 KStG gegeben ist, in einem ersten Schritt an die zivilrechtlichen Rechtsfolgen aus der Verletzung eines Wettbewerbsverbots an. Die hergebrachte Definition der verdeckten Gewinnausschüttung durch den BFH setzt eine Vermögensminderung oder verhinderte Vermögensmehrung voraus. Mittels des „Umwegs über das Zivilrecht“[462] soll ermittelt werden, ob eine Vermögensminderung oder verhinderte Vermögensmehrung vorliegt. Eine solche ist gedanklich ausgeschlossen, wenn zivilrechtliche Ansprüche in der Steuerbilanz erfolgswirksam ausgewiesen werden[463].

Dabei sind mit dem BFH zwei Fallgruppen zu unterscheiden: In der ersten Fallgruppe verzichtet die GmbH auf die Geltendmachung eines Anspruchs aus der Verletzung des Wettbewerbsverbots, in der zweiten gewährt sie ihrem Gesellschafter einen Dispens vom Wettbewerbsverbot.

Im Folgenden sollen daher die steuerrechtlichen Folgen, die sich aus den zivilrechtlichen Rechtsfolgen einer Verletzung des Wettbewerbsverbot ergeben, dargestellt werden.

I. Verzicht der GmbH auf ihre Ansprüche aus der Verletzung des Wettbewerbsverbots

Nach der Definition des I. Senats des BFH setzt die verdeckte Gewinnausschüttung eine Vermögensminderung oder verhinderte Vermögensmehrung voraus[464]. Daraus folgt, dass der Verzicht auf einen Anspruch aus Verletzung des Wett-

---

462 GOSCH, DStR 1997, 442 (444).

463 WASSERMEYER, DStR 1997, 681 (682).

464 Dazu oben Teil 1, A. III. 3.

bewerbsverbots nur dann eine verdeckte Gewinnausschüttung darstellt, wenn mit ihm eine Vermögensminderung oder verhinderte Vermögensmehrung einhergeht. Voraussetzung dafür ist daher, dass die Ersatzansprüche grundsätzlich geeignet sind, das Vermögen des Gesellschaft zu vermehren[465].

1. Unterlassungsanspruch

Der Unterlassungsanspruch ist als Abwehranspruch untrennbar mit der GmbH verbunden. Auf die bilanzielle Vermögenssituation der Gesellschaft ist er nicht von Einfluss. Der Verzicht auf die Geltendmachung des Unterlassungsanspruchs hat keine Bedeutung für den Tatbestand der verdeckten Gewinnausschüttung im Sinne des § 8 Abs. 3 Satz 2 KStG[466].

2. Herausgabe des Erlangten und Eintrittsanspruch

Bei dem Anspruch auf Herausgabe des Erlangten und dem Eintrittsrecht handelt es sich um Ansprüche, die auf eine positive Leistung gerichtet sind. Als solche sind sie bewertbar und auch übertragbar und damit bilanzierungsfähig. Sie sind somit grundsätzlich geeignet, bei der Gesellschaft zu einer Vermögensmehrung zu führen[467]. Diesen Ansprüchen können aber Gegenansprüche des Gesellschafters, etwa aus § 670 BGB auf Ersatz der Aufwendungen für das Konkurrenzgeschäft, gegenüberstehen. Die Gegenansprüche sind bei der Bewertung der Vermögensminderung oder verhinderten Vermögensmehrung zu berücksichtigen. Eine Vermögensbeeinträchtigung der Gesellschaft im Sinne des § 8 Abs. 3 Satz 2 KStG wird nur dann gegeben sein, wenn sich aus der Gegenüberstellung von Ansprüchen und Gegenansprüchen ein für die Gesellschaft positiver Saldo ergibt. In diesen Fällen ist ihr Anspruch werthaltig, so dass der Verzicht der Gesellschaft auf die Forderung eine Minderung des Gesellschaftsvermögens bewirkt. Sind

465 Vgl. BUYER, GmbHR 1996, 98 (102).

466 Dazu oben Teil 2, A. IV. 1.

467 BUYER, GmbHR 1996, 98 (103).

Anspruch und Gegenanspruch hingegen wertmäßig ausgeglichen, so wirkt sich ein Verzicht der Gesellschaft nicht vermögensmindernd aus.

3. Schadensersatzanspruch

Die Schadensberechnung in Rahmen des Schadensersatzanspruchs wegen Verletzung des Wettbewerbsverbots erfolgt nach den allgemeinen Vorschriften der §§ 249 ff. BGB. Nach der Differenzhypothese ist ein Soll-Ist-Vergleich durchzuführen. Es ist der Bestand des Gesellschaftsvermögens, so wie es sich mit dem Verstoß gegen das Wettbewerbsverbot darstellt, mit dem Bestand des Gesellschaftsvermögens zu vergleichen, wie es sich ohne den Verstoß darstellen würde. Der Schaden der Gesellschaft ergibt sich aus der Differenz zwischen der tatsächlich durch den Verstoß geschaffenen Situation und der unter Ausschaltung des Verstoßes gedachten Situation[468].

Zum entstandenen Schaden gehört nach § 252 Satz 1 BGB auch der entgangene Gewinn. Als entgangener Gewinn gilt nach § 252 Satz 2 BGB der, der nach dem gewöhnlichen Lauf der Dinge oder nach den besonderen Umständen, insbesondere nach den getroffenen Anstalten und Vorkehrungen, mit Wahrscheinlichkeit erwartet werden konnte. Für den aus dem Verstoß gegen ein Wettbewerbsverbot folgenden Schadensersatzanspruch ergibt sich daraus die Besonderheit, dass der Gesellschaft nur dann ein Gewinn entgangen sein kann, wenn auch sie objektiv in der Lage gewesen wäre, den Gewinn zu realisieren. Dies wird nicht der Fall sein, wenn die Gesellschaft im konkreten Fall das Geschäft nicht wahrnehmen konnte, weil es ihr etwa an den dazu erforderlichen Mittel fehlte, oder weil der potentielle Geschäftspartner ausdrücklich und ausschließlich mit dem Gesellschafter persönlich kontrahieren wollte. Auch können Fälle gegeben sein, in denen der Gesellschaft die personellen Mittel oder die Risikobereitschaft zur Übernahme des fraglichen Geschäfts fehlen. Da das Wettbewerbsverbot Ausfluss der Treuepflicht ist, ergeben sich Schadensersatzansprüche nach herrschender Meinung mithin

---

468 HEINRICHS, in: PALANDT, BGB, Vorbem v § 249 Rn. 8 ff.; dazu ausführlich VOSS, DStR 1992, 441 (441 ff.) m. w. N.

nur, wenn schutzwürdige Interessen der Gesellschaft verletzt sind, und die Gesellschaft selber in der Lage gewesen wäre, den Gewinn zu erzielen[469]. War die Gesellschaft objektiv in der Lage, den Gewinn zu erzielen, so richtet sich ihr Anspruch auf entgangenen Gewinn nach dem Gewinn, den sie erzielt hätte, wenn sie das Geschäft selbst ausgeführt hätte. Nicht maßgebend ist hingegen der Gewinn, den der konkurrierende Gesellschafter tatsächlich erzielt hat.

4. Aktivierung der Ansprüche in der Handels- und Steuerbilanz

Hat die GmbH einen Anspruch gegen ihren Gesellschafter wegen Verletzung des Wettbewerbsverbots, so hat sie diesen Anspruch auf Grund des Maßgeblichkeitsgrundsatzes der Handelsbilanz für die Steuerbilanz nach § 5 Abs. 1 EStG i. V. m. § 8 Abs. 1 KStG in der Steuerbilanz zu aktivieren. Dieser Vorgang führt zu einer Gewinnerhöhung. Hat die GmbH die Aktivierung unterlassen, so löst dies nicht zugleich die Folge der verdeckten Gewinnausschüttung aus. Vielmehr hat nach der BFH-Rechtsprechung eine Korrektur der Steuerbilanz zu erfolgen[470]. Ist die Forderung gewinnerhöhend (erfolgswirksam) zu aktivieren, so ist eine verdeckte Gewinnausschüttung wegen der fehlenden Vermögensminderung zwangsläufig ausgeschlossen. Der Ansatz der Forderung in der Steuerbilanz hat somit Vorrang vor der Rechtsfolge des § 8 Abs. 3 Satz 2 KStG[471]. Das bloße Unterlassen der Aktivierung der Forderung kann nicht bereits als Nichtgeltendmachung der Forderung bzw. als Verzicht gewertet werden, da sich dadurch ein Verzichtswille der Gesellschaft noch nicht manifestiert. Dieser bedarf vielmehr eines Gesellschafterbeschlusses. Der Tatbestand der verdeckten Gewinnausschüttung greift hier noch nicht[472].

---

469 BUYER, BB 1993, 2057 (2064); LAWALL, Wettbewerbsverbot, S. 210 f.; SCHNEIDER, BB 1993, 1992 (2000); SPIEGELBERGER, GmbHR 1992, 727 (728).

470 BFH Urteil v. 18.12.1996 I R 26/95, BFHE 182, 190.

471 BFH Urteil v. 14.09.1994 I R 6/94, BFHE 175, 412.

472 Vgl. GOSCH, DStR 1995, 1863 (1863); *ders.*, DStR 1997, 442 (444).

Bei der Aktivierung der Ersatzansprüche ist das Vorsichtsprinzip (§ 252 Abs. 1 Nr. 4 HGB) zu beachten. Danach verbietet es sich, Ansprüche zu bilanzieren, die nicht hinreichend konkretisiert sind[473]. Wird ein Ersatzanspruch bestritten, so ist er erst nach einem rechtskräftigen obsiegenden Urteil zu bilanzieren[474]. Die Aktivierung der Ersatzansprüche ist ferner von der Beschlussfassung der Gesellschafter nach § 46 Nr. 8 GmbHG abhängig[475]. Diese Beschlussfassung ist als materielle Voraussetzung für die Entstehung des Anspruchs und mithin für dessen Aktivierung erforderlich[476].

Bei der für die Aktivierung erforderlichen Bewertung der Forderung ist darauf zu achten, dass nicht das gesamte Ergebnis der Konkurrenztätigkeit den Anspruch der GmbH ausmachen kann, denn dies würde im Ergebnis wieder eine Zurechnung der fremden Tätigkeit zur GmbH bedeuten. Es wird daher für jeden Einzelfall eine Quote aus dem Reingewinn zu bilden sein, die auch nach der Tätigkeit, dem Kapitaleinsatz, dem Risiko und den Leistungen des konkurrierenden Gesellschafters zu bemessen ist[477].

5. Verdeckte Gewinnausschüttung durch Verzicht auf die Geltendmachung der Ansprüche

Die GmbH hat die Möglichkeit, auf den aus dem Verstoß gegen das Wettbewerbsverbot resultierenden Anspruch gegen ihren Gesellschafter zu verzichten. Dies ist Ausdruck der umfassenden Dispositionsbefugnis der Gesellschaftergesamtheit.

---

473 SCHÄFER, DStZ 1996, 330 (336); SCHULZE-OSTERLOH, FR 1993, 73 (75), m. w. N.; FROTSCHER, in: FROTSCHER/MAAS, KStG, Anhang vGA zu § 8, Rz. 86, 302.

474 BFH Urteile v. 11.10.1973 VIII R 1 /69, BFHE 110, 532, BStBl 1974 II S. 90; v. 26.4.1989 I R 147/84, BStBl 1991 II S. 213.

475 Vgl. oben Teil 2, A. IV. 5.

476 PEZZER, StuW 1992, 270 (274); SCHULZE-OSTERLOH, FR 1993, 73 (75).

477 Vgl. auch KORN/HERFF, KÖSDI 1996, 10858 (10869).

Der Verzicht kann durch einen Erlassvertrag im Sinne des § 397 BGB mit dem Gesellschafter erfolgen[478]. Dadurch erlischt der Anspruch.

Hat die GmbH den Anspruch gegen ihren Gesellschafter bereits bilanziert, so führt der Untergang der Forderung zu einer bilanziellen Minderung des Gesellschaftsvermögens. Verzichtet die GmbH bereits vor der Aktivierung der Forderung durch Erlassvertrag auf den Anspruch, so hätte der Anspruch, wäre er nicht durch den Verzicht untergegangen, das Gesellschaftsvermögen bilanziell vermehrt, so dass in diesem Fall eine verhinderte Vermögensmehrung gegeben ist[479]. Von einer verhinderten Vermögensmehrung ist auch dann auszugehen, wenn der nach § 46 Nr. 8 GmbHG für die Geltendmachung des Anspruchs gegen den Gesellschafter erforderliche Beschluss nicht zustande kommt, denn durch einen entsprechenden Beschluss hätte sich das Vermögen der GmbH vermehrt[480].

Sind in diesen beiden Fällen die übrigen Voraussetzungen erfüllt, so ist der Tatbestand der verdeckten Gewinnausschüttung im Sinne des § 8 Abs. 3 Satz 2 KStG gegeben.

Bei der Prüfung der Frage, ob der Verzicht seine Veranlassung im Gesellschaftsverhältnis hat, ist allerdings zu beachten, dass als Fremdvergleichsmaßstab nicht der des Handelns des ordentlichen und gewissenhaften Geschäftsleiter herangezogen werden kann[481]. Die Geltendmachung und der Verzicht auf die Geltendmachung von Ansprüchen, die aus der Verletzung des Wettbewerbsverbot entstehen, obliegt nicht dem Geschäftsführer der GmbH, sondern ist Aufgabe der Gesellschafterversammlung[482]. Deshalb kann es in diesem Zusammenhang im Rahmen des Fremdvergleichs nicht auf den ordentlichen und gewissenhaften Geschäftsleiter ankommen. Zu fragen ist hier vielmehr danach, ebenso wie bei der Befreiung vom Wettbewerbsverbot, ob ein Verzicht eine sachliche Rechtfertigung

---

478 Vgl. oben Teil 2, A. IV. 5.

479 PROBST, in: FS f. L. SCHMIDT, S. 539 (542).

480 Vgl. SCHULZE-OSTERLOH, FR 1993, 73 (75 f.); a.A. PEZZER, StuW 1992, 270 (274).

481 So BUYER, GmbHR 1996, 98 (106); WALTER, Verdeckte Gewinnausschüttung, S. 162 f.

482 Vgl. oben Teil 2, A. IV. 5.

hat, die erkennen lässt, dass der Verzicht nicht aus einer gesellschaftsrechtlichen Veranlassung resultiert, sondern zum Wohle der Gesellschaft erfolgte. Dabei ist auch das Verhalten der Gesellschafter untereinander mit dem Verhalten von unabhängigen Dritten zueinander zu vergleichen. Zu fragen ist daher, ob die Gesellschafter auch gegenüber einem fremden Dritten auf die Geltendmachung der Forderung verzichtet hätten.

II. Verzicht auf die Vereinbarung einer Gegenleistung für den Dispens

Der zivilrechtlich wirksame Dispens vom Wettbewerbsverbot kann grundsätzlich ohne die Vereinbarung eines angemessenen Entgelts als Gegenleistung geschehen. Nur wenn das Minus an Treuepflicht des befreiten Gesellschafters zwar im Interesse der Gesellschaft liegt, aber bei den Mitgesellschaftern zu schwerwiegenden Nachteilen führt, kann es aus dem Gesichtspunkt der Treuepflicht erforderlich sein, ein Entgelt zu vereinbaren[483].

Der BFH anerkennt diese zivilrechtliche Vorgabe in seiner neuen Rechtsprechung. In einem zweiten Schritt prüft er jedoch, ob die GmbH bei der Befreiung vom Wettbewerbsverbot auf ein Entgelt verzichtete, obwohl sie ein solches hätte durchsetzen können[484]. Dazu führt der BFH in der zitierten Entscheidung aus, dass es für die Frage, ob für die Erteilung eines Dispenses ein Entgelt gefordert werden kann, auf die konkrete Marktsituation im Einzelfall ankommt. Die GmbH werde ein Entgelt nur durchsetzen können, wenn sie sich gegenüber dem zu befreienden Gesellschafter in der stärkeren Marktposition befindet, was nach Ansicht des BFH z. B. dann der Fall ist, wenn das Interesse des Geschäftsführers an der Fortsetzung der Geschäftsführertätigkeit größer ist als das entsprechende Interesse der GmbH.

483 Vgl. oben Teil 2, A. V. 4.

484 BFH Urteil v. 18.12.1996 I R 26/95, BFHE 182, 190; dieses Urteil betrifft die Befreiung eines Gesellschafter-Geschäftsführers. Bei der Befreiung des „Nur-Gesellschafters" wird jedoch nichts anderes zu gelten haben.

Für die hierzu nötige Konkretisierung ist m. E. zunächst auf jene Faktoren zurückzugreifen, die auch zur Ausfüllung der Treuepflicht dienen, wenn es darum geht, ob der Dispens unter dem Gesichtspunkt der Treuepflicht einer Gegenleistung bedarf. Ergibt sich daraus, dass der Dispens im überwiegenden Interesse der Gesellschaft liegt, etwa weil die Mitgliedschaft des betroffenen Gesellschafters wegen seiner besonderen Fähigkeiten (etwa seinem technischen Know-how oder seiner persönlichen Bindung zum Kundenstamm) von großer Bedeutung für die Gesellschaft ist, so wird keine Gegenleistung zu fordern sein. Ein Entgelt ist zivilrechtlich ferner dann nicht erforderlich, wenn die Gesellschaft sich unternehmerisch ohne die Befreiung auch nicht anders verhalten hätte, d. h. wenn sie die durch die Befreiung vom Wettbewerbsverbot freigegebene unternehmerische Tätigkeit nicht selbst entfaltet hätte, sei es, weil ihr die finanziellen oder personellen Mittel dazu fehlten, oder weil sie das unternehmerische Risiko nicht übernehmen wollte, oder aus sonstigen kaufmännisch nachvollziehbaren Gründen.

Ferner ist zu beachten, dass es die Gesellschafter grundsätzlich in der Hand haben, die Gesellschaft nach ihren Vorstellungen zu gestalten und die Geschäftsfelder der Gesellschaft zu bestimmen, sie zu erweitern oder einzuengen. Die Gesellschafter haben – unter Beachtung der gesetzlichen Vorschriften – die umfassende Dispositionsbefugnis über die Gesellschaft. Sie können über die Kapitalausstattung befinden, über die Spaltung, Verschmelzung und Umwandlung ihrer Gesellschaft sowie über deren Auflösung. Die Gesellschafter sind in all ihren gesellschaftsrechtlichen Entscheidungen frei. Dies hat das Steuerrecht grundsätzlich zu respektieren, so dass das Rechtsinstitut der verdeckten Gewinnausschüttung dort an seine Grenzen stößt, wo das Organisationsrecht der Gesellschafter beginnt[485].

Aus dem grundsätzlich auch steuerrechtlich anzuerkennenden Organisationsrecht und der Dispositionsbefugnis der Gesellschafter kann jedoch kein Freibrief für die Gesellschafter für eine „optimierte" Steuergestaltung folgen. Zivilrechtlich haben es die Gesellschafter in der Hand, einen Dispens auch unentgeltlich zu erteilen, obwohl aus dem Treueschutzgedanken die Forderung nach einem Entgelt

---

485 BUYER, GmbHR 1996, 98 (106).

abzuleiten wäre. Verzichtet die Gesellschaft dabei auf eine vermögenswerte Position, so kommt durchaus wieder der Tatbestand der verdeckten Gewinnausschüttung in Betracht. Die Gesellschafter haben grundsätzlich die Möglichkeit, auf eine an sich zivilrechtlich berechtigte Forderung nach einem Entgelt für den Dispens zu verzichten, ebenso wie ihnen die Möglichkeit gegeben ist, auf jedes andere Recht und jeden anderen Anspruch zu verzichten. Im Hinblick auf den Tatbestand der verdeckten Gewinnausschüttung nach § 8 Abs. 3 Satz 2 KStG ist aber festzustellen, ob ein Verzicht auf einen an sich gegebenen zivilrechtlichen Anspruch auf ein Entgelt für die Befreiung eine verhinderte Vermögensmehrung darstellt.

Für diese Frage ist zunächst zu klären, ob aus zivilrechtlicher Sicht eine Entgeltsvereinbarung durchsetzbar war. Ist dabei zu dem Ergebnis zu kommen, dass zivilrechtlich kein Entgelt zur sachlichen Rechtfertigung der Befreiung vom Wettbewerbsverbot erforderlich war, hat die unentgeltliche Befreiung keine Auswirkung auf das bilanzielle Gesellschaftsvermögen. Es kann mithin keine Vermögensminderung oder verhinderte Vermögensmehrung eintreten. Eine verdeckte Gewinnausschüttung ist nicht gegeben. Ist allerdings zu dem Ergebnis zu kommen, dass zivilrechtlich eine Entgeltsvereinbarung zur sachlichen Rechtfertigung der Befreiung erforderlich war, so führte die unentgeltliche Befreiung zu einer verhinderten Vermögensmehrung, und kann grundsätzlich die Rechtsfolge einer verdeckten Gewinnausschüttung auslösen. Bei der Prüfung der Veranlassung im Gesellschaftsverhältnis ist dabei wiederum zu beachten, dass als Fremdvergleichsmaßstab nicht auf das Handeln des ordentlichen und gewissenhaften Geschäftsleiters abgestellt werden kann. Für die Befreiung vom Wettbewerbsverbot und somit für die Vereinbarung einer Gegenleistung und gegebenenfalls für den Verzicht auf eine solche ist die Gesellschafterversammlung zuständig. Zu fragen ist deshalb, ob die Gesellschafterversammlung auch gegenüber einem unabhängigen Dritten auf die Gegenleistung verzichtet hätte[486]. Als Vergleichsperson kommt hier dann der Nicht-Gesellschafter-Geschäftsführer in Betracht.

---

486 Vgl. dazu BUYER, GmbHR 1996, 98 (107).

Auf praktische Schwierigkeiten wird man unter Umständen bei der Festlegung der Höhe des Entgelts stoßen. Einigen sich die Gesellschafter auf ein Entgelt, so ist der nominelle Wert, auf den sich die Einigung bezieht, der Bewertung der Forderung zugrunde zu legen. Fehlt es allerdings an einer Einigung oder verzichten die Gesellschafter einvernehmlich auf die Durchsetzung eines Entgelts, obwohl dies objektiv möglich gewesen wäre, so ist der Wert der verhinderten Vermögensmehrung zu ermitteln. Dazu wird in ähnlicher Weise zu verfahren sein wie bei der Bewertung der Schadensersatzforderung. Es ist die hypothetische Situation ohne eine Befreiung vom Wettbewerbsverbot zu vergleichen mit der (noch) nicht existenten Situation, die sich nach der Befreiung vom Wettbewerbsverbot zukünftig entwickeln wird[487]. Es muss zunächst die Gewinnerwartung der Gesellschaft festgestellt werden, wie sie sich ohne die Befreiung vom Wettbewerbsverbot darstellt. Diese ist der Gewinnerwartung, wie sie sich mit Dispens darstellt, gegenüberzustellen. Aus der Differenz ergibt sich die Höhe des Ent-gelts[488]. Der der Bewertung zugrunde zulegende Zeitpunkt ist der Zeitpunkt der Befreiung vom Wettbewerbsverbot. Erst später eintretende Entwicklungen sind bei der steuerrechtlichen Bewertung außer acht zu lassen[489].

III. Stellungnahme

Der „Umweg über das Zivilrecht“[490], der mit der Anknüpfung an zivilrechtliche Wertungen erfolgt, ist erforderlich, weil der BFH in seiner Definition der verdeckten Gewinnausschüttung eine „Vermögensminderung oder verhinderte Vermögensmehrung“ voraussetzt, die anhand der Steuerbilanz zu ermitteln ist, wie sie ohne Rücksicht auf die Rechtsfolge des § 8 Abs. 3 Satz 2 KStG nach dem Maßgeblichkeitsgrundsatz aufgestellt wurde[491]. Daraus ergibt sich, dass zivilrechtliche Ansprüche einer GmbH gegen ihren Gesellschafter, die in der Steuer-

---

487 Vgl. dazu ausführlich VOSS, DStR 1992, 441 (442 ff.), m. w. N.

488 VOSS, DStR 1992, 441 (442).

489 VOSS, a. a. O.

490 GOSCH, DStR 1997, 442 (444).

491 Dazu oben: B. III. 3. c).

bilanz erfolgswirksam zu bilanzieren sind, nicht gleichzeitig die Rechtsfolge einer verdeckten Gewinnausschüttung im Sinne des § 8 Abs. 3 Satz 2 KStG auslösen können[492]. Deshalb ist die Prüfung der verdeckten Gewinnausschüttung einzuleiten mit der Prüfung, ob die GmbH einen zivilrechtlichen Anspruch gegen ihren Gesellschafter hat und ob dieser erfolgswirksam auszuweisen ist[493].

Der Rechtsprechung des BFH in den Jahren 1987-1995 zur verdeckten Gewinnausschüttung bei Konkurrenzhandlungen der Gesellschafter lag nun allerdings eine Vorstellung des zivilrechtlichen Wettbewerbsverbots zugrunde, die so keine Entsprechung im Zivilrecht hatte. Es kam zu einer Schieflage zwischen den steuerrechtlichen Anforderungen an die Befreiung vom Wettbewerbsverbot und der tatsächlichen zivilrechtlichen Situation. Zivilrechtliche Wertungen wurden von der Finanzrechtsprechung durchkreuzt. Diese Rechtsprechung erfuhr heftige Kritik seitens des zivilrechtlichen und auch des steuerrechtlichen Schrifttums[494].

Mit der Änderung seiner Rechtsprechung durch das Urteil vom 30. August 1995, I R 155/94[495] räumte der BFH gesellschaftsrechtlichen Positionen wieder den Vorrang vor steuerrechtlichen Positionen ein[496] und glich seine Rechtsprechung an die zivilrechtliche Rechtslage an.

Diese Änderung der Rechtsprechung ist zu begrüßen. Steuerrecht und Zivilrecht stehen als Teile der Gesamtrechtsordnung gleichrangig nebeneinander. Das Steuerrecht ist staatliches Eingriffsrecht während das Zivilrecht geprägt ist vom Gedanken der Privatautonomie und die allgemeine Handlungsfreiheit schützt. Das Steuerrecht ist so zu gestalten und anzuwenden, dass es das Zivilrecht möglichst

---

492 Vgl. BFH Urteil v. 18.12.1996 I R 26/95, BFHE 182, 190.

493 WASSERMEYER, DStR 1997, 681 (682).

494 Vgl. statt vieler die Literaturhinweise bei FELIX, KÖSDI 1992, 8817; KORN/HERFF, KÖSDI 1996, 10858; FROTSCHER, in: FROTSCHER/MAAS, KStG, Anhang vGA zu § 8, Rz. 83.

495 BFHE 178, 371.

496 GOSCH, DStR 1995, 1863 (1863).

wenig tangiert[497] und Grundwertungen anderer Teile der Rechtsordnung nicht ohne gewichtigen Grund durchkreuzt[498]. Durch die Finanzrechtsprechung dürfen im Interesse der Einheit der Rechtsordnung keine Forderungen an das Zivilrecht gestellt werden, die aus zivilrechtlicher Sicht nicht erforderlich oder gar unbegründet sind und nur aus steuerrechtlichen Gesichtspunkten erfolgen. Eine Ausnahme dazu kann es nur geben, wenn wesentliche Steuergerechtigkeitsgesichtspunkte betroffen sind, die eine Werteabwägung erforderlich machen[499]. Dies ist jedoch bei der Besteuerung von Konkurrenzhandlungen nicht der Fall. Deshalb können bei der Prüfung, ob zivilrechtliche Ansprüche entstanden sind, deren Bilanzierung eine Vermögensminderung oder verhinderte Vermögensmehrung im Sinne des § 8 Abs. 3 Satz 2 ausschließt, allein die zivilrechtlichen Vorgaben maßgeblich sein.

Ergibt die Prüfung des Konkurrenzsachverhalts, dass aus der Verletzung eines Wettbewerbsverbot keine erfolgswirksam zu bilanzierenden zivilrechtlichen Ansprüche der Gesellschaft resultieren, so schließt sich daran die Prüfung an, ob der Gesellschafter Geschäftschancen der Gesellschaft genutzt hat, und dadurch eine Vermögensmehrung bei der Gesellschaft verhindert wurde. Auch insoweit ist an zivilrechtliche Ersatzansprüche zu denken. In der aktuellen Rechtsprechung des BFH zur verdeckten Gewinnausschüttung bei Konkurrenzhandlungen der Gesellschafter tritt die sogenannte Geschäftschancenlehre nun an zwei Stellen auf:

In einem ersten Schritt ist an die zivilrechtliche Geschäftschancenlehre anzuknüpfen. Dabei ist den gesellschaftsrechtlichen Positionen erneut Vorrang vor den steuerrechtlichen einzuräumen, so wie dies bei der Anknüpfung an das gesellschaftsrechtliche Wettbewerbsverbot geschieht.

In einem zweiten Schritt ist eine eigenständige steuerrechtliche Geschäftschancenlehre anzuwenden, wenn aus den zivilrechtlichen Vorgaben kein

497 HALLERBACH, Personengesellschaft, S. 94.

498 TIPKE, Steuerrechtsordnung, Bd. 1, § 4, S. 102.

499 TIPKE, Steuerrechtsordnung, Bd. 1, § 4, S. 102 ff.

Schadensersatz- und/oder Herausgabeanspruch folgt, dessen Bilanzierung eine verdeckte Gewinnausschüttung ausgeschlossen hätte[500].

Bevor auf eine eigenständige steuerrechtliche Geschäftschancenlehre eingegangen wird, soll zunächst eine kurze Darstellung der Geschäftschancenlehre als Rechtsinstitut des Gesellschaftsrechts erfolgen, denn auch hier gilt wieder das Primat des Zivilrechts. Entstehen der Gesellschaft durch eine treuwidrige Aneignung ihrer Geschäftschancen durch den Gesellschafter zivilrechtliche Ersatzansprüche, die erfolgswirksam zu bilanzieren sind, ist durch die Aktivierung der Ansprüche die verdeckte Gewinnausschüttung ausgeschlossen.

---

500 Vgl. zu der abgestuften Prüfung auf der Zivilrechts- und anschließend auf der Steuerrechtsebene das Schema bei GOSCH, DStR 1997, 442 (444).

Teil 3: Geschäftschancenlehre – zivilrechtliche und steuerrechtliche Behandlung

A. Geschäftschancenlehre

I. Zivilrechtliche Geschäftschancenlehre

1. Dogmatische Grundlage

Die organschaftliche Treuepflicht des Geschäftsführers[501] bzw. die mitgliedschaftliche Treuepflicht[502] des Gesellschafters einer GmbH bilden die dogmatische Ableitungsbasis für die gesellschaftsrechtliche Geschäftschancenlehre[503]. Die organschaftliche Treuepflicht gebietet dem Geschäftsführer, bei der Wahrnehmung der ihm übertragenen Aufgaben allein das Wohl des Unternehmens im Auge zu haben und nicht seinen eigenen wirtschaftlichen Vorteil oder den Vorteil anderer zu verfolgen[504]. Dazu gehört das Gebot, sämtliche aus seiner Einwirkungsmöglichkeit fließenden geschäftlichen Chancen und Entwicklungsmöglichkeiten der Gesellschaft auch für diese zu nutzen, und das Verbot, Chancen der Gesellschaft für sich selber oder Dritte auszubeuten[505]. Der Begriff der Geschäftschance ist bei der Konkretisierung der organschaftlichen Treuepflicht des Geschäftsführers weit zu fassen. Zu den Geschäftschancen der Gesellschaft können auch solche gehören, die die Gesellschaft nur mittelbar über Konzernunternehmen

---

501 Zur Treuepflicht des GmbH-Geschäftsführers siehe oben Teil 2, A. II. 2.

502 Zur Treuepflicht des Gesellschafters siehe oben Teil 2, A. II. 1.

503 Vgl. GRUNDMANN, Treuhandvertrag, S. 424, 448; POLLEY, Geschäftschancenlehre, S. 85 ff.; SCHMIDT, K., Gesellschaftsrecht, § 20 V. 3., S. 601; SCHIEẞL, GmbHR 1988, 53 (53); TIMM, GmbHR 1981, 177 (179); WEISSER, Corporate Opportunities, S. 131 ff, 141, 179.

504 BGH Urteil v. 12.6.1989 II ZR 334/87, WM 1989, 1335; vgl. auch BGH Urteile v. 23.9.1985 II ZR 257/84, NJW 1986, 584; v. 23.9.1985 II ZR 246/84, NJW 1986, 585; v. 8.5.1989 II ZR 229/88, NJW 1989, 2687.

505 RÖHRICHT, WPg 1992, 766 (767 f.).

wahrnehmen kann[506]. Die organschaftliche Treuepflicht trifft auch den Gesellschafter, der zum Geschäftsführer der Gesellschaft bestellt ist[507].

Dem (nicht geschäftsführenden) Gesellschafter ist es grundsätzlich ebenso verboten, geschäftliche Chancen, deren Wahrnehmung an sich der Gesellschaft zugestanden hätte, für sich selbst oder ein anderes von ihm geführtes oder beeinflusstes Unternehmen auszunutzen[508]. Der Schutz der wirtschaftlichen Funktionsfähigkeit der Gesellschaft bedingt zwingend das Verbot des Eingriffs in ihre Ressourcen. Die mitgliedschaftliche Treuepflicht bildet im Fall des Gesellschafters die Grundlage für die gesellschaftsrechtliche Geschäftschancenlehre[509]. Intensität und Umfang der Treuepflicht sind abhängig von der konkreten Stellung des Mitglieds in dem Verband[510]. Für die Bestimmung der Intensität und des Umfangs ist die konkrete Einflussmöglichkeit auf die unternehmerischen Entscheidungen der GmbH und der Zugang zu den Geschäftsinterna der Gesellschaft entscheidend. Jedem Gesellschafter untersagt seine Treuepflicht, Geschäftschancen, von denen er auf Grund seiner Gesellschafterstellung[511] Kenntnis erhält und die der Gesellschaft zuzuordnen sind, auf eigene Rechnung, „hinter dem Rücken" der Gesellschaft und somit der Mitgesellschafter, wahrzunehmen und dadurch gegebenenfalls den Wert der Beteiligung der anderen Gesellschafter zu schmälern. Hat der Gesellschafter somit von einer Geschäftschance der Gesellschaft Kenntnis erhalten, weil er an der Geschäftsführung beteiligt ist, oder weil er Informationsrechte wahrgenommen hat, so unterliegt er insoweit einem Verbot der Eigenwahrnehmung dieser Geschäftschance. Hatte der Gesellschafter jedoch nicht die Möglichkeit, die Geschäftschance der Gesellschaft durch die Gesellschaft zu erfahren, etwa weil er nicht an der Geschäftsführung beteiligt ist oder

---

506 SCHNEIDER, in: SCHOLZ, GmbHG, § 43 Anm. 144.

507 Dies gilt zumindest in einer mehrgliedrigen GmbH in der es zu schützende Interessen von Minderheitsgesellschaftern gibt.

508 SCHMIDT, K., Gesellschaftsrecht, § 20 V 3., S. 601.

509 Vgl. BGH Urteil v. 8.5.1989 II ZR 229/88, NJW 1989, 2687 (Treuepflicht eines Kommanditisten); KÜBLER/WALTERMANN, ZGR 1991, 162 (165 ff.).

510 Vgl. oben Teil 2, A. II. 1.

511 Vgl. BGH Urteil v. 8.5.1989 II ZR 229/88, NJW 1989, 2687.

keinen Zugang zu den Informationen der Gesellschaft hat, hatte er also von der Geschäftschance unabhängig von seiner Gesellschaftereigenschaft Kenntnis erlangt, so kann ihm die Wahrnehmung der Geschäftschance auf eigene Rechnung auch nicht versagt werden[512]. Der beherrschende Gesellschafter oder der mit der Geschäftsführung betraute Gesellschafter wird wegen seiner Loyalitäts- und Förderpflicht gegebenenfalls dazu verpflichtet sein, die Geschäftschance der Gesellschaft auch für diese wahrzunehmen. Ein Minderheitsgesellschafter wird diesbezüglich regelmäßig nicht zu einer Handlung verpflichtet sein. Allein aus der Gesellschaftereigenschaft folgt noch nicht die Verpflichtung, der Gesellschaft Arbeitskraft zu widmen. In seinem Fall fordert die Treuepflicht nur eine Unterlassung der treuwidrigen Aneignung der Geschäftschance. Das Verbot der Eigenwahrnehmung von Geschäftschancen trifft somit auch jeden Gesellschafter unabhängig von seiner Beteiligungsquote, sobald er durch die Gesellschaft von der Geschäftschance erfährt[513]. Eine weitergehende Differenzierung nach der Person des Handelnden kann es insofern nicht geben[514].

2. Abgrenzung zum Wettbewerbsverbot

Geht es bei der Geschäftschancenlehre ebenfalls um den Schutz der Gesellschaft vor Konkurrenzhandlungen ihrer Geschäftsführer und Gesellschafter, so stellt

---

[512] In derartigen Fällen wird allerdings kaum von einer Geschäftschance der Gesellschaft auszugehen sein, da sie auch von jedem Dritten aufgegriffen werden kann, dem Markt also frei zugänglich ist und nicht „von der Gesellschaft geschaffen“ wurde.

[513] Vgl. BGH Urteil v. 8.5.1989 II ZR 229/88, NJW 1989, 2687; WEISSER, Corporate Opportunities, S. 191 ff., 198; Ob der Gesellschafter durch die Gesellschaft Kenntnis von der Geschäftschance erlangte, oder unabhängig von dieser, ist dabei keine Frage der konkreten Zuordnung der Geschäftschance, sondern eine Frage, ob die Aneignung treuwidrig erfolgte.

[514] Vgl. KÜBLER/WALTERMANN, ZGR 1991, 162 (168 f.); SCHUHKNECHT, Geschäftschancenwahrnehmung, S. 55; dazu auch GRUNDMANN, Treuhandvertrag, S. 432.

sich die Frage nach dem Verhältnis zwischen Wettbewerbsverbot und Geschäftschancenlehre[515].

Das Wettbewerbsverbot bezieht sich auf den Geschäftsbereich der GmbH. Konkurrenztätigkeiten, die nicht in den Geschäftsbereich fallen, können nicht von dem Wettbewerbsverbot erfasst werden. Die Reichweite des Wettbewerbsverbots wird dadurch begrenzt, dass das präventive Verbot nur zulässig ist, soweit dies zum Schutz der GmbH erforderlich ist[516]. Nur soweit es sich auf den Geschäftsbereich der GmbH bezieht, ist ein dauerhaftes, präventives Verbot gerechtfertigt. Eine Konkurrenzsituation zwischen Gesellschaft und Gesellschafter ist zwar auch außerhalb des Geschäftsbereichs der Gesellschaft denkbar, in diesem Bereich besteht aber die Gefahr einer generellen Interessenkollision zwischen Gesellschaft und Gesellschafter nicht, so dass ein umfassendes, präventives Wettbewerbsverbot nicht gerechtfertigt wäre. Ein generelles Wettbewerbsverbot wäre in diesen Fällen mit einem Markt, der sich nicht nur durch Angebot und Nachfrage reguliert, sondern auch auf Wettbewerb als Regulationsmechanismus angewiesen ist, mit dem Regelungsgehalt des § 1 GWB nicht vereinbar. Das bedeutet, dass der Geschäftsführer einer GmbH neben seiner Tätigkeit für die GmbH am wirtschaftlichen Verkehr zunächst teilnehmen kann[517], soweit diese Tätigkeit nicht von dem Wettbewerbsverbot erfasst wird.

Geschäftschancen können sich für eine GmbH aber nicht nur in ihrem Geschäftsbereich auftun, sondern auch in allen anderen Bereichen, also auch in Bereichen, in denen sie noch gar nicht tätig ist, oder in denen eine dauerhafte Betätigung nicht geplant ist. Auch in solchen Fällen kann die Gesellschaft ein schützens-

---

515 DE ANGELIS, Wettbewerbsverbote, S. 101 ff., 109, lehnt eine eigenständige Geschäftschancenlehre im deutschen Recht ab und vertritt die Auffassung, die Geschäftschancenlehre könne nur zur Bestimmung der Reichweite des Wettbewerbsverbot herangezogen werden.

516 Vgl. oben Teil 2, A. II. 3. zur kartellrechtlichen Zulässigkeit und Teil 2, A. III. 3. zur Reichweite des Wettbewerbsverbots.

517 Da ein Geschäftsführer regelmäßig kraft Anstellungsvertrag seine volle Arbeitsleistung der GmbH schuldet, wird eine „Nebentätigkeit“ nur dann zulässig sein, wenn der Geschäftsführer ausnahmsweise nicht die volle Arbeitskraft schuldet.

wertes Interesse daran haben, das Geschäft als eigenes zu tätigen, sei es zur Diversifizierung der Geschäftstätigkeit oder aus allgemeinem Gewinnstreben. Ein „klassisches" Beispiel ist etwa der Erwerb eines Betriebsgrundstücks: Hat die GmbH die Möglichkeit zum Abschluss eines Kaufvertrags über ein für sie wegen der besonderen Lage oder des günstigen Preises attraktives Grundstück, erwirbt aber der Geschäftsführer oder ein Gesellschafter das Grundstück in eigenem Namen, um es anschließend an die GmbH zu verpachten, so stellt dies eine Aneignung einer Geschäftschance der GmbH dar, die gegebenenfalls zivilrechtliche Schadensersatzansprüche begründen kann[518]. Allein mit dem Institut des Wettbewerbsverbots wäre dem Schutzbedürfnis der GmbH gerade in den Fällen nicht genüge getan, in denen die Konkurrenztätigkeit nicht in den durch das Wettbewerbsverbot geschützten Geschäftsbereich der GmbH fällt. Deshalb ist ein aus der Treuepflicht folgendes, über die Reichweite des Wettbewerbsverbots hinausgehendes Schutzbedürfnis der GmbH anerkannt[519].

Mit der herrschenden Meinung[520] ist festzuhalten, dass die gesetzlichen Wettbewerbsverbote mithin nur ein Teilbereich des umfassenderen Verbots der Eigennutzung von Geschäftschancen der Gesellschaft sind. Das Wettbewerbsverbot ist lex specialis zur Geschäftschancenlehre[521]. Eine treuwidrige Aneignung einer Geschäftschance kann beispielsweise auch dann vorliegen, wenn etwa ein Minderheitsgesellschafter keinem präventiven Wettbewerbsverbot unterliegt, die

---

518 Vgl. BGH Urteile v. 23.9.1985 II ZR 257/84, NJW 1986, 584; v. 8.5.1989 II ZR 229/88, NJW 1989, 2687.

519 BGH Urteile v. 23.9.1985 II ZR 257/84, NJW 1986, 584; v. 23.9.1985 II ZR 246/84, NJW 1986, 585; v. 8.5.1989 II ZR 229/88, NJW 1989, 2687.

520 GRUNDMANN, Treuhandvertrag, S. 443 ff.; KÜBLER, in: FS f. WERNER, S. 437 (440); MERKT, ZHR 159 (1995), 423 (434); SCHIEßL, GmbHR 1988, 53 (53); TIMM, GmbHR 1981, 177 (179); WEISSER, Coroprate Opportunities, S. 147; im Ergebnis ähnlich: POLLEY, Geschäftschancenlehre, S. 114 ff., „Wettbewerbsverbot als Verbotssatz andere Qualität, der einen weitergehenden Schutz der Gesellschaft leistet"; SCHUHKNECHT, Geschäftschancenwahrnehmung, S. 17, 26; a. A. DE ANGELIS, Wettbewerbsverbote, S. 101 ff., 110, der entgegen der h. M. die Auffassung vertritt, eine Geschäftschancenlehre könne es nur im Rahmen des Wettbewerbsverbots zur Bestimmung von dessen Reichweite herangezogen werden. Eine eigenständige Bedeutung außerhalb des Wettbewerbsverbots könne der Geschäftschancenlehre nicht zukommen.

521 WEISSER, Corporate Opportunities, S. 148.

fragliche Geschäftschance – die bei einem beherrschenden Gesellschafter von dem bestehenden Wettbewerbsverbot erfasst würde – aber der GmbH zuzuordnen ist und der treuwidrige Gesellschafter gerade durch seine Gesellschaftereigenschaft von der Geschäftschance erfahren konnte. Wurde einem Gesellschafter eine Befreiung vom Wettbewerbsverbot erteilt, so folgt daraus nicht zugleich auch ein Dispens vom Verbot der Eigenwahrnehmung von Geschäftschancen der Gesellschaft. Vielmehr bedarf es dazu einer gesonderten Freigabe[522].

3. Zuordnung einer Geschäftschance zur GmbH

Leitet sich aus der gesellschaftsrechtlichen Treuepflicht somit auch das Verbot der Eigenwahrnehmung von Geschäftschancen der Gesellschaft ab, so ist zu klären, wann eine Geschäftschance der Gesellschaft zuzuordnen ist, so dass von einer Geschäftschance der Gesellschaft gesprochen werden kann. Nur wenn eine Geschäftschance der Gesellschaft konkret zugeordnet werden kann, besteht auch ein Schutzbedürfnis der Gesellschaft, welches es rechtfertigt, den Gesellschaftern eine Eigenwahrnehmung der Geschäftschance zu untersagen.

Bei der Zuordnung von Geschäftschancen ist zu beachten, dass es in einer freiheitlichen, wettbewerbsorientierten Marktordnung zunächst keine Geschäftschancen geben kann, die einem Marktteilnehmer allein vorzubehalten sind, etwa nur weil er sich auf dem betreffenden Geschäftsgebiet betätigt. Gerade der Wettbewerb um Geschäftsabschlüsse ist Wesensmerkmal des freien Marktes. Es ist somit von einem freien Wettbewerb aller Marktteilnehmer um Geschäftschancen auszugehen. Erst das Hinzutreten weiterer, besonderer Umstände kann aus einer „freien" Geschäftschance eine Geschäftschance machen, an deren Realisierung ein Marktteilnehmer ein anerkennenswertes, schutzwürdiges Interesse haben kann, so dass von einer konkreten Geschäftschance des betreffenden Wirtschaftssubjekts gesprochen werden kann. Bei der Zuordnung von Geschäftschancen ist dabei grundsätzlich Zurückhaltung geboten. Die vorschnelle Annahme, eine Geschäftschance gebühre einem Marktteilnehmer, verbietet sich in einer auf

---

522 Vgl. unten 4. a); SCHUHKNECHT, Geschäftschancenwahrnehmung, S. 31.

Wettbewerb gegründeten Wirtschaftsordnung, da nicht schon von vornherein und von Rechts wegen Geschäftschancen für bestimmte Marktteilnehmer reserviert sind[523]. Auch im Hinblick auf § 1 GWB wäre ein „selbstgezimmertes planwirtschaftliches Gewinnchancenzuteilungsmodell"[524] nicht mit dem marktwirtschaftlichen Prinzip vereinbar[525].

a) Konkrete Zuordnung

Zur Handhabbarkeit der Rechtsfigur der gesellschaftsrechtlichen Geschäftschancenlehre ist es mithin erforderlich, Kriterien zu entwickeln, die eine Zuordnung von Geschäftschancen zu bestimmten Wirtschaftssubjekten gestatten. In der gesellschaftsrechtlichen Rechtsprechung[526] und Lehre[527] finden sich dazu bereits vielfältige Ansätze.

(aa) Kriterien in der Rechtsprechung

Die Geschäftschancenproblematik ist in der BGH-Rechtsprechung der vergangenen Jahrzehnte in unterschiedlicher Gestaltung immer wieder anzutreffen[528]. Eine genaue Ausformung des Rechtsinstituts der Geschäftschancenlehre ist dabei noch

523 RÖHRICHT, WPg 1992, 766 (775); ähnlich WEISSER, GmbHR 1997, 429 (433); LAWALL, NJW 1997, 1742 (1744).

524 MERTENS/CAHN, in: FS f. HEINSIUS, S. 545 (546).

525 KNOBBE-KEUK, GmbHR 1992, 333 (336); WESTERFELHAUS, GmbHR 1993, 21 (25).

526 Vgl. etwa BGH Urteile v. 23.9.1985 II ZR 257/84, NJW 1986, 584; v. 23.9.1985 II ZR 246/84, NJW 1986, 585; v. 8.5.1989 II ZR 229/88, NJW 1989, 2687.

527 GRUNDMANN, Treuhandvertrag, S. 426 ff.; POLLEY, Geschäftschancenlehre, S. 132 ff.; THIEL, DStR 1993, 1801 (1804); SCHUHKNECHT, Geschäftschancenwahrnehmung, S. 33 ff.; WEISSER, Corporate Opportunities, S. 142 ff.

528 BGH Urteile v. 22.6.1957 II ZR 37/56, WM 1957, 1228; v. 8.5.1967 II ZR 126/65, WM 1967, 679; v. 10.2.1977 II 79/75, WM 1977, 361; v. 23.9.1985 II ZR 246/84, NJW 1986, 585; v. 23.9.1985 II ZR 257/84, NJW 1986, 584; v. 8.5.1989 II ZR 229/88, NJW 1989, 2687; auch RG Urteil v. 4.12.1928 360/28 II, JW 1929, 654.

nicht festzustellen. Insbesondere drei jüngere Entscheidungen des BGH ermöglichen aber eine gewisse Orientierung über mögliche Zuordnungskriterien[529]:

– Im Druckmittelzylinderfall[530] werden dem Geschäftsführer der klagenden GmbH, die Druckmittelzylinder herstellt, Pläne für ein neuartiges und kostengünstigeres Dichtungssystem für derartige Zylinder angeboten. Der beklagte Geschäftsführer kündigt seine Anstellung und nutzt die Pläne für sich selber, indem er ein eigenes Unternehmen gründet. Die Klägerin begehrt Ersatz des Schadens, der ihr dadurch entstanden sei, dass die neu gegründete Gesellschaft Zylinder mit dem neuartigen System hergestellt und vertrieben habe. Der BGH rechnet die Geschäftschance der GmbH zu, da das fragliche Geschäft für sie vorteilhaft ist: Zum einen handelt es sich um ein günstiges Geschäft und zum anderen bleibt ihr durch eine Eigenwahrnehmung ein Konkurrent erspart.

– Im Betriebsgrundstücksfall[531] geht der BGH davon aus, dass es auch zu den Pflichten eines geschäftsführenden Gesellschafters einer OHG gehört, Wirtschaftsgüter zu erwerben, die eine wichtige Grundlage des Unternehmens bilden können. So war in diesem Fall die Möglichkeit, ein Betriebsgrundstück zu erwerben, eine Geschäftschance der Gesellschaft, zu deren Wahrnehmung der Gesellschafter-Geschäftsführer verpflichtet war, wobei er alles zu unterlassen hatte, was den Erwerb gefährden konnte.

– Im Sägewerkfall[532] erfolgt eine Zuordnung einer Geschäftschance zur Gesellschaft, weil diese als erste mit dem Geschäft in Berührung gekommen ist, und der Gesellschafter in seiner Gesellschaftereigenschaft die näheren Umstände erfahren hat. Beispielweise kann der Gesellschafter durch sein Informationsrecht Kenntnis erlangt haben. In besonderem Maße treuwidrig handelt er, wenn er auf seiten der Gesellschaft mit der Vertragsanbahnung betraut wurde. Eine Zuordnung ergibt sich ferner durch einen Beschluss der Gesellschafterversammlung, das fragliche Geschäft wahrzunehmen.

---

529 Vgl. MERKT, ZHR 159 (1995), 423 (425 ff.).

530 BGH Urteil v. 23.9.1985 II ZR 246/84, NJW 1986, 585.

531 BGH Urteil v. 23.9.1985 II ZR 257/84, NJW 1986, 584.

532 BGH Urteil v. 8.5.1989 II ZR 229/88, NJW 1989, 2678; soweit ersichtlich, ist dies die letzte bisher ergangene Entscheidung zu dieser Problematik.

(bb) Kriterien im zivilrechtlichen Schrifttum

Im zivilrechtlichen Schrifttum sind bereits – auch unter dem Einfluss der US-amerikanischen Corporate Opportunity Doctrine – eine Vielzahl von Kriterien zur Zuordnung von Geschäftschancen genannt worden[533]. Die genannten Kriterien überschneiden sich dabei vielfach und haben eine wechselnde Akzentuierung.

Eine Zuordnung der Geschäftschance zur Gesellschaft soll etwa erfolgen, wenn:
– der Gesellschafter die Informationen über die Geschäftschance gesellschaftsintern erhalten hat[534];
– die Geschäftschance erst durch den Einsatz von Gesellschaftsvermögen verfügbar gemacht wird[535], bzw. wenn die Gesellschaft bereits besondere Aufwendungen für das Geschäft gehabt hat[536];
– die Gesellschaft bereits Beziehungen zu dem anvisierten Geschäftspartner unterhält[537];
– die Gesellschaft ihr Interesse an der Geschäftschance durch einen Gesellschafterbeschluss manifestiert hat[538];

533 Zu nennen sind insbesondere die Arbeiten von POLLEY, Geschäftschancenlehre, und von WEISSER, Corporate Opportunity; vgl. auch KÜBLER, in: FS f. WERNER, S. 437 ff.; MERTENS/CAHN, in: FS f. HEINSIUS, S. 545 (550); Insbesondere wegen der vielfach unterschiedlichen Ausgestaltung der Corporate Opportunity Doctrine in den einzelstaatlichen Jurisdiktionen der USA und der Tatsache, dass diese Lehre nur einen Teilbereich eines umfassenderen Schutzsystems für US-Gesellschaften darstellt, sowie wegen weiterhin bestehender Unzufriedenheit mit dieser Lehre in den USA, wird eine direkte Rezeption ins deutsche Recht abgelehnt; vgl. auch GRUNDMANN, Treuhandvertrag, S. 428 ff.

534 KÜBLER/WALTERMANN, ZGR 1991, 162 (168); MERKT, ZHR 159 (1995), 423 (439 ff.); POLLEY, Geschäftschancenlehre, S. 132 ff.; RÖHRICHT, WPg 1992, 766 (775).

535 KÜBLER/WALTERMANN, ZGR 1991, 162 (168).

536 LAWALL, NJW 1997, 1742 (1744).

537 MERKT, ZHR 159 (1995), 423 (442); POLLEY, Geschäftschancenlehre, S. 137.

538 KÜBLER/WALTERMANN, ZGR 1991, 162 (168); TIMM, GmbHR 1981, 177 (180).

– die Gesellschaft bereits in Vertragsverhandlungen getreten ist oder ihr ein Vertragsangebot unterbreitet wurde[539];
– die Geschäftschance in den tatsächlichen (bzw. in den häufig weiter gefassten statuarischen) Geschäfts- oder Tätigkeitsbereich der Gesellschaft fällt[540];
– die Gesellschaft der Geschäftschance hinreichend nahe steht, bzw. näher steht als der Gesellschafter[541]. Die Nähebestimmung ergibt sich wiederum anhand formaler und materieller Kriterien.

WEISSER[542] schlägt für die Zuordnung eine Kombination von abstrakten Kriterien und Fallgruppen vor und unterscheidet zwischen einer Zuordnung kraft Sachzusammenhangs und einer Zuordnung kraft konkreter Erwartung. Die einzelnen Fallgruppen werden zu einer inhaltlichen Ausgestaltung der abstrakten Kriterien verwendet[543]. Bei der Zuordnung kraft Sachzusammenhangs ist danach zu fragen, ob die Geschäftschance in einem sachlichen Zusammenhang mit der derzeitigen Tätigkeit und mit benachbarten Tätigkeitsbereichen steht[544]. Eine Zuordnung kraft konkreter Erwartung erfolgt, wenn die Gesellschaft bereits über eine konkrete Erwartung bezüglich der Geschäftschance verfügt[545]. Eine Zurechnung kann danach auch dann erfolgen, wenn zwar die Gesellschaft noch nicht über eine vertraglich gesicherte Rechtsposition verfügt, aber bereits von einem schützenswerten Interesse auszugehen ist, denn Anliegen der Geschäftschancenlehre sei es, „dem Unternehmen gerade solche Erwerbsaussichten zu erhalten, die sich noch nicht zu echten Rechtspositionen verfestigt haben“[546]. Für die Zuordnung kraft

---

539 KÜBLER/WALTERMANN, ZGR 1991, 162 (168); MERKT, ZHR 159 (1995), 423 (439); RÖHRICHT, WPg 1992, 766 (775).

540 KÜBLER/WALTERMANN, ZGR 1991, 162 (170); POLLEY, Geschäftschancenlehre, S. 138; TIMM, GmbHR 1981, 177 (181).

541 MERKT, ZHR 159 (1995), 423 (439 ff.); LAWALL, NJW 1997, 1742 (1744).

542 WEISSER, Corporate Opportunities, S. 145 ff.

543 WEISSER, Corporate Opportunities, S. 146.

544 WEISSER, Corporate Opportunities, S. 146 ff.

545 WEISSER, Corporate Opportunities, S. 164 ff.

546 WEISSER, Corporate Opportunities, S. 164.

konkreter Erwartung werden von WEISSER im Wesentlichen die oben genannten Kriterien verwandt[547].

In ähnlicher Weise lässt sich eine Zuordnung auch unterteilen in „subjektive Geschäftschancen durch Konkretisierung“ und in eine „objektive Geschäftschance kraft Gegenstands“[548]. Letztere liegt dann vor, wenn das Geschäft zu dem üblichen Tätigkeitsbereich der Gesellschaft gehört, oder wenn die Gesellschaft an dem Geschäft ein nicht unerhebliches Interesse hat[549].

Nach SCHUHKNECHT kann eine Zuordnung einer Geschäftschance zur Gesellschaft wegen einer konkreten Sonderbeziehung erfolgen. Er unterscheidet zwischen einer Zuordnung infolge konkreter rechtlicher und konkreter tatsächlicher Sonderbeziehung[550]. Eine konkrete rechtliche Sonderbeziehung wird durch die Anbahnung von Rechtsgeschäften vermittelt[551]. Eine konkrete tatsächliche Sonderbeziehung ergibt sich etwa aus einer laufenden Geschäftsbeziehung, aus einem vorherigen Kontakt oder bei einer Beauftragung des Geschäftsführer mit der Wahrnehmung[552]. Weitere Zuordnungskriterien sind nach SCHUHKNECHT die Zugehörigkeit des Geschäfts zum tatsächlichen Unternehmensgegenstand[553], die Wesentlichkeit des Geschäfts für die Gesellschaft[554] und die Wahrnehmung des Geschäfts mit Mitteln der Gesellschaft[555].

GRUNDMANN behandelt in einer Abhandlung den Treuhandvertrag, insbesondere unter Einbeziehung ökonomischer Argumente. Er untersucht, inwieweit sich auch

---

547 WEISSER, Corporate Opportunities, S. 166 ff.

548 So SCHNEIDER, in: SCHOLZ, GmbHG, § 43 Anm. 145.

549 SCHNEIDER, in: SCHOLZ, GmbHG, § 43 Anm. 145; vgl. auch TIMM, GmbHR 1981, 177 (181).

550 SCHUHKNECHT, Geschäftschancenwahrnehmung, S. 34 ff.

551 SCHUHKNECHT, Geschäftschancenwahrnehmung, S. 35 ff.

552 SCHUHKNECHT, Geschäftschancenwahrnehmung, S. 40 ff.

553 SCHUHKNECHT, Geschäftschancenwahrnehmung, S. 48.

554 SCHUHKNECHT, Geschäftschancenwahrnehmung, S. 56.

555 SCHUHKNECHT, Geschäftschancenwahrnehmung, S. 57.

Geschäftschancen dem Treugut zurechnen lassen. Dabei kritisiert er den fehlenden dogmatischen Bezug der gängigen Kriterien, die für sich genommen zwar hilfreich seien und häufig zu dem richtigen Ergebnis führten, jedoch sei mit dem Verweis auf die Treuepflicht als Grundlage allein noch wenig gewonnen, da diese in ihrem Umfang und Ausmaß abhängig von der individuellen Stellung des Treueverpflichteten sei[556]. Für die Zuordnung von Geschäftschancen schlägt GRUNDMANN die Auffächerung in vier Gruppen vor[557]: (1) den Einsatz geldwerter Positionen der Gesellschaft durch den Pflichtigen für das Auffinden von Geschäftschancen, (2) den Einsatz geldwerter Positionen für die Wahrnehmung der Geschäftschance durch den Pflichtigen, (3) den Einsatz eigener Arbeitskraft oder mitgebrachter Kontakte des Geschäftsleiters, um die Geschäftschance aufzufinden, und (4) den Einsatz eigener Arbeitskraft des Geschäftsleiters um die Geschäftschance für sich wahrzunehmen[558]. Eine Zuordnung an die Gesellschaft rechtfertige sich, wenn Positionen aus dem Treugut eingesetzt würden, wobei zum Treugut jeder Geldwert zähle, den der Pflichtige halte, ohne dafür selbst eine Gegenleistung erbracht zu haben[559]. Unter ökonomischen Gesichtspunkten sei schließlich auch der Schutz der Kapitalmarkteffizienz als Leitgesichtspunkt im Bereich der Geschäftschancenlehre zu berücksichtigen[560]. Investoren müssen darauf vertrauen können, dass ihr Engagement nicht durch eine interne Aushöhlung an Wert verliert.

Die Frage nach der konkreten Zuordnung von Geschäftschancen ist letztlich nicht abschließend zu klären[561]. Die Zuordnung von Geschäftschancen zur Gesellschaft im Rahmen des gesellschaftsrechtlichen Verbots der Eigenwahrnehmung von Geschäftschancen durch Gesellschafter, Geschäftsführer und Organmitglieder

---

556 GRUNDMANN, Treuhandvertrag, S. 429.

557 GRUNDMANN, Treuhandvertrag, S. 431.

558 Die Fälle der Gruppen (2) und (3) spielen eine Rolle, wenn der Geschäftsleiter der Gesellschaft auf Grund Vertrag seine Arbeitskraft schuldet, seine Arbeitskraft also schon „verkauft“ hat, sie aber jetzt trotzdem auf eigene Rechnung nutzt. Im Falle des Nur-Gesellschafters werden diese Fallgruppen mithin keine Rolle spielen.

559 GRUNDMANN, Treuhandvertrag, S. 431 f.

560 GRUNDMANN, Treuhandvertrag, S. 442.

561 Vgl. RÖHRICHT, WPg 1992, 766 (774); GRUNDMANN, Treuhandvertrag, S. 445.

erfolgt immer im Hinblick auf eine Schutzbedürftigkeit der Gesellschaft vor „Konkurrenz aus den eigenen Reihen". Zuordnungskriterien und Testfragen können eine Zuordnung ermöglichen und die praktische Handhabung erleichtern. Dabei hat stets eine Gesamtschau in Form einer umfassenden Interessenabwägung zu erfolgen. Diese hat dem Schutzbedürfnis der Gesellschaft, wie es in der Treupflicht des Gesellschafters zum Ausdruck kommt, und der unternehmerischen Freiheit des Gesellschafter in einer wettbewerbsorientierten Marktordnung, Rechnung zu tragen. Bei der Zuordnung ist zu beachten, dass es sich dabei nicht um die Begründung einer absoluten Rechtsposition der Gesellschaft handelt, sondern nur um eine relative Vorrangstellung gegenüber dem zur Treue verpflichteten Gesellschafter.

Abschließend lässt sich hier der Grundsatz festhalten, dass eine Geschäftschance der Gesellschaft zuzuordnen ist, wenn der Gesellschafter die Information aus der Gesellschaft erhalten hat, oder wenn er zum Auffinden und zur Eigenwahrnehmung auf geldwerte Positionen der Gesellschaft zugreift[562]. Schließlich ist bei der gesellschaftsrechtlichen Zuordnung zu beachten, dass es sich dabei nicht um die Begründung einer absoluten Rechtsposition der Gesellschaft handelt, sondern nur um eine relative Vorrangstellung gegenüber dem zur Treue verpflichteten Gesellschafter.

b) Objektive Fähigkeit der Gesellschaft zur Wahrnehmung der Geschäftschance

Die Frage, ob die Gesellschaft im Einzelfall auch in der Lage ist, die Geschäftschance tatsächlich wahrzunehmen, oder aber ob es ihr dazu an den sachlichen, personellen oder finanziellen Mitteln fehlt, wird überwiegend nicht als ein für die Zuordnung erforderliches Kriterium angesehen[563]. Vielmehr wird sie erst zur

---

562 Ebenso GRUNDMANN, Treuhandvertrag, S. 445.

563 KÜBLER/WALTERMANN, ZGR 1991, 162 (169, 170) fordern eine objektive Fähigkeit der Gesellschaft zur Wahrnehmung, wenn eine Zuordnung allein anhand des Kriteriums des ausgeübten Geschäftsbereichs erfolgen soll.

Bestimmung der Treuwidrigkeit der Aneignung bzw. deren Rechtfertigung oder bei einem Anspruch des betreffenden Gesellschafters auf Freigabe relevant[564]. Dies entspricht dem Regelungszweck des gesellschaftsrechtlichen Verbots der treuwidrigen Geschäftschancenaneignung. Die Frage, ob eine Gesellschaft eine Geschäftschance „sofort" wahrnehmen kann, oder ob dazu noch weitere, gesellschaftsinterne Schritte, etwa zur Finanzierung oder Umgestaltung der Struktur, erforderlich sind, kann für die Zuordnung zur Gesellschaft keine Rolle spielen. Erst eine gesonderte weitere Prüfung kann ergeben, ob die Gesellschaft auf die Eigenwahrnehmung verzichten will oder muss und somit die Geschäftschance wieder für den Treueverpflichteten frei wird.

4. Gleichlauf mit Wettbewerbsverbot

Das aus der Treuepflicht folgende Verbot der Eigenwahrnehmung (Aneignung) von Geschäftschancen folgt in seinen Voraussetzungen und Rechtsfolgen im Wesentlichen den Regelungen betreffend das Wettbewerbsverbot[565].

a) Freigabe der Geschäftschance

Ebenso wie es der Gesellschaft möglich ist, eine Befreiung vom Wettbewerbsverbot zu gewähren, kann sie eine ihr zuzuordnende Geschäftschance freigeben, bzw. auf deren Wahrnehmung verzichten. Für die Freigabe ist nicht der Geschäftsführer zuständig. Bei der Freigabe handelt es sich nicht um eine übliche Geschäftsführungsmaßnahme, da die Freigabe, insbesondere einer gewichtigen Geschäftschance, in das Mitgliedschaftsrecht der anderen Gesellschafter einzugreifen vermag[566]. Zuständiges Organ für die Freigabe von Geschäftschancen

---

[564] RÖHRICHT, WPg 1992, 766 (770); SCHIEẞL, GmbHR 1988, 53 (55); SCHUHKNECHT, Geschäftschancenwahrnehmung, S. 73 ff; WEISSER, Corporate Opportunities, S. 228 f.

[565] Vgl. WEISSER, Corporate Opportunites, S. 148; abweichend: SCHUHKNECHT, Geschäftschancenwahrnehmung, S. 32, 115 ff.

[566] KÜBLER/WALTERMANN, ZGR 1991, 162 (171).

ist daher die Gesellschafterversammlung[567]. Bei der Beschlussfassung über die Freigabe ist, anders als bei der Befreiung vom Wettbewerbsverbot[568], der betroffene Gesellschafter von der Beschlussfassung nach § 47 Abs. 4 GmbHG ausgeschlossen. Die singuläre Freigabe einer Geschäftschance führt, anders als die satzungsrelevante Befreiung vom Wettbewerbsverbot, nicht zu einer Satzungsmodifikation und einer Änderung der Struktur der Gesellschaft, so dass eine Mitwirkung aller Gesellschafter, unabhängig von persönlicher Betroffenheit, nicht erforderlich ist.

Voraussetzung für eine wirksame Freigabeerklärung ist zunächst allerdings, dass der Gesellschaft die Geschäftschance angeboten wird und die Gesellschafterversammlung dabei umfassend über die Geschäftschance informiert wird[569]. Da Geschäftschancen u. U. sehr kurzlebig sein können, und somit in Gefahr sind, ihren Wert rasch zu verlieren, wenn nicht schnell gehandelt wird, kann der Beschluss auch im Rundlaufverfahren außerhalb einer formell ordnungsgemäß einberufenen Gesellschafterversammlung erfolgen[570].

Auf Grund ihrer umfassenden Dispositionsbefugnis können die Gesellschafter die Freigabe der Geschäftschance einvernehmlich unentgeltlich erteilen. Die Interessen und das Schutzbedürfnis gegebenenfalls vorhandener dissentierender Minderheitsgesellschafter können aber unter dem Gesichtspunkt der Treuepflicht die Vereinbarung einer angemessenen Gegenleistung erforderlich machen[571]. Insofern gelten die gleichen Überlegungen wie zur Entgeltsvereinbarung für die

---

567 MERKT, ZHR 159 (1995), 423 (445); POLLEY, Geschäftschancenlehre, S. 150; TIMM, GmbHR 1981, 177 (182); SCHIEßL, GmbHR 1988, 53 (55); SCHUHKNECHT, Geschäftschancenwahrnehmung, S. 95; WEISSER, Corporate Opportunities, S. 209 ff.

568 Vgl. oben Teil 2, A. V. 1.

569 KÜBLER/WALTERMANN, ZGR 1991, 162 (171); MERKT, ZHR 159 (1995), 423 (444); POLLEY, Geschäftschancenlehre, S. 146 ff., 152; TIMM, GmbHR 1981, 177 (183, 185); SCHUHKNECHT, Geschäftschancenwahrnehmung, S. 91; WEISSER, Corporate Opportunities, S. 206 f.

570 GRUNDMANN, Treuhandvertrag, S. 455; POLLEY, Geschäftschancenlehre, S. 151; WEISSER, Corporate Opportunities, S. 211.

571 Zum Schutz von Minderheitsgesellschaftern vgl. die „Süssen"-Entscheidung des BGH, Urteil v. 16.2.1981 II ZR 168/79, BGHZ 80, 69.

Dispensierung vom Wettbewerbsverbot[572]. Die Gesellschaft kann für die Freigabe eine Gegenleistung vereinbaren und so an dem aus dem Geschäft zu erwartenden Gewinn teilhaben[573].

b) Rechtsfolgen bei unerlaubter Eigenwahrnehmung einer Geschäftschance

Aus der treuwidrigen Ausnutzung von Geschäftschancen durch unerlaubte Eigenwahrnehmung ergeben sich die gleichen Rechtsfolgen wie bei der Verletzung des Wettbewerbsverbots[574]. Die GmbH kann Schadensersatz wegen Verletzung der Treuepflicht fordern. Bei der Bemessung des Schadensersatzanspruchs ist zu beachten, dass der Schaden der Gesellschaft nicht gleich dem Gewinn, den der Schädiger erzielt hat, sein muss, sondern sich nach dem hypothetischen Gewinn richtet, den die Gesellschaft hätte erzielen können. Berücksichtigung muss dabei finden, ob die Gesellschaft tatsächlich in der Lage war, d. h. die objektive Fähigkeit hatte, die Geschäftschance zu nutzen[575]. Die Gesellschaft kann aber auch alternativ den Eintritt in das Geschäft oder die Herausgabe des Erlangten verlangen[576].

5. Geschäftschancenlehre in der eingliedrigen GmbH

An ihre Grenzen stößt die Geschäftschancenlehre dort, wo es an einer Treuepflicht des Gesellschafters fehlt, nämlich in der eingliedrigen GmbH. Ebenso wie im Fall des Wettbewerbsverbots gibt es keine Treuepflichten des Alleingesellschafters, die ihn in der Zuordnung und Wahrnehmung von Geschäftschancen be-

---

572 Vgl. oben Teil 2, A. V. 4.

573 TIMM, GmbHR 1981, (177) 184; WEISSER, Corporate Opportunities, S. 222.

574 Zu den Rechtsfolgen der Verletzung des Wettbewerbsverbots oben Teil 2, A. IV.

575 WEISSER, Corporate Opportunities, S. 234.

576 Vgl. POLLEY, Geschäftschancenlehre, S. 159 ff.; SCHIEßL, GmbHR 1988, 53 (56); WEISSER, Corporate Opportunities, S. 233 ff.

schränken würden[577]. Ihm allein obliegt es, zu entscheiden, ob seine GmbH die Geschäftschance wahrnimmt, oder ob er die Geschäftschance außerhalb der GmbH für sich nutzt. In Anlehnung an die Rechtsprechung des BGH zum Wettbewerbsverbot des Alleingesellschafters[578] gilt dies jedenfalls, solange er durch die willkürliche Zuordnung der Gesellschaft kein Kapital entzieht, welches zur Deckung des Stammkapitals erforderlich ist[579]. Einen Ansatzpunkt für einen Ersatzanspruch wegen treuwidriger Aneignung von Geschäftschancen gibt es mangels zu schützender fremder Interessen im Falle der eingliedrigen GmbH nicht.

II. Steuerrechtliche Anknüpfung an die gesellschaftsrechtliche Geschäftschancenlehre

In seiner aktuellen Rechtsprechung geht der BFH bei der Prüfung einer verdeckten Gewinnausschüttung im Zusammenhang mit einer Konkurrenztätigkeit vom Primat des Zivilrechts aus, soweit ein Gesellschafter gegen ein Wettbewerbsverbot verstoßen hat und sich daraus zu bilanzierende Ersatzansprüche der GmbH ergeben[580]. Ergeben sich nun derartige Ansprüche der GmbH auf Grund einer treuwidrigen Aneignung einer Geschäftschance der GmbH durch einen Gesellschafter, so verhindert auch in diesem Fall eine Bilanzierung der Forderung den Tatbestand einer verdeckten Gewinnausschüttung im Sinne des § 8 Abs. 3 Satz 2 KStG. Die Aktivierung der Forderung verhindert eine Vermögensminderung. Eine verdeckte Gewinnausschüttung liegt erst dann vor, wenn die GmbH zugunsten ihres Gesellschafters auf einen bestehenden Anspruch aus der Verletzungshandlung verzichtet.

---

577 WEISSER, GmbHR 1997, 429 (430).

578 BGH Urteil v. 28.9.1992 II ZR 299/91, BGHZ 119, 257; vgl. oben Teil 2, A. III. 1. c).

579 Eine höchstrichterliche Entscheidung zu dieser Thematik liegt, soweit erkennbar, noch nicht vor.

580 Vgl. die Darstellung der Rechtsprechung oben Teil 1, B. III.

Das Primat des Zivilrechts findet auch bei einer treuwidrigen Aneignung einer Geschäftschance Anwendung, wenngleich der BFH dies nicht ausdrücklich in seinen einschlägigen Entscheidungen dargestellt hat. Auch aus den Ausführungen von GOSCH zu dem Prüfungsaufbau der neuen Rechtsprechung[581] ergibt sich dies nicht in dieser Form. Vielmehr geht GOSCH mit seinem Prüfungsdiagramm davon aus, dass es sich bei dem Ausnutzen einer konkreten Geschäftschance oder dem Zunutzemachen einer Information der GmbH um den Tatbestand der Wettbewerbsverletzung handelt[582]. Wie oben dargestellt[583], ist das Wettbewerbsverbot aber nur ein Unterfall des umfassenderen Verbots der treuwidrigen Aneignung von Geschäftschancen. Beide Rechtsinstitute haben ihre Grundlage in der Treuepflicht des Gesellschafters und erfahren nahezu einen Gleichlauf bezüglich ihrer Rechtsfolgen. Verhindert die Aktivierung von Schadensersatzansprüchen, die aus einer Verletzung des Wettbe-werbsverbots resultieren, eine Vermögensminderung und damit die Verwirklichung einer verdeckten Gewinnausschüttung, so muss gleiches auch für die Ansprüche gelten, die aus einem Verstoß gegen das Verbot der treuwidrigen Eigenwahrnehmung von Geschäftschancen resultieren. Dies ist logisch zwingende Konsequenz aus der Vorrangstellung zivilrechtlicher Wertungen, die der BFH in seiner neuen Rechtsprechung praktiziert.

Entstehen der GmbH aus der treuwidrigen Aneignung einer Geschäftschance durch ihren Gesellschafter Ersatzansprüche, so sind diese, gleich den aus der Verletzung eines Wettbewerbsverbots resultierenden Ansprüchen, zu bilanzieren. Hat die GmbH eine Bilanzierung unterlassen, so ist diese nachzuholen. Ist der Anspruch bilanziert worden, so ist insoweit kein Raum mehr für die Annahme einer verdeckten Gewinnausschüttung. Auch bei treuwidriger Aneignung einer Geschäftschance, die eine Ersatzpflicht auslöst, hat die Aktivierung der Ersatzforderung Vorrang vor der Rechtsfolge des § 8 Abs. 3 Satz 2 KStG.

Bei der steuerrechtlichen Würdigung eines Konkurrenzgeschäfts ist somit zunächst zu prüfen, ob ein Verstoß gegen das zivilrechtliche Wettbewerbsverbot

---

581 GOSCH, DStR 1997, 442 (444).

582 GOSCH, a.a.O.

583 Oben Teil 3, A. I. 2.

oder gegen das Verbot der Eigenwahrnehmung von Geschäftschancen gegeben ist, und ob daraus zu bilanzierende Ersatzansprüche der Gesellschaft resultieren. Ist dies der Fall, so verhindert die Bilanzierung die Tatbestandsverwirklichung einer verdeckten Gewinnausschüttung. Zu einer verdeckten Gewinnausschüttung kann es erst dann kommen, wenn die GmbH aus gesellschaftsrechtlicher Veranlassung auf die Ansprüche verzichtet, oder eine Befreiung vom Wettbewerbsverbot oder dem Verbot der Eigenwahrnehmung von Geschäftschancen unentgeltlich erteilt, obwohl ein fremder Dritter dafür ein Entgelt gezahlt hätte[584].

[584] Auch hier gibt es einen Gleichlauf zur verdeckten Gewinnausschüttung bei Verletzung des Wettbewerbsverbots, vgl. dazu oben Teil 2, B.

B. Eigenständige steuerrechtliche Betrachtungsweise – Steuerrechtliche Geschäftschancenlehre

Der Tatbestand der verdeckten Gewinnausschüttung kann aber nicht da aufhören, wo es – aus welchen Gründen auch immer – nicht zu aktivierungsfähigen, erfolgswirksamen Ersatzansprüchen der Gesellschaft gekommen ist. Denn wollte man bereits an diesem Punkt die Prüfung der steuerrechtlichen verdeckten Gewinnausschüttung beenden, so würde dies bedeuten, dass etwa im Falle einer Ein-Personen-GmbH eine verdeckte Gewinnausschüttung bei einer Konkurrenztätigkeiten des Gesellschafter ausgeschlossen wäre. Die „Melodie des Gesellschaftsrechts“[585] ist an diesem Punkt ausgespielt.

In der aktuellen Rechtsprechung erfolgt deshalb im Anschluss an die steuerrechtliche Würdigung der zivilrechtlichen Lage eine weitere, rein steuerrechtliche Prüfung des fraglichen Geschäftsvorfalls. Allein das Fehlen eines zivilrechtlichen Anspruchs auf Schadensersatz und/oder Vorteilsherausgabe schließt daher nach dem BFH die Annahme einer verdeckten Gewinnausschüttung im Sinne des § 8 Abs. 3 Satz 2 KStG nicht aus. Eine solche könne auch dann in Betracht kommen, wenn zur Ausübung der konkurrierenden Tätigkeit Informationen oder Geschäftschancen der GmbH genutzt würden, für deren Überlassung ein fremder Dritter ein Entgelt gezahlt haben würde[586].

Dieser Auffassung des BFH ist grundsätzlich zuzustimmen. Gerade im Fall der Ein-Personen-GmbH ist die Gefahr von Gewinnmanipulationen besonders hoch. Der Alleingesellschafter hat unbeschränkten Einfluss auf die Gestaltung seiner GmbH und kann ungehindert Gewinnverlagerungen vornehmen. Deshalb wäre es widersinnig, wenn der Gesellschafter einer eingliedrigen Gesellschaft nicht mehr Empfänger einer verdeckten Gewinnausschüttung sein könnte[587]. Allein der Blick

---

585 FLEISCHER, DStR 1999, 1249 (1252).

586 Vgl. BFH Urteil v. 30.8.1995 I R 155/94, BFHE 178, 371; und die oben dargestellten Folgeurteile, vgl. oben Teil 1, B. III.

587 So auch FROTSCHER, in: FROTSCHER/MAAS, KStG, Anhang vGA zu § 8, Rz. 84; SCHÄFER, StBp 1993, 244/272 (274); THIEL, DStR 1993, 1801 (1801).

auf das Zivilrecht führt hier wegen der fehlenden Treuepflicht zu keinen für das Steuerrecht befriedigenden Ergebnissen. Ist aus zivilrechtlicher Sicht etwa die „Freigabe“ einer Geschäftschance in einer eingliedrigen GmbH ohne daraus resultierende Ersatzansprüche möglich und zulässig, so bedeutet dies noch keineswegs, dass dies auch steuerrechtlich ohne Belang ist[588]. Ziel des Steuerrechts ist die Besteuerung nach der wirtschaftlichen Leistungsfähigkeit. § 8 Abs. 3 Satz 2 KStG soll dabei gesellschaftsrechtlich veranlasste Vermögensverschiebungen steuerrechtlich ausgleichen. Die „Freigabe“ einer Geschäftschance der GmbH bewirkt unter Umständen eine Vermögensminderung oder verhinderte Vermögensmehrung, die ihre Veranlassung im Gesellschaftsverhältnis hat. Mittels des Rechtsinstituts der verdeckten Gewinnausschüttung soll der Gewinn der GmbH ermittelt werden, so wie sie ihn ohne eine Einflussnahme seitens des Gesellschafters hätte erzielen können[589].

Eine der wichtigen und entscheidenden Fragen im Rahmen der Prüfung verdeckter Gewinnausschüttungen bei Konkurrenzhandlungen des Gesellschafters ist daher die Frage, wann eine Information oder Geschäftschance der Gesellschaft vorliegt[590]. D. h., es ist zu untersuchen, wann eine Geschäftschance konkret der Gesellschaft zugeordnet werden kann. Es gilt dabei zu beachten, dass das Steuerrecht mit seinen Eingriffstatbeständen an die Güterverteilung des privaten Wirtschaftsverkehrs anknüpft[591].

Ergibt die vorherige Prüfung des fraglichen Geschäftsvorfalls, dass keine zivilrechtlichen Ansprüche erfolgswirksam auszuweisen sind, erfolgt somit eine weitere eigenständige steuerrechtliche Würdigung des Konkurrenzsachverhalts anhand der Voraussetzungen der verdeckten Gewinnausschüttung im Sinne des § 8 Abs. 3 Satz 2 KStG.

---

[588] Vgl. FLEISCHER, DStR 1999, 1249 (1252).

[589] So auch BUYER, GmbHR 1996, 98 (100).

[590] Vgl. FLEISCHER, DStR 1999, 1249 (1253); FROTSCHER, in: FROTSCHER/MAAS, KStG, Anhang vGA zu § 8, Rz. 88; RÖHRICHT, WPg 1992, 766 (775); WEISSER, Corporate Opportunities, S. 142.

[591] CREZELIUS, in: Gesellschaftsrecht 1995, S. 47 (48).

I. Vermögensminderung oder verhinderte Vermögensmehrung

Ausgangspunkt der Prüfung ist die Vermögensminderung oder verhinderte Vermögensmehrung. Nur wenn diese vorliegt, ist nach der Definition des I. Senats des BFH eine verdeckte Gewinnausschüttung im Sinne des § 8 Abs. 3 Satz 2 KStG denkbar. Es stellt sich dabei die Frage, welcher Art eine Geschäftschance sein muss, damit sie als Geschäftschance der Gesellschaft angesehen werden kann, mit der Folge, dass ein Ausnutzen der Geschäftschance durch den Gesellschafter oder eine Überlassung an ihn zu einer Vermögensminderung oder verhinderten Vermögensmehrung bei der Gesellschaft führt. Hier stellt sich zunächst das Problem, dass Geschäftschancen oder Informationen sich regelmäßig nicht in die Bilanz der GmbH einstellen lassen, da sie zu den immateriellen, selbstgeschaffenen Wirtschaftsgütern zählen, die nicht aktiviert werden dürfen[592]. Gerade Geschäftschancen und Informationen bilden vor ihrer Realisierung noch keinen rechtlich absolut gesicherten Bestandteil des Gesellschaftsvermögens[593]. Es kommt also darauf an, dass das, was der Gesellschafter seiner GmbH durch die Eigenwahrnehmung der Geschäftschance „wegnimmt", bzw. diese ihm überlässt, sich bereits bei dieser als Vermögenswert konkretisiert hat[594]. Allein ein Tätigwerden des Gesellschafters im gleichen Marktsegment, in dem die GmbH tätig ist, genügt für die Annahme einer verdeckten Gewinnausschüttung nicht. Der BFH anerkennt damit die „Freiheit des Wettbewerbs" im Verhältnis zwischen der GmbH und ihren Gesellschaftern[595].

---

592 Dazu oben Teil 1, A. III. 3. a); vgl. zur Frage, ob Geschäftschancen immaterieller Wirtschaftsgüter darstellen auch BFH Urteil v. 6.12.1995 I R 40/95, BStBl 1997 II S. 118 – darin blieb die Frage letztlich allerdings offen.

593 Vgl. POLLEY, Geschäftschancenlehre, S. 158.

594 Vgl. WASSERMEYER, DStR 1997, 681 (683).

595 WASSERMEYER, DStR 1997, 681 (683).

1. Spannungsverhältnis zwischen Ist- und Soll-Ertrag

Für die steuerrechtliche Zuordnung von Geschäftschancen erscheint es wichtig, zunächst einen kurzen Blick auf den Charakter der verdeckten Gewinnausschüttung im Körperschaftsteuerrecht zu werfen. Es besteht Einigkeit in der Rechtsprechung und der Rechtslehre, dass der Besteuerung keine gedachten Sachverhalte zugrunde gelegt werden dürfen, die zu einem fiktiven Soll-Ertrag des Steuerpflichtigen führen würden. Vielmehr ist die auf die individuellen Verhältnisse zugeschnittene Ist-Besteuerung eine große Errungenschaft unserer Steuerordnung[596]. Zu versteuern sind nur die tatsächlich gezogenen Erträge. Wer es unterlässt, Einkommen zu erzielen, wird nicht besteuert, auch wenn ihm die Einkommenserzielung möglich gewesen wäre. Auch die Körperschaftsteuer basiert auf diesem Grundsatz. Eine Ausnahme bildet allerdings die Vorschrift des § 8 Abs. 3 Satz 2 KStG, die im gewissen Maße eine Einschränkung dieses Grundsatzes mit sich bringt. Ihr Sinn und Zweck ist es, „dem Steuerbilanzgewinn solche Minderungen wieder hinzuzurechnen, die durch das Gesellschaftsverhältnis veranlasst sind"[597]. Wird nun eine verhinderte Vermögensmehrung besteuert, so bedeutet dies eine „partielle Soll-Besteuerung"[598], denn die Gesellschaft soll Einnahmen, die sie mit Rücksicht auf das Gesellschaftsverhältnis nicht erzielt hat, gleichwohl versteuern müssen, wenn und weil diese ihre wahre steuerliche Leistungskraft widerspiegeln, da sie ohne die gesellschaftsrechtlich veranlasste Verschiebung den Gewinn erhöht hätten[599]. Die Vorschrift des § 8 Abs. 3 Satz 2 KStG macht eine derartige Soll-Besteuerung erforderlich, da ihr ohne diese der Zugriff auf die tatsächliche Leistungsfähigkeit der GmbH nicht möglich ist. Dies steht im Einklang mit dem Gewinnkorrekturcharakter der Vorschrift, mit dem sie der Gesetzgeber ausgestaltet hat, und führt, trotz der Ähnlichkeit zu dieser, nicht zu einem Wiederaufleben der Fiktionstheorie[600].

---

596 Vgl. SCHÖN, in: FS f. Flume, S. 265 (265).

597 BFH Urteil v. 2.2.1994 I R 78/92, BFHE 173, 412, BStBl 1994 II S. 479.

598 BFH a.a.O.; WASSERMEYER, StVj 1993, 208 (215).

599 Ebenso FLEISCHER, DStR 1999, 1249 (1253); THIEL, DStR 1993, 1801 (1802).

600 WASSERMEYER, StVj 1993, 208 (215).

2. Zuordnung von Geschäftschancen zur GmbH

Überlässt eine GmbH ein ihr gehörendes Grundstück unentgeltlich ihrem Gesellschafter zur Nutzung, so ist dies ein einfacher Fall der Geschäftschancenübertragung[601]. Die GmbH verzichtet zugunsten ihres Gesellschafters auf die Wahrnehmung einer ihr unproblematisch zustehenden Geschäftschance, wodurch es bei ihr zu einer verhinderten Vermögensmehrung kommt. Probleme bereiten werden hingegen Fälle, in denen die Zuordnung einer Geschäftschance nicht derart offensichtlich ist.

Aufgabe der steuerrechtlichen Geschäftschancenlehre ist es folglich, zu bestimmen, wann eine Geschäftschance als vermögenswerte Position der GmbH anzusehen ist, so dass eine Aneignung dieser Geschäftschance zu einer Vermögensminderung bzw. verhinderten Vermögensmehrung[602] bei der GmbH führen kann. Bei der Zuordnung von Geschäftschancen ist zu bedenken, dass auch die Körperschaftsteuer sich am Leitbild des Markteinkommens orientiert und sie deshalb Vermögensbestandteile nur dann und insoweit der Besteuerung zugrunde legen kann, als sie ausreichend in ihrem Bestand gefestigt sind[603]. In einer freiheitlichen Marktordnung gibt es ferner keinen Grundsatz, nachdem einer GmbH schon kraft Rechtsform oder Gegenstand ein vorrangiges Recht auf alle sich bietenden Geschäftschancen zu gewähren ist[604]. Für die Zuordnung von Geschäftschancen im

---

601 Beispiel nach THIEL, DStR 1993, 1801 (1803); vgl. auch SCHÄFER, StBp 1993, 244 (248).

602 Der BFH geht in seinen Urteilen (vgl. insbesondere Urteil v. 11.6.1996 I R 97/95, BFHE 181, 122) zur verdeckten Gewinnausschüttung bei Konkurrenzhandlungen überwiegend davon aus, dass die Überlassung einer Geschäftschance zu einer verhinderten Vermögensmehrung bei der GmbH führt. Wenngleich auch Fälle denkbar sind, in denen es auch zu einer Vermögensminderung durch die Überlassung einer Geschäftschance kommen kann (etwa im Falle einer Überlassung eines aktivierten Wirtschaftsgut das der Gesellschafter gewinnbringend veräußert, obwohl auch die GmbH diese Möglichkeit gehabt hätte), erscheint im Folgenden eine genaue Differenzierung zwischen Vermögensminderung und verhinderter Vermögensmehrung nicht erforderlich, da sie auch im Rahmen der Definition des BFH keine vorrangige Rolle spielt.

603 FLEISCHER, DStR 1999, 1249 (1254).

604 So auch WEISSER, GmbHR 1997, 429 (433).

Rahmen einer steuerrechtlichen Geschäftschancenlehre gelten mithin die gleichen Überlegungen und Grundvoraussetzungen wie für die Zuordnung im Rahmen der gesellschaftsrechtlichen Geschäftschancenlehre[605].

Ziel ist es, justiziable Wertungskriterien zu erstellen, um eine steuerrechtliche Geschäftschancenlehre praktisch handhabbar zu machen. In Rechtsprechung und Lehre sind bereits Kriterien dazu erstellt worden.

a) Kriterien in der steuerrechtlichen Rechtsprechung

Zunächst ging der BFH in seiner älteren Wettbewerbsverbots-Rechtsprechung davon aus, dass eine Zuordnung anhand formeller Kriterien möglich sei, und rechnete Geschäfte bei Fehlen einer klaren und eindeutigen Abgrenzungsvereinbarung der GmbH zu. Daran hält er nun nicht mehr fest. Eine vorherige Abgrenzung der Geschäftsbereiche ist nicht erforderlich. Eine Zuordnung kann nicht allein anhand formeller Kriterien erfolgen[606]. Als ein Kriterium nennt er in seinem Vermittlungsprovisionen-Fall[607] die Eigenschaft, in der der (Allein-)Gesellschafter Kenntnis von der Geschäftschance erlangt hat, und wertet es als Indiz für eine Geschäftschance der GmbH, wenn der Alleingesellschafter-Geschäftsführer kein Einzelunternehmen neben seiner GmbH betreibt. Im Übrigen sieht der BFH zunächst „von einer Konkretisierung aller in Betracht kommenden Kriterien ab" und verweist auf die Ausführungen von THIEL[608]. Die Ausführungen in seinem derzeit jüngsten Urteil, dem Gebäude-Vermittlungs-Fall[609], enthalten jedoch bereits Vorgaben für die Entscheidung im zweiten Rechtszug, die auf die künftige Haltung des BFH schließen lassen. Danach soll es für die Zuordnung einer Geschäftschance darauf ankommen, ob die Gesellschaft vor dem Hintergrund ihres satzungsmäßigen Unternehmensgegenstandes, ihrer tatsächlich ausgeübten Ge-

---

605 Oben Teil 3, A. I. 3.

606 BFH Urteil v. 13.11.1996 I R 149/94, BFHE 181, 494.

607 BFH Urteil v. 11.6.1996 I R 97/95, BFHE 181, 122.

608 BFH Urteil v. 13.11.1996 I R 149/94, BFHE 181, 494; THIEL, DStR 1993, 1801 (1804).

609 BFH Urteil v. 12.6.1997 I R 14/96, BFHE 183, 459.

schäftstätigkeit, den Risiken die mit der Geschäftsrealisierung verbunden sind, und den finanziellen und sonstigen Mitteln in der Lage war, die Geschäftschance zu nutzen[610].

Einen möglichen weiteren Hinweis auf die künftige Haltung des BFH mögen auch die außergerichtlichen Stellungnahmen von ehemaligen oder derzeitigen Mitgliedern des I. Senats geben[611]:

Nach WASSERMEYER sollen Geschäftschancen in erster Linie durch Verträge gewonnen werden. Ferner sei eine Geschäftschance der GmbH auch denkbar, wenn die GmbH im Einvernehmen mit dem Gesellschafter hohe Aufwendungen auf einen bestimmten in Aussicht stehenden Auftrag tätigt[612]. Letztlich sei davon auszugehen, „dass die Frage nach der formalen oder materiellen Zuordnung von Geschäftschancen rechtsgrundlagenmäßig nur aus der Sicht des Fremdvergleichs beurteilt werden (...)“ könne[613]. Nach GOSCH ergeben sich weitere Zuordnungskriterien durch die Beantwortung der Fragen, wer als erster – die GmbH oder der Gesellschafter als „Privatperson“ – mit dem Geschäft in Kontakt gekommen sei, sich darum bemüht und bereits Aufwendungen getätigt habe, wessen sachliche und/oder personellen Mittel eingesetzt würden und mit wem der Geschäftspartner kontrahieren wolle[614].

Nach Auffassung des FG München[615] kommt es für die Zuordnung zur Gesellschaft insbesondere darauf an, ob die Gesellschaft Geschäfte dieser Art überhaupt schon getätigt hat, ob sie das konkrete Geschäft vor ihrem Gesellschafter an-

---

610 KAMINSKI, SteuerStud 1998, 318 (320) sieht in dem vom BFH genannten Kriterienkatalog eine abschließende Aufzählung, weil der BFH der Aufzählung keine die Beispielhaftigkeit ausdrückende Einschränkung vorangestellt habe.

611 Vgl. FLEISCHER, DStZ 1999, 1249 (1255).

612 WASSERMEYER, DStR 1997, 681 (684).

613 WASSERMEYER, DStR 1997, 681 (685).

614 GOSCH, DStR 1997, 442 (443).

615 FG München Urteil v. 10.2.1998 16 K 3538/95, DStRE 1998, 441.

gebahnt hat und ihrerseits bereits Maßnahmen zur Durchführung des Geschäfts getroffen hat.

b) Kriterien im steuerrechtlichen Schrifttum

Im Innenarchitektenfall[616] verweist der BFH in der Urteilsbegründung auf die Ausführungen von THIEL[617], die einen ersten Anhaltspunkt geben könnten. THIEL lehnt eine Zuordnung anhand des formellen Kriteriums des Unternehmensgegenstands ab und spricht sich für eine Zuordnung anhand materieller Kriterien aus. Danach kommt eine Zuordnung in Betracht[618], wenn:
– die Kapitalgesellschaft als erste mit dem Geschäft in Berührung gekommen ist und sich bereits um den Kunden bemüht hat;
– bereits konkrete Maßnahmen zur Durchführung des Geschäfts seitens der Gesellschaft getroffen wurden;
– die Gesellschaft bereits besondere Aufwendungen für das Geschäft gehabt hat;
– der Gesellschafter zur Eigenwahrnehmung des Geschäfts personelle und sachliche Mittel der Gesellschaft einsetzt[619];
– der Gesellschafter zur Eigenwahrnehmung Know-how einsetzt, das er bei der Gesellschaft erworben hat, und
– den Gesellschafter ein vertragliches Wettbewerbsverbot trifft.

Nach THIEL spricht es gegen eine Zuordnung, wenn:
– die Gesellschaft Geschäfte der fraglichen Art bisher nicht durchgeführt hat, obwohl diese zum satzungsmäßigen Unternehmensgegenstand gehören;
– der Gesellschaft die personellen, materiellen und finanziellen Kapazitäten fehlen, das Geschäft durchzuführen;
– die Gesellschaft nicht bereit ist, das mit dem Geschäft verbundene Risiko zu tragen, oder

---

616 BFH Urteil v. 13.11.1996 I R 149/94, BFHE 181, 494.

617 THIEL, DStR 1993, 1801 ff.

618 THIEL, DStR 1993, 1801 (1804).

619 Zustimmend RÖDDER, StbJb 1997/98, 115 (125).

– der Kunde ausschließlich mit dem Gesellschafter kontrahieren möchte.

Mit der Zuordnungsproblematik insbesondere in der eingliedrigen GmbH hat sich WEISSER in einer Untersuchung der neuen Rechtsprechung befasst und weitere Vorschläge unterbreitet[620]. Er unterscheidet zunächst auch für die rein steuerrechtliche Zuordnung zwischen einer Geschäftschance kraft Sachzusammenhangs und einer Geschäftschance kraft einer konkreten Erwartung[621]. Eine Zuordnung kraft Sachzusammenhangs rechtfertigte sich aus dem Treuepflichtgedanken, da das Unternehmen in diesen Fällen vorrangig an der Geschäftschance interessiert sei. Da es in der eingliedrigen GmbH aber keine derartige Treuepflicht des Gesellschafters gibt, scheide eine Zuordnung kraft Sachzusammenhangs bereits aus[622]. Damit lehnt WEISSER auch die Frage des BFH nach der Eigenschaft, in welcher der Gesellschafter-Geschäftsführer Kenntnis von der Geschäftschance erlangt hat, als Kriterium ab, und schlägt statt dessen vor, dass der Alleingesellschafter zunächst frei entscheiden kann, ob er eine Geschäftschance selbst oder durch die GmbH wahrnehmen will[623]. Erst nachdem die Zuordnung zur Gesellschaft nach außen erkennbar erfolgt sei, könne der Gesellschafter nicht mehr beliebig über sie verfügen[624]. Dies sei etwa dann der Fall, wenn der Gesellschafter namens der GmbH Vertragsverhandlungen aufnehme oder auf andere Weise deutlich mache, dass das betreffende Geschäft zur GmbH gehöre[625].

---

620 WEISSER, GmbHR 1997, 429 ff.

621 Dazu WEISSER, Corporate Opportunities, S. 146 ff; 164 ff.

622 WEISSER, GmbHR 1997, 429 (431 f.).

623 WEISSER, GmbHR 1997, 429 (431).

624 WEISSER, GmbHR 1997, 429 (432); in die gleiche Richtung wohl auch KAMINSKI, SteuerStud 1998, 318 (320).

625 Zweifelhaft ist m. E. allerdings das Vorbringen WEISSERS, die vorgeschlagene Lösung verletzte keine fiskalischen Interessen, da eine Ertragsbesteuerung aus dem Geschäftsvorfall spätestens bei dem Gesellschafter erfolge. Dabei wird dem eigenständigen Charakter der Körperschaftsteuer nicht ausreichend Rechnung getragen. Außerdem können sehr wohl Sachverhalte denkbar sein, in denen etwa ein günstiges Grundstücksgeschäft zwar bei der GmbH steuerbar ist, jedoch nicht beim Gesellschafter.

Eine weitere Möglichkeit zur Zuordnung kann in der Anwendung des Fremdvergleichs bestehen. Es ist zu prüfen, ob ein fremder Dritter unter Beachtung der Sorgfalt eines ordentlichen und gewissenhaften Geschäftsleiters und des Gegenstands des Unternehmens das zu beurteilende Rechtsgeschäft seinem privaten Bereich oder der GmbH zugerechnet hätte[626]. Dabei habe diese Beurteilung unabhängig von den gesellschaftsrechtlichen Vorgaben zu erfolgen.

Auch FROTSCHER[627] stellt auf den ordentlichen und gewissenhaften Geschäftsleiter ab: dieser werde alle Geschäftschancen, die sich im Zusammenhang mit der Tätigkeit der Gesellschaft eröffnen, für die Gesellschaft und nicht für eigene Rechnung nutzen[628]. Dazu gehören:
– das Ausnutzen von Wissen und Erkenntnissen der Gesellschaft, und deren Produkte,
– das Ausnutzen tatsächlicher und rechtlicher Vertragspositionen, also von Geschäftschancen aus ständiger Geschäftsbeziehung, Rahmen- oder Folgeaufträgen, sowie Geschäftsgelegenheiten aus Vertragsverhandlungen, die mit der Gesellschaft geführt wurden,
– Geschäftschancen aus an die Gesellschaft gerichteten Anfragen, auf Grund von Werbung, Ausstellungen oder Messeteilnahmen.
Keine der Gesellschaft zuzuordnenden Geschäftschancen seien solche, die sich dem Geschäftsführer (Gesellschafter) ohne jede Beziehung zur Tätigkeit der Gesellschaft eröffnen[629].

Allgemeine Erwerbsaussichten werden nach SCHULZE-OSTERLOH erst dadurch zu Geschäftschancen der Gesellschaft, dass diese Investitionen diesbezüglich vornimmt, etwa durch Vertragsverhandlungen oder durch Aufwendungen zur Produktentwicklung oder Markterschließung[630].

---

626 So bei KAMINSKI, SteuerStud 1998, 318 (320).

627 FROTSCHER, in: FROTSCHER/MAAS, KStG, Anhang vGA zu § 8, Rz. 88.

628 FROTSCHER bezieht seine Ausführungen nur auf den Gesellschafter-Geschäftsführer.

629 FROTSCHER, in: FROTSCHER/MAAS, KStG, Anhang vGA zu § 8, Rz. 88.

630 SCHULZE-OSTERLOH, StuW 1994, 131 (133).

c) Stellungnahme

(aa) Geschäftschance durch Einsatz vermögenswerter Positionen der Gesellschaft

Geht es bei der verdeckten Gewinnausschüttung darum, dem Gewinn der Gesellschaft einen Vermögenswert hinzuzurechnen, der zuvor – veranlasst durch das Gesellschaftsverhältnis – an den Gesellschafter abgeflossen ist, so bedeutet dies, dass die betreffende Geschäftschance oder Information eine vermögenswerte Position der Gesellschaft darstellen muss. Zu der – zunächst freien – Geschäftschance muss also noch ein weiteres Moment hinzutreten, so dass von einer Geschäftschance der Gesellschaft gesprochen werden kann, die dann dem Gesellschafter überlassen werden kann. Bei der Prüfung, ob eine Geschäftschance der Gesellschaft steuerrechtlich zuzuordnen ist, kann es zunächst nur darauf ankommen, ob die Geschäftschance einen Vermögenswert der Gesellschaft darstellt. Die Frage, ob die Gesellschaft die Geschäftschance auch genutzt hätte, ist m. E. hingegen erst bei der Prüfung der gesellschaftsrechtlichen Veranlassung zu erörtern.

Als für die Zuordnung geeignet erscheinen unter dem Aspekt des Vermögenswertes die Kriterien, ob die Kapitalgesellschaft sich bereits um den Kunden bemüht hat, oder bereits konkrete Maßnahmen zur Durchführung des Geschäfts seitens der Gesellschaft getroffen wurden, oder bereits besondere Aufwendungen für das Geschäft getätigt wurden, oder der Gesellschafter zur Eigenwahrnehmung des Geschäfts personelle und sachliche Mittel der Gesellschaft oder Know-how, das er bei der Gesellschaft erworben hat, einsetzt. In all diesen Fällen wurden bereits vermögenswerte Positionen der Gesellschaft zur Gewinnung der Geschäftschance eingesetzt („Zuordnung kraft konkreter Erwartung“).

Eine Zuordnung kann hingegen nicht allein anhand des Kriteriums des Unternehmensgegenstands erfolgen. Die Zugehörigkeit einer Geschäftschance zum statuarischen oder tatsächlichen Tätigkeitsbereich mag aus gesellschaftsrechtlichen Treuegesichtspunkten zu einem Wahrnehmungsverbot für den Gesellschafter führen[631]. Eine vermögenswerte Position der Gesellschaft wird aber noch nicht allein dadurch begründet, dass eine allgemeine Erwerbsaussicht auf dem Tätigkeitsgebiet besteht. Die Gesellschaft hat in diesen Fällen noch nichts erworben, was sie an den Gesellschafter weitergeben könnte. Eine ganze Reihe von Geschäftschancen werden ferner auch „Einmalchancen" sein[632], die nicht in den Geschäftsbereich der Gesellschaft fallen. So kann sich etwa auch für eine GmbH die einmalige Gelegenheit zu einer günstigen Kapitalbeteiligung an einer anderen Gesellschaft ergeben, die in keinem Zusammenhang mit der eigentlichen Tätigkeit steht. Für die Zuordnung ist es deshalb auch nicht erforderlich, dass die Gesellschaft Geschäfte dieser Art überhaupt schon getätigt hat[633]. Der Unternehmensgegenstand eignet sich nicht als Zuordnungskriterium. Ob die Gesellschaft als erste mit der Geschäftschance in Berührung gekommen ist, reicht als Kriterium auch nicht aus, denn allein aus dem ersten Kontakt ergibt sich noch kein Vermögenwert[634]. Erst wenn der Kontakt infolge von Aufwendung erfolgte, kann insofern von einer vermögenswerten Position der Gesellschaft gesprochen werden.

Das Kriterium der Eigenschaft, in der ein Alleingesellschafter-Geschäftsführer einer eingliedrigen GmbH von der Geschäftschance erfährt, ist mit WEISSER[635] ebenfalls abzulehnen. Zum einen wird dieses Kriterium nur schwer zu handhaben sein. Daraus wird sich dann die Vermutung ergeben, dass der Alleingesellschafter-Geschäftsführer stets und immer seine gesamten Kenntnisse aus seiner Tätigkeit für die GmbH bezogen hat, mit der Konsequenz, dass sämtliche unternehmerischen Aktivitäten der GmbH zugerechnet werden[636]. Eine generelle Zuordnung verträgt sich jedoch nicht mit einer freiheitlichen Marktordnung. Zum

---

631 Dies allerdings nicht in einer eingliedrigen GmbH, vgl. oben Teil 3, A. I. 5.

632 So auch BFH Urteil v. 12.6.1997 I R 14/96, BFHE 183, 459.

633 So FG München Urteil v. 10.2.1998 16 K 3538/95, DStRE 1998, 441; THIEL, DStR 1993, 1801 (1804).

634 Ähnlich RÖDDER, StbJb 1997/98, 115 (125).

635 WEISSER, GmbHR 1997, 429 (431); vgl auch die fast schon polemische Kritik von HÖPKEN, DB 1997, 702 ff.

636 WALTER, Verdeckte Gewinnausschüttung, S. 174.

Anderen widerspricht dies auch der oben dargestellen Zuordnungsvoraussetzung, dass die Gesellschaft bereits vermögenswerte Positionen eingesetzt haben muss.

Allein der Beschluss der Gesellschafterversammlung, auf einem bestimmten Gebiet tätig zu werden, oder eine sich bietende Geschäftschance wahrzunehmen, reicht für sich gesehen ebenfalls für eine steuerrechtliche Zuordnung noch nicht aus. Ein derartiger Beschluss mag den Treueverpflichteten zivilrechtlich binden und ihm eine Eigenwahrnehmung untersagen. Eine vermögenswerte Position der Gesellschaft wird allein dadurch jedoch nicht begründet.

Eine Zuordnung von Geschäftschancen anhand des Fremdvergleichs erscheint zunächst als eine weitere Möglichkeit[637]. Eine Geschäftschance ist der GmbH dann zuzuordnen, wenn ein fremder Dritter mit der Gesellschaft für die Überlassung ein Entgelt vereinbart hätte. Dies hätte dann zu einer Vermögensmehrung bei der Gesellschaft geführt. Auch hier besteht jedoch die Zuordnungsproblematik, denn es muss die Frage beantwortet werden, in welchen Fällen ein gedachter fremder Dritter für die Überlassung ein Entgelt gezahlt hätte. Dies wird generell nur dann der Fall sein, wenn die Gesellschaft allein über die Geschäftschance verfügen kann, sie mithin nur für eine Gegenleistung auf dem Markt zu erhalten ist. Wann dies der Fall ist, wird sich aber wiederum nur durch einen Rückgriff auf bestimmte Zuordnungskriterien klären lassen. Letztlich ist dieser Ansatz nur ein anderer Einstieg in die gleiche Problematik.

(bb) Gruppen vermögenswerter Positionen der GmbH

Auch für die steuerrechtliche Geschäftschancenzuordnung erscheint eine Aufteilung in Fallkomplexe, so wie sie von GRUNDMANN[638] für die Umgrenzung des Treuguts vorgeschlagen wurde, geeignet, weil sich diese Aufteilung an der Frage nach dem Einsatz vermögenswerter Positionen der Gesellschaft orientiert. Werden zum Auffinden oder Wahrnehmen von Geschäftschancen vermögenswerte

---

637 Vgl. WASSERMEYER, DStR 1997, 681 (685).

638 GRUNDMANN, Treuhandvertrag, S. 431 ff.; oben Teil 3, A. I. 3. a) (bb).

Positionen der Gesellschaft eingesetzt, so rechtfertigt dies eine Zuordnung der Geschäftschance zur Gesellschaft. In Ergänzung dazu lassen sich die vermögenswerten Positionen, die zur Gewinnung der Geschäftschance eingesetzt werden, nach ihrer Art auffächern, so wie dies von FLEISCHER vorgeschlagen wurde[639], und in Gruppen einteilen:

(1) Verwendung von Eigentum der GmbH

In einer ersten Gruppe lassen sich Geschäftschancen der Gesellschaft zusammenfassen, die sich aus ihren dinglichen Eigentumspositionen ergeben. Beispiel hierfür ist der eingangs erwähnte Fall der unentgeltlichen Nutzungsüberlassung eines Gesellschaftsgrundstücks an den Gesellschafter, die für ihn die Möglichkeit zur einträglichen Fruchtziehung bildet. Das Gegenstück dazu bildet der Sachverhalt des „Piloturteils“[640] des BFH zur aktuellen Rechtsprechung: Das betreffende Grundstück erwarb der Alleingesellschafter durch vorweggenommene Erbfolge. Es befand sich zu keinem Zeitpunkt im Eigentum der GmbH. Die Möglichkeit zur gewinnbringenden Weiterveräußerung stellte somit keine Geschäftschance der Gesellschaft dar. Dass der Alleingesellschafter für die Weiterveräußerung unter Umständen auf Informationen der Gesellschaft zugriff, also zur Ausnutzung der Geschäftschance möglicherweise vermögenswerte Positionen der Gesellschaft einsetzte, ist für die Einteilung in die Gruppe Eigentum hier zunächst unerheblich.

(2) Verwendung von vermögenswerten Vertragspositionen

Eine weitere Gruppe bilden die Fälle, in denen die Gesellschaft bereits gesicherte Vertragspositionen innehat und diese nun auf den Gesellschafter überträgt. Hat die Gesellschaft aus ihrer vorangegangenen Geschäftstätigkeit die Möglichkeit, einen Vertragsschluss zu erreichen, so stellt dies, günstige Bedingungen für die Gesellschaft vorausgesetzt[641], eine Chance der Gesellschaft dar, ihren Gewinn zu

---

639 FLEISCHER, DStR 1999, 1249 (1256 ff.).

640 BFH Urteil v. 30.8.1995 I R 155/94, BFHE 178, 371; oben Teil 1, B. III. 1.

641 Vgl. RÖDDER, StbJb 1997/98, 115 (124 f.).

erhöhen. Ein eindeutiges Beispiel[642] dazu gibt der (hier verkürzte) Sachverhalt einer weiteren BFH Entscheidung[643]: Eine GmbH hatte durch notariellen Grundstückskaufvertrag ein Grundstück unter Marktpreis erworben, da sie sich verpflichtete, auf dem Grundstück eine Tankstelle zu errichten und diese an den Verkäufer zu verpachten. Eine Auflassung erfolgte nicht, und in der Folgezeit errichtete die GmbH eine Tankstelle auf einem anderen Grundstück, verpachtete dieses an den Verkäufer und trat ihre Rechte aus dem ursprünglichen Kaufvertrag an den Gesellschafter ab. Dieser konnte nach der Eigentumsübertragung das Grundstück gewinnbringend veräußern. Der geschilderte Fall bereitet keine Probleme bei der Zuordnung der Geschäftschance zur Gesellschaft, da sie eigene vermögenswerte Positionen zur Akquisition eingesetzt hat. Der Verzicht auf den gewinnbringenden Verkauf führt bei ihr zu einer verhinderten Vermögensmehrung. Ähnliche Fälle sind denkbar bei der Ausübung der Rechte aus einem Vorkaufsrecht, einer Anwartschaft oder aus Pfand- und Sicherungsrechten. Bereits vor einer Verfestigung der Vertragsposition zu einem Vollrecht ist eine Zuordnung der Geschäftschance zur Gesellschaft in diesen Fällen möglich, da die Gesellschaft den weiteren Verlauf der Vertragsentwicklung maßgeblich beeinflussen kann.

Merkmal dieser Gruppe ist es, dass die Gesellschaft zwar noch keine absolute Eigentumsposition innehat (absolutes Verfügungsrecht), aber sich bereits aus dem relativen Verfügungsrecht[644], wie es sich aus dem Vertrag ergibt, eine Geschäftschance der Gesellschaft begründen lässt[645] und der Gesellschafter in diese zuvor durch die Gesellschaft geschaffene, durchsetzbare Vertragsposition eintritt.

---

642 SCHÖN, in: FS f. FLUME, S. 265 (279).

643 BFH Urteil v. 12.12.1990 I R 73/89, BStBl 1991 II S. 593.

644 Zum absoluten und relativen Verfügungsrecht als Begriffe der Neuen Institutionenökonomik vgl. RICHTER/FURUBOTN, Neue Institutionenökonomik, S. 79 ff., 135 ff.

645 Vgl. FLEISCHER, DStR 1999, 1249 (1255).

(3) Verwendung einer tatsächlichen Erwerbsaussicht

In einer weiteren Gruppe lassen sich sog. tatsächliche Erwerbsaussichten[646] der Gesellschaft zusammenfassen. Anders als bei den ersten beiden Gruppen verfügt die Gesellschaft hier noch nicht über eine gesicherte Rechtsposition aus Eigentum oder Vertrag, sondern nur über die Erwartung, einen Geschäftsabschluss tätigen zu können. Ob die Überlassung einer tatsächlichen Erwartung an den Gesellschafter zu einer verdeckten Gewinnausschüttung führen kann, hängt davon ab, ob auch bereits die tatsächliche Erwartung eine vermögenswerte Position der Gesellschaft darstellt.

Der BFH hat in seinem Gebäude-Vermittlungs-Fall eine Geschäftschance der Gesellschaft auch dann für möglich gehalten, wenn eine Vertragsposition zwar noch nicht rechtlich abgesichert ist, sich die Vertragsparteien jedoch an die getroffene Vereinbarung halten[647]. SCHÖN will hingegen in solchen Fällen noch keine vermögenswerte Position annehmen. Er anerkennt zwar, dass auch in diesen Fällen der Gesellschafter einen Vorteil realisiert, den er ohne seine Mitgliedschaft in der GmbH nicht erlangt hätte, spricht sich aber gegen eine Zuordnung aus, da ansonsten bei der Gesellschaft wieder ein fiktiver Soll-Ertrag besteuert werde, obwohl der Ist-Ertrag originär durch den Gesellschafter verwirklicht werde[648].

Eine Zuordnung rechtfertigt sich m. E. jedoch dann, wenn die tatsächliche Erwerbsaussicht durch den Einsatz vermögenswerter Positionen der Gesellschaft geschaffen wurde. Hat die Gesellschaft bereits Aufwendungen getätigt[649], um einen Grundstückskaufvertrag abzuschließen, der zunächst formnichtig ist, an dessen Durchführung die Geschäftsparteien jedoch festhalten, so ist eine Zuordnung zur Gesellschaft möglich, da diese tatsächliche Erwerbsaussicht sich hinreichend verdichtet hat. Von einer tatsächlichen Erwerbsaussicht der Gesell-

---

646 FLEISCHER, DStR 1999, 1249 (1255); SCHÖN, in FS f. FLUME, S. 265 (279).

647 BFH Urteil v. 12.6.1997 I R 14/96, BFHE 183, 459.

648 SCHÖN, in FS f. FLUME, S. 265 (279 f.).

649 Vgl. FLEISCHER, DStR 1999, 1249 (1256); FROTSCHER, in: FROTSCHER/MAAS, KStG, Anhang vGA zu § 8, Rz. 88; RÖDDER, StbJb 1997/98, 115 (124 f.).

schaft ist ferner auch dann auszugehen, wenn ihr allein ein Geschäftsabschluss direkt angeboten wird[650], es sich also nicht um eine invitatio ad offerendum handelt, die jeder andere Marktteilnehmer auch aufgreifen könnte. Erhält der Gesellschafter von der tatsächlichen Erwerbsaussicht nur auf Grund seiner Gesellschafterstellung Kenntnis, so erfährt er einen Vorteil, den ein unbeteiligter Dritter nicht erfahren hätte[651] und der der Gesellschaft in diesen Fällen zuzuordnen war.

Einer tatsächlichen Erwerbsaussicht wird man allerdings nur dann einen Vermögenswert zusprechen können, wenn sie sich hinreichend verdichtet hat, denn nur in diesen Fällen wird der Verzicht auf ihre Wahrnehmung durch die Gesellschaft eine verhinderte Vermögensmehrung bewirken. Dies ist der Fall, wenn der Eintritt des endgültigen Geschäftsabschlusses überwiegend wahrscheinlich ist, und die Möglichkeit der Gewinnerzielung die mit dem Geschäft verbundenen Risiken deutlich übersteigt, so dass zwei ordentliche und gewissenhafte Geschäftsleiter als Vertragspartner bei der Bewertung zur Annahme eines Vermögenswertes kämen[652]. Ist danach von einem Vermögenswert der tatsächlichen Erwerbsaussicht auszugehen, so entspricht deren Erfassung der wirtschaftlichen Leistungsfähigkeit der Gesellschaft und führt nicht zu einer fiktiven Soll-Besteuerung.

Schließlich steht die Anerkennung tatsächlicher Erwerbsaussichten als vermögenswerte Position auch nicht im Widerspruch zu anderen Teilen der Rechtsordnung[653]. So werden beispielsweise auch im Schadensersatzrecht nach § 252 BGB verhinderte Vermögensmehrungen als entgangener Gewinn berücksichtigt[654].

---

650 Ebenso FROTSCHER, in: FROTSCHER/MAAS, KStG, Anhang vGA zu § 8, Rz. 88.

651 Ebenso FLEISCHER, DStR 1999, 1249 (1256).

652 Vgl. RÖDDER, StbJb 1997/98, 115, (124 f.).

653 Vgl. FLEISCHER, DStR 1999, 1249 (1256) m. w. N.

654 Vgl. HEINRICHS in: PALANDT, BGB, § 252 Rn. 1; dazu auch oben Teil 2, B. I. 3.

(4) Verwendung von Informationen der Gesellschaft

In einer vierten Gruppe lassen sich die Fälle zusammenfassen, in denen der Gesellschafter durch die Nutzung von Informationen, die der Gesellschaft zuzuordnen sind, einen Vermögensvorteil erzielt, da einem fremden Dritten die Nutzung der Information nur gegen Entgelt gestattet worden wäre. Dabei ist zunächst zwischen Informationen der Gesellschaft und solchen, die frei zugänglich sind, zu unterscheiden. Nur erstere können bezüglich einer verdeckten Gewinnausschüttung relevant sein. Als Informationen der Gesellschaft sind alle Geschäftsinterna anzusehen, die diese durch ihre Geschäftstätigkeit erworben hat, etwa der Kundenstamm, das technische Know-how, selbst erstellte Marktanalysen, die Geschäftsbeziehungen zu Lieferanten und Kunden. Dieses Spezialwissen stellt regelmäßig einen Vermögenswert der Gesellschaft dar[655]. Auch in der zivilrechtlichen Rechtsprechung ist anerkannt, dass etwa das Know-how ein betrieblicher Vermögenswert ist[656], und auch in der allgemeinen rechtswissenschaftlichen Diskussion werden „Eigentumsrechte" an Informationen anerkannt[657]. Zu den Informationen der Gesellschaft gehören freilich auch jene, die sie entgeltlich von Dritten erworben hat[658]. Ermöglicht die Verwendung von Informationen der Gesellschaft die Erschließung neuer Geschäftschancen, so sind diese der Gesellschaft zuzuordnen. Die Gesellschaft hätte die Informationen selbst gewinnbringend nutzen können.

Problematisch kann die Zuordnung von Informationen in einer eingliedrigen GmbH sein. Zumindest dann, wenn der Alleingesellschafter zugleich auch Geschäftsführer seiner GmbH ist, wird alles „Wissen der GmbH" gleichzeitig auch Wissen sein, das sich „bei ihm befindet", so dass eine Abgrenzung zwischen

---

655 Vgl. BFH Urteil v. 23.11.1988 II R 209/82, BStBl 1989 II S. 82; v. 22.5.1979 III R 129/74, BFHE 128, 289, BStBl 1979 II S. 634; v. 17.3.1977 IV R 218/72, BFHE 122, 71.

656 BGH Urteil v. 25.1.1955 I ZR 15/53, BGHZ 16, 172.

657 Vgl. FLEISCHER, DStR 1999, 1249 (1256) m. w. N.

658 Im Gegensatz zu den selbstgeschaffenen immateriellen Wirtschaftsgütern, die wegen des Vorsichtsprinzips nicht bilanziert werden dürfen, sind käuflich erworbene Informationen als immaterielle Wirtschaftsgüter zu bilanzieren.

betrieblicher und privater Kenntniserlangung erforderlich ist. Als Informationen der GmbH sind dabei solche anzusehen, die der Gesellschafter im Zusammenhang mit seiner Tätigkeit für diese erworben hat und die in einem engen, spezifischen Bezug zur GmbH stehen. Davon zu unterscheiden sind Informationen, die der Gesellschafter bereits bei Gründung der Gesellschaft besaß bzw. solche, die zur allgemeinen beruflichen Erfahrung gehören. Ist beispielsweise ein Steuerberater neben seiner Tätigkeit als Gesellschafter-Geschäftsführer einer Steuerberatungsgesellschaft freiberuflich tätig, so stellen weder seine allgemeinen steuerrechtlichen Kenntnisse, noch jene, die besondere Steuergestaltungsmöglichkeiten betreffen, Informationen dar, die der Gesellschaft zuzuordnen wären. Hat die Gesellschaft hingegen etwa eine besondere Fertigungsmethode für ein bestimmtes Produkt entwickelt, so sind diese Kenntnisse ihr zuzuordnen. Verkauft der Gesellschafter diese an einen Dritten im eigenen Namen und auf eigene Rechnung, nimmt er eine Geschäftschance der Gesellschaft wahr. Ein weiteres Beispiel bildet der Sachverhalt des „Pilot-Urteils“[659] des BFH: Die Weiterveräußerung des Grundstücks stellte keine Geschäftschance der Gesellschaft dar. Die Gesellschaft kann aber über Wissen und Geschäftskontakte verfügen, die für den Gesellschafter zur Anbahnung des Grundstücksverkaufs günstig oder erforderlich sind. Diesen Kontakt zu einem potentiellen Käufer etwa hätte die Gesellschaft als Immobilienmaklerin auf dem Markt gewinnbringend verwerten können. Insoweit wurde ihr ein Geschäftschance genommen.

Der BFH hat in seinem Vermittlungsprovisionenfall[660] angenommen, dass das Wissen eines Alleingesellschafter-Geschäftsführers, der neben seiner GmbH kein Einzelunternehmen unterhält, im Zweifel der GmbH zurechnen ist. Dagegen wendet sich WEISSER[661] und schlägt statt dessen vor, den Gesellschafter bei der „initialen Entscheidung“[662] über die Zuordnung freizustellen. Diesem Vorschlag kann m. E. jedoch nicht gefolgt werden. Gerade im Fall des Alleingesellschafter-Geschäftsführers, der von Haus aus bereits besonders geeignet für eine Steuerma-

---

659 BFH Urteil v. 30.8.1995 I R 155/94, BFHE 178, 371.

660 BFH Urteil v. 11.6.1996 I R 97/95, BFHE 181, 122.

661 WEISSER, GmbHR 1997, 429 (431 ff.).

662 WEISSER, GmbHR 1997, 429 (432).

nipulation erscheint, würde dadurch der Tatbestand der verdeckten Gewinnausschüttung im Falle der Informationsverwertung der beliebigen Zuordnung überlassen und sich nicht mehr an der wirtschaftlichen Leistungsfähigkeit orientieren.

Zur Vermeidung von Abgrenzungsschwierigkeiten hat GOSCH den Einsatz schriftlicher Aufgabenabgrenzungen vorgeschlagen[663]. Eine detaillierte Abgrenzungsvereinbarung dürfte allerdings angesichts der Vielfalt der Verwertungsmöglichkeiten interner Informationen, sowohl im Geschäftsbereich der Gesellschaft als auch außerhalb auf neuen Märkten, praktisch nur schwer durchführbar sein[664]. Letztlich liefe eine Abgrenzungsvereinbarung auch wieder auf eine willkürliche Zuordnung hinaus, die sich nicht an der Frage orientiert, ob die Information eine vermögenswerte Position der Gesellschaft darstellt.

Ein Vermögenswert der Gesellschaft ist vielmehr dann anzunehmen, wenn eine Information in einem engen und unmittelbaren Zusammenhang mit der Tätigkeit der GmbH steht. Dies ist der Fall, wenn die Information ein Resultat der Arbeit der GmbH ist. Sodann ist es sachgerecht, im Zweifelsfall zunächst von einer aus dieser Information resultierenden Geschäftschance der Gesellschaft auszugehen[665]. Die Dokumentation einer anderweitigen Kenntniserlangung bleibt dem Gesellschafter dabei unbenommen[666]. Es ist der Gesellschaft mithin nicht nur der Wert der Information (so wie er auf dem freien Markt erzielbar wäre), sondern das gesamte auf der Information aufbauende Geschäft zuzurechnen.

---

663 GOSCH, DStR 1995, 1863 (1864).

664 Ebenso WALTER, Verdeckte Gewinnausschüttung, S. 174; vgl. auch FROTSCHER, in: FROTSCHER/MAAS, KStG, Anhang vGA zu § 8, Rz. 89.

665 BFH Urteil v. 11.6.1996 I R 97/95, BFHE 181, 122; so auch WALTER, Verdeckte Gewinnausschüttung, S. 174 f.

666 WALTER, Verdeckte Gewinnausschüttung, S. 174 f.

3. Zusammenfassung

Geschäftschancen sind der Gesellschaft zuzuordnen, wenn sie eine vermögenswerte Position der Gesellschaft darstellen. Angesichts der Vielfalt wirtschaftlicher Sachverhalte lässt sich ein allgemeingültiges Zuordnungskriterium nicht aufstellen. Für die tatbestandliche Feinarbeit empfiehlt sich die Gruppierung nach Art der vermögenswerten Position. Ebenso wie bei der gesellschaftsrechtlichen Geschäftschancenlehre erfordert aber auch bei der steuerrechtlichen Zuordnung jeder Fall eine umfassende Einzelbetrachtung, die die Einbeziehung mehrerer der dargestellten Kriterien erforderlich machen kann. Die Prüfung ist an der Frage auszurichten, ob die fragliche Geschäftschance die wirtschaftliche Leistungsfähigkeit der Gesellschaft widerspiegelt.

II. Veranlassung im Gesellschaftsverhältnis

Ist die betreffende Geschäftschance der Gesellschaft zuzuordnen, mit der Folge, dass es zu einer Vermögensminderung oder verhinderten Vermögensmehrung der Gesellschaft kommt, wenn diese die Geschäftschance nicht selbst wahrnimmt, so ist im nächsten Schritt zu prüfen, ob die Überlassung an den Gesellschafter ihre Veranlassung im Gesellschaftsverhältnis hat. Dies geschieht mittels des Fremdvergleichs[667]. Hierzu lässt sich wieder auf das Handeln eines ordentlichen und gewissenhaften Geschäftsleiters abstellen[668]. Die Frage dazu muss lauten, ob ein ordentlicher und gewissenhafter Geschäftsleiter auch einem Fremden Dritten die Ge-schäftschance unentgeltlich überlassen hätte.

Der BFH hat im Gebäude-Vermittlungs-Fall klargestellt, dass es das Rechtsinstitut der verdeckten Gewinnausschüttung nicht rechtfertigt, „einer Kapitalgesellschaft ein Rechtsgeschäft ‚aufzudrängen', was sie, gemessen am Fremdver-

---

667 Oben Teil 1, A. III. 6.

668 Zu den allgemeinen Grundsätzen über das betriebswirtschaftlich vernünftige Verhalten vgl. RÖDDER, StbJb 1997/98, 115 (117 f.) m. w. N.

gleich, unter keinen Umständen abgeschlossen hätte“[669]. Daraus folgt, dass die Gesellschaft nicht jede sich ihr bietende Geschäftschance auch selbst wahrnehmen muss. Vielmehr sind auch vernünftige betriebswirtschaftliche Überlegungen denkbar, die im Einzelfall einen Verzicht auf die Wahrnehmung auch aus steuerrechtlichen Gesichtspunkten rechtfertigen. Zum einen ist dies der Fall, wenn die Gesellschaft objektiv nicht in der Lage ist, die Geschäftschance selbst wahrzunehmen, weil ihr die sachlichen, personellen oder finanziellen Voraussetzungen dazu fehlen. Zum anderen sind Fälle denkbar, in denen die Wahrnehmung der Geschäftschance zu einer Ausweitung des Unternehmensgegenstands führt, die von dem in der Satzung festgelegten Gesellschafterwillen nicht mehr gedeckt ist. In diesen Fällen stellt die Geschäftschance keinen Vermögenswert der Gesellschaft mehr dar, so dass bei einer Wahrnehmung durch den Gesellschafter keine Vermögensmehrung verhindert wird[670]. Schließlich kann eine Nichtwahrnehmung durch die Gesellschaft auch durch das mit der Geschäftschance verbundene unternehmerische Risiko bedingt sein.

Ergibt die Überprüfung des fraglichen Geschäftsvorfalls mithin, dass auch unter Beachtung der Sorgfalt des Handelns eines ordentlichen und gewissenhaften Geschäftsleiters die Gesellschaft die Geschäftschance nicht selbst wahrgenommen hätte, so hat die Gesellschaft keine durch das Mitgliedschaftsverhältnis veranlasste Vermögensminderung oder verhinderte Vermögensmehrung erlitten. Eine verdeckte Gewinnausschüttung ist nicht gegeben.

---

669 BFH Urteil v. 12.6.1997 I R 14/96, BFHE 183, 459.

670 Dabei bleibt allerdings die Möglichkeit bestehen, dass der Gesellschafter bei der dann „steuerrechtlich gestatteten“ auf weitere Vermögenswerte der Gesellschaft zugreift und so wiederum eine Vermögensminderung eintritt (zum Beispiel, wenn er Informationen benutzt, für deren Überlassung ein fremder Dritter ein Entgelt gezahlt hätte).

III. Umfang der verdeckten Gewinnausschüttung bei der Überlassung von Geschäftschancen

Sind die übrigen Voraussetzungen[671] einer verdeckten Gewinnausschüttung erfüllt, so stellt sich die Frage nach der Höhe des dem Gesellschaftsvermögen nach § 8 Abs. 3 Satz 2 KStG hinzuzurechnenden Betrags. Dies erfordert eine Bewertung der verhinderten Vermögensmehrung, die durch die Überlassung der Geschäftschance an den Gesellschafter bei der Gesellschaft eingetreten ist. Eine ausdrückliche Vorschrift über die Bewertung der verdeckten Gewinnausschüttung gibt es im Körperschaftsteuergesetz nicht[672]. Ausgangspunkt muss daher wieder die Frage nach dem Sinn und Zweck des § 8 Abs. 3 Satz 2 KStG sein: Der Besteuerung soll die tatsächliche wirtschaftliche Leistungsfähigkeit der Gesellschaft zugrunde gelegt werden, so wie sie sich ohne Einflüsse durch das Gesellschaftsverhältnis darstellen würde. Maßgebend für die Höhe der verdeckten Gewinnausschüttung sind die Verhältnisse bei der Gesellschaft, nicht hingegen der Vorteil für den Gesellschafter. Die bei der Gesellschaft eintretende Vermögensminderung oder verhinderte Vermögensmehrung kann betragsmäßig dem beim Gesellschafter eintretenden Vorteil entsprechen, sie kann aber auch davon abweichen[673].

Bei der Ermittlung der Höhe der verdeckten Gewinnausschüttung durch die Überlassung einer Geschäftschance muss also ermittelt werden, welchen Vermögenszuwachs oder Gewinn die Gesellschaft ohne den Verzicht zugunsten des Gesellschafters erzielt hätte. Dabei sind m. E. zwei Fälle zu unterscheiden:

Zum einen der Fall, in dem die Geschäftschance schon derart konkret ist, dass eine gewinnbringende Verwirklichung überwiegend wahrscheinlich ist. Dies wird etwa der Fall sein, wenn alle wesentlichen Schritte getan sind und alle Verwirkli-

---

671 Dazu oben Teil 1, A. III.

672 Vgl. BFH Urteil v. 27.11.1974 I R 250/72, BFHE 114, 236, BStBl 1975 II S. 306.

673 So etwa im Fall der Pensionszusage, vgl. BFH Urteil v. 22.2.1989 I R 44/85, BFHE 156, 177, BStBl 1989 II S. 475; zustimmend die h. M., vgl. FROTSCHER, in: FROTSCHER/MAAS, KStG, Anhang vGA zu § 8, Rz. 268; DÖLLERER, Verdeckte Gewinnausschüttungen, S. 141 ff.; a. A. nur PEZZER, Verdeckte Gewinnausschüttung, S. 104 ff.

chungsvoraussetzungen vorliegen. Dazu zählen zum Beispiel die Fälle, in denen die Gesellschaft es dem Gesellschafter überlässt, ein Gesellschaftsgrundstück auf eigene Rechnung zu vermieten, ihn in einen vorteilhaften Vertrag eintreten lässt, oder sie einen Vertrag angebahnt hat, den sie den Gesellschafter abschließen lässt. Die Geschäftschance ist bereits so ausgestaltet, dass seitens des Gesellschafters keine weiteren wesentlichen Handlungen erforderlich sind. Die Höhe der verdeckten Gewinnausschüttung stellt den gesamten Gewinn dar, den der Gesellschafter erzielt hat, denn auf diesen Gewinn hat die Gesellschaft aus gesellschaftsrechtlicher Veranlassung verzichtet, obwohl sie ihn auch selbst, ohne weiteres Hinzutun, hätte erzielen können.

Davon zu unterscheiden sind die Fälle, in denen zur Verwirklichung noch weitere wesentliche Umstände hinzutreten müssen, und der Beitrag der Gesellschaft als nur gering anzusehen ist. Die Gesellschaft hatte hier nicht die Möglichkeit, die Geschäftschance im gleichen Maß zu verwirklichen wie der Gesellschafter, deshalb ist ihr auch nicht der Gewinn in der vollen Höhe entgangen, sondern nur in Höhe ihres Beitrags, soweit dieser einen Marktpreis hat. Für die Bewertung ist danach zu fragen, welches Entgelt die Gesellschaft für ihren Beitrag im gewöhnlichen Geschäftsverkehr hätte erzielen können, bzw. ob ein ordentlicher und gewissenhafter Geschäftsleiter einem fremden Dritten den Beitrag nur entgeltlich überlassen hätte[674]. Es kommt also auf den in einer Transaktion realisierbaren Wert der Geschäftschance an[675]. Dazu dienen Vergleichssachverhalte, wie sie im heutigen Wirtschaftsleben vielfach anzutreffen sind. So wird etwa die „Mitwirkung" der GmbH an einem Immobilienkaufvertrag mit der am Markt üblichen Maklerprovision zu bewerten sein. Schließlich lässt sich auch danach fragen, was der Gesellschafter für Informationen, die er im konkreten Fall von der GmbH erhalten hat, auf dem freien Markt aufgewendet hätte.

Die genaue Ermittlung der betragsmäßigen Höhe der verdeckten Gewinnausschüttung infolge der Überlassung einer Geschäftschance wird im konkreten Einzelfall voraussichtlich schwierig sein. Dies rechtfertigt jedoch noch keine

---

674 Vgl. BFH Urteil v. 30.8.1995 I R 155/94, BFHE 178, 321.

675 RÖDDER, StbJb 1997/98, 115 (125).

andere steuerrechtliche Beurteilung[676]. Aus der vorgeschlagenen Einteilung von Geschäftschancen in Gruppen und der Differenzierung nach dem Verwirklichungsgrad ergeben sich Anhaltspunkte für die Bewertung. Eine Einzelfallbetrachtung bleibt aber unumgänglich und kann gegebenenfalls andere Bewertungsmethoden, wie etwa nach § 6 EStG oder § 9 BewG, oder eine Schätzung nach § 162 AO erfordern. Dabei sind alle tatsächlichen, rechtlichen und wirtschaftlichen Umstände zu berücksichtigen, die üblicherweise vom Markt beachtet werden, nicht aber Umstände, mit denen bei der Preisbildung im allgemeinen nicht gerechnet wird[677].

IV. Beweislast

Lässt sich der der Besteuerung zugrunde zu legende Sachverhalt trotz der intensiven Sachverhaltsaufklärungspflicht der Finanzbehörde nach § 88 Abs. 1 AO bzw. des Finanzgerichts nach § 76 FGO und der Erfüllung der Mitwirkungspflicht seitens des Steuerpflichtigen nach § 90 AO nicht feststellen, so ist nach den allgemeinen Beweislastregeln zu entscheiden[678]. Nach den Beweislastgrundsätzen des BFH[679] trägt die Finanzverwaltung die objektive[680] Beweislast für die den Steueranspruch begründenden Tatsachen, während der Steuerpflichtige die

---

676 Ebenso WASSERMEYER, DStR 1997, 681 (685); a.A. WALTER, Verdeckte Gewinnausschüttung, S. 179 ff., 182.

677 Vgl. TROLL, in: RÖSSLER/TROLL, BewG, § 9 Anm. 3; VISKORF, in: VISKORF/GLIER/KNOBEL, BewG, § 9 Rn. 9.

678 TIPKE/KRUSE, FGO, § 96 Tz. 2, 78 ff.

679 BFH Urteile v. 5.11.1970 V R 71/67, BStBl 1971 II S. 220; v. 24.6.1976 IV R 101/75, BStBl 1976 II S. 562; v. 13. 12.1978 I R 39/78, BStBl 1979 II S. 482; v. 20.3.1987 III R 172/82, BStBl 1987 II S. 679.

680 Die objektive Beweislast betrifft die Frage nach den Konsequenzen der Unaufklärbarkeit eines Sachverhaltes und regelt damit die Folgen der Beweislosigkeit entscheidungsrelevanter Tatsachen, während die subjektive Beweislast ein Parteiverhalten bezeichnet, das zwar nicht erzwungen werden kann, an dessen Ausbleiben sich aber als unabwendbare Folge Nachteile für die Partei ergeben. Wegen des im Finanzverfahren geltenden Amtsermittlungsgrundsatzes spielt die subjektive Beweislast dort nur eine geringe Rolle. Vgl. TIPKE/KRUSE, FGO, § 96 Tz. 78, 79.

objektive Beweislast für diejenigen Tatsachen trägt, die den Steueranspruch ermäßigen, einschränken oder aufheben[681]. Dies bedeutet, dass die Finanzverwaltung die Feststellungslast für die gesellschaftsrechtlich veranlasste Vermögensminderung oder verhinderte Vermögensmehrung der Gesellschaft trägt[682]. In der Literatur wurde teilweise jedoch vorgeschlagen, für die Verteilung der Beweislast zwischen der Vermögensminderung und der verhinderten Vermögensmehrung zu differenzieren[683]. Danach verbleibe die Feststellungslast für die verhinderte Vermögensmehrung bei der Finanzverwaltung, jene für die Vermögensminderung sei jedoch vom Steuerpflichtigen zu tragen. Dies wird mit der Ähnlichkeit von gesellschaftsrechtlicher Veranlassung und Betriebsausgabenabzug[684] begründet. Die Gesellschaft berufe sich darauf, dass es sich bei der fraglichen Aufwendung um eine Betriebsausgabe handele und nicht um eine gesellschaftsrechtlich veranlasste Aufwendung. Der Vorschrift des § 8 Abs. 3 Satz 2 KStG komme in diesem Zusammenhang lediglich eine deklaratorische Bedeutung zu[685]. Dagegen wendet sich jedoch die herrschende Meinung[686]. Dies erscheint auch folgerichtig: Bei dem Betriebsausgabenabzug nach § 4 Abs. 4 EStG handelt es sich um eine steuerbegünstigende Norm, wohingegen durch § 8 Abs. 3 Satz 2 KStG eine Hinzurechnung zum Gewinn erfolgt, die Vorschrift also auch im Fall der Hinzurechnung der Vermögensminderung steuerbegründenden Charakter hat. Hinzu kommt, dass sich § 8 Abs. 3 Satz 2 KStG nicht in einem

---

681 FROTSCHER, in: FROTSCHER/MAAS, KStG, Anhang vGA zu § 8, Rz. 278; JANSSEN, DStR 1994, 314 (314).

682 BFH Urteile v. 20.3.1974 I R 197/72, BStBl 1972 II S. 430; v. 27.10.1992 VIII R 41/89, BStBl 1993 II S. 569; AHRENKIEL/PETERS, DStR 1997, 1349 (1350); DÖLLERER, DStR 1989, 331 (332).

683 So insbesondere PEZZER, Verdeckte Gewinnausschüttung, S. 87 ff.; vgl. ferner EPPLER, DStR 1988, 339 (340); WASSERMEYER, DB 1987, 1113 (1118).

684 Für den Betriebsausgabenabzug trägt der Steuerpflichtige die Beweislast, vgl. TIPKE/KRUSE, FGO, § 96 Tz. 86 mit Hinweisen auf die BFH Rechtsprechung.

685 PEZZER, Verdeckte Gewinnausschüttung, S. 88.

686 DÖLLERER, DStR 1989, 331 (332); JANSSEN, DStR 1994, 314 (315); FROTSCHER, in: FROTSCHER/MAAS, KStG, Anhang vGA zu § 8, Rz. 278; WREDE, in HERRMANN/HEUER/RAUPACH, KStG, § 8 Anm. 36.

reinen Abzugsverbot erschöpft, sondern lex specialis zu § 4 Abs. 4 EStG ist, wie von DÖLLERER ausführlich dargestellt wurde[687].

Die Finanzverwaltung trägt somit die objektive Beweislast für das Vorliegen sowohl der Vermögensminderung als auch der verhinderten Vermögensmehrung und ebenfalls auch für das Vorliegen der gesellschaftsrechtlichen Veranlassung[688]. Bei der Beweisführung zur Veranlassung greifen jedoch Beweiserleichterungen. Es gibt einen Prima-facie-Beweis dafür, dass das Geschäft seine Veranlassung im Gesellschaftsverhältnis hat, wenn es zu einer Vorteilsgewährung zugunsten des Gesellschafters geführt hat[689]. Es obliegt dann der Steuerpflichtigen darzulegen, dass das Geschäft doch aus anderen als gesellschaftsrechtlich veranlassten Gründen, also etwa aus betrieblichen Gründen erfolgte[690]. Zur Entkräftung des Prima-facie-Beweises braucht die Steuerpflichtige aber nicht den vollen Gegenbeweis zu erbringen, sondern es genügt, wenn die ernsthafte, nicht nur theoretische Möglichkeit einer anderen als einer gesellschaftsrechtlichen Veranlassung substantiiert dargelegt wird. Gelingt der Gesellschaft die Entkräftung, so trifft die Finanzverwaltung wieder die objektive Beweislast[691].

Diese Verfahrensweise ist auch im Hinblick auf die oben dargestellte Besteuerung im Zusammenhang mit der Überlassung von Geschäftschancen durch die Gesellschaft an ihren Gesellschafter sachgerecht. Der Finanzverwaltung obliegt es zunächst, die aus der Geschäftschancenüberlassung resultierende Vermögensminderung oder verhinderte Vermögensmehrung darzulegen und aufzuzeigen, dass diese eine Vorteilsgewährung an den Gesellschafter darstellt und von daher die Vermutung einer gesellschaftsrechtlichen Veranlassung in sich trägt. Die GmbH als Steuerpflichtige hat dann die Möglichkeit, den Beweis des ersten Anscheins

---

687 DÖLLERER, DStR 1989, 331 (332).

688 BFH Urteil v. 13.7.1994 I R 43/94, BFH/NV 1995, 548.

689 BFH Urteile v. 22.2.1989 I R 9/85, BFHE 156, 428, BStBl 1989 II S. 631; v. 31.10.1990 I R 47/88, BStBl 1991 II S. 255; WASSERMEYER, DB 1987, 1113 (1118).

690 BFH Beschluss v. 26.8.1993 I BB 25/93, BFH/NV 1994, 268.

691 FROTSCHER, in: FROTSCHER/MAAS, KStG, Anhang vGA zu § 8, Rz. 278; TIPKE/KRUSE, FGO, § 96 Tz. 41 ff.

durch die Darstellung einer anderen als der gesellschaftsrechtlich veranlassten Motivation zu entkräften. Dazu wird sie im Gegensatz zur Finanzverwaltung regelmäßig in der Lage sein, da nur sie über die nötigen Betriebsinterna verfügt, die die Grundlage für die unternehmerische Entscheidung waren, die Geschäftschance nicht selbst wahrzunehmen.

V. Zusammenfassung

In der Praxis wird die Überlassung von Geschäftschancen insbesondere in der eingliedrigen GmbH vorkommen, da insoweit das Regulativ der Mitgesellschafter fehlt. Gerade die eingliedrige GmbH ist besonders sensibel für Steuermanipulationen, ebenso jene Gesellschaften, in denen die Gesellschafter einvernehmlich zusammenwirken. Mit Hilfe einer eigenständigen steuerrechtlich Geschäftschancenlehre lassen sich nun auch solche Fälle erfassen, in denen es infolge eines fehlenden Treuepflichtverstoßes oder infolge einvernehmlichen Zusammenwirkens der Gesellschafter zu keinen zivilrechtlichen Ersatzansprüchen der GmbH gekommen ist, ohne dabei Forderungen, etwa nach Abgrenzungsvereinbarungen, aufzustellen, die zivilrechtlich nicht begründbar sind.

C. Beauftragung des Gesellschafters als Subunternehmer

Im Zusammenhang mit seiner Rechtsprechung bei Konkurrenzhandlungen hat der BFH ausgeführt, eine verdeckte Gewinnausschüttung könne auch dann vorliegen, wenn die GmbH einen Gesellschafter als Subunternehmer beauftrage und diese Entscheidung durch Umstände beeinflusst wurde, die ihre Veranlassung im Gesellschaftsverhältnis haben[692]. Gemeint sind damit Sachverhalte, in denen die Gesellschaft einen Vertrag mit einem Dritten geschlossen hat und zu ihrer Leistungserbringung ganz oder teilweise den Gesellschafter beauftragt und diesem dafür ein Entgelt zahlt. Diese Fälle haben streng genommen nichts mit der Wettbewerbsverbots- oder Geschäftschancenproblematik zu tun. Gesellschaft und Gesellschafter stehen hier nicht in einem Wettbewerbsverhältnis. Die Wahrnehmung der Geschäftschance erfolgt allein durch die Gesellschaft. Sie allein steht in einem Vertragsverhältnis mit dem außenstehenden Dritten. Davon zu trennen ist das Vertragsverhältnis, das die Gesellschaft mit dem Gesellschafter hat, um ihre Verpflichtungen nach außen zu erfüllen. Die Gesellschaft überlässt dem Gesellschafter mithin keine Geschäftschance, sondern bedient sich zur Verwirklichung derselben der entgeltlichen Mithilfe des Gesellschafters. Der BFH anerkennt, dass es der freien unternehmerischen Entscheidung der Gesellschaft unterliegt, ob sie eine sich ihr bietende Geschäftschance mit eigenen personellen oder sachlichen Mitteln nutzt, oder ob sie zur Durchführung einen Subunternehmer beauftragt[693]. Eine Beauftragung des Gesellschafters kann jedoch dann zu einer verdeckten Gewinnausschüttung führen, wenn die Beauftragung gesellschaftsrechtlich veranlasst ist. Dazu ist anhand des Maßstabs des Handelns eines ordentlichen und gewissenhaften Geschäftsleiters zu entscheiden, ob die Gesellschaft das gesamte Geschäft hätte selber ausführen müssen, oder ob sie einen Subunternehmer beauftragen durfte. Dies richtet sich nach dem BFH etwa danach, ob es für die Kapitalgesellschaft günstiger sei, das Geschäft durch den Einsatz eigener oder fremder personeller und sachlicher Mittel zu nutzen. Dies

---

692 BFH Urteile v. 12.10.1995 I R 127/94, BFHE 179, 258; v. 13.11.1996 I R 149/94, BFHE 181, 494.

693 BFH Urteile v. 12.10.1995 I R 127/94, BFHE 179, 258; v. 13.11.1996 I R 149/94, BFHE 181, 494.

sei vor allem anhand des Aufwandes und der übrigen Risiken zu entscheiden, die der Gesellschaft mutmaßlich in der einen und der anderen Alternative entstünden[694]. Ferner hänge es von den Funktion ab, die der GmbH durch den Gesellschaftsvertrag und ihren tatsächlichen Gegenstand vorgegeben seien, sowie von der Frage, ob die Beauftragung eines Subunternehmers gewinnmäßig günstiger sei[695].

In diesen Fällen handelt es sich mithin nicht um die steuerrechtliche Würdigung einer Konkurrenzhandlung, sondern um die Überprüfung der Angemessenheit einer Leistungsbeziehung zwischen Gesellschaft und Gesellschafter. Geprüft wird, ob das vereinbarte Entgelt dem Fremdvergleich anhand des Merkmals des ordentlichen und gewissenhaften Geschäftsleiters standhält, oder ob die Beauftragung des Gesellschafters lediglich einer Gewinnabschöpfung bei der Gesellschaft zugunsten der Gesellschafter dient.

Ein besonderes Augenmerk ist in diesem Zusammenhang auf die Leistungsbeziehung zwischen Gesellschaft und Gesellschafter-Geschäftsführer zu richten. Hier ist bei der Angemessenheitsüberprüfung darauf zu achten, ob die Leistungserbringung nicht bereits durch den Geschäftsführer-Anstellungsvertrag und dessen Vergütung abgegolten ist, so dass es unter Umständen zu einer Doppelvergütung kommt[696].

Für die steuerrechtliche Anerkennung der Beauftragung eines beherrschenden Gesellschafters als Subunternehmer kommt es schließlich auch darauf an, dass sie auf Grund einer von vornherein getroffenen klaren, eindeutigen und zivilrechtlich wirksamen Vereinbarung erfolgt, um den schuldrechtlichen Charakter der Leistungsbeziehung zu manifestieren[697].

---

694 BFH Urteil v. 12.10.1995 I R 127/94, BFHE 179, 258.

695 BFH Urteil v. 13.11.1996 I R 149/94, BFHE 181, 494.

696 BFH Urteil v. 8.4.1997 I R 39/96, BFH/NV 1997, 902.

697 Vgl. BFH Urteile v. 18.12.1996 I R 26/95, BFHE 182, 190; v. 24.7.1996 I R 115/95, BFHE 181, 281, BStBl 1997 II S. 138; v. 13.3.1991 I R 1/90, BFHE 164, 255, BStBl 1991 II S. 597; v. 14.3.1990 I R 6/89, BFHE 160, 459, BStBl 1990 II S. 795; ferner oben Teil 1, A. III. 6. f) (bb).

Resümee

Das Institut der verdeckten Gewinnausschüttung soll die Besteuerung der Kapitalgesellschaft nach ihrer wirtschaftlichen Leistungsfähigkeit sicher stellen. Gewinnminderungen, die durch Verlagerungen zugunsten eines Gesellschafter erfolgen, ihre Veranlassung also im Gesellschaftsverhältnis haben, sollen in ihrer steuerrechtlichen Wirkung neutralisiert werden. In der aktuellen Rechtsprechung des I. Senats des BFH ist eine verdeckte Gewinnausschüttung im Sinne des § 8 Abs. 3 Satz 2 KStG eine Vermögensminderung oder verhinderte Vermögensmehrung bei einer Kapitalgesellschaft, die durch das Gesellschaftsverhältnis veranlasst ist, sich auf die Höhe des Einkommens auswirkt und in keinem Zusammenhang mit einer offenen Ausschüttung steht. Der I. Senat hat sich von der zuvor geltenden einheitlichen Definition gelöst und stellt damit klar, dass eine verdeckte Gewinnausschüttung auf der Ebene der Kapitalgesellschaft weder den Abfluss von Mitteln der Kapitalgesellschaft noch den Zufluss eines Vorteils beim Gesellschafter voraussetzt. Schwerpunkt einer jeden Prüfung der verdeckten Gewinnausschüttung ist die Veranlassung im Gesellschaftsverhältnis. Hierzu dient der Fremdvergleichsmaßstab, insbesondere in der Form des Maßstab des Handelns des ordentlichen und gewissenhaften Geschäftsleiters. Bei Geschäften zwischen der Gesellschaft und ihrem beherrschenden Gesellschafter prüft der BFH, ob das Geschäft auf einer im voraus getroffenen, klaren und eindeutigen Vereinbarung beruht. Den einzelnen Vergleichsmaßstäben kann dabei nur indizielle Bedeutung zukommen. Keinesfalls begründen sie unwiderlegbare Vermutungen.

Verdeckte Gewinnausschüttungen können auch durch eine Konkurrenzhandlung des Gesellschafters zur Gesellschaft entstehen. In seiner früheren Rechtsprechung bejahte der I. Senat des BFH in diesen Fällen das Vorliegen einer verdeckten Gewinnausschüttung, wenn der Gesellschafter einem Wettbewerbsverbot unterlag und gegen dieses ohne ordnungsgemäße Befreiung verstoßen hatte. Dabei sollte jeder Gesellschafter einem Wettbewerbsverbot unterliegen. Diese Rechtsprechung wurde 1995 geändert. Der BFH orientiert sich nun an den zivilrechtlichen Vorgaben und stellt klar, dass § 8 Abs. 3 Satz 2 KStG keine geeignete Rechtsgrundlage ist, um die von einem Gesellschafter in eigenem Namen und auf eigene Rechnung ausgeübte Tätigkeit nur deshalb der GmbH zuzurechnen, weil sie auch unter deren Unternehmensgegenstand fällt. Ausgehend von der Vermögensminderung oder verhinderten Vermögensmehrung prüft der BFH nun, unter Anerkennung des Primats des Zivilrechts, ob der Gesellschaft zivilrechtliche Ersatzansprüche entstanden sind, die sie erfolgswirksam in ihrer Bilanz auszuweisen hat. In diesen Fällen ist keine Vermögensminderung oder verhinderten Vermögensmehrung erfolgt, eine verdeckte Gewinnausschüttung mithin nicht gegeben.

Diese Rechtsprechung des BFH ist zu begrüßen. Sie beachtet die zivilrechtlichen Vorgaben und durchkreuzt somit nicht ohne Not ein anderes Rechtsgebiet. Das zivilrechtliche Wettbewerbsverbot und die zivilrechtliche Geschäftschancenlehre haben mittlerweile feste Konturen und sind anerkannte Rechtsinstitute. Im Falle des Verstoßes führen sie zu vermögenswerten und nichtvermögenswerten Ersatzansprüchen. Erst der Verzicht auf die Durchsetzung vermögenswerter Ersatzansprüche kann eine verdeckte Gewinnausschüttung darstellen.

Die im Anschluss an die Prüfung der zivilrechtlichen Ersatzansprüche erfolgende eigenständige steuerrechtliche Würdigung des fraglichen Geschäftsvorfalls ist logisch zwingend und dogmatisch konsequent. Der Umweg über das Zivilrecht ist erforderlich, um festzustellen, ob möglicherweise aus dem fraglichen Geschäftsvorfall bereits zivilrechtliche Ersatzansprüche gegeben sind, die eine Vermögensminderung oder verhinderte Vermögensmehrung ausschließen. Ist dies nicht der Fall, so ist die Prüfung der verdeckten Gewinnausschüttung jedoch noch nicht beendet, denn nun ist zu prüfen, ob die Gesellschaft dem Gesellschafter durch die Überlassung von Geschäftschancen oder Informationen eine vermögenswerte Position hat zukommen lassen, die als Teil ihrer wirtschaftlichen Leistungsfähigkeit der Besteuerung zugrunde gelegt werden müssen. Dazu dient die steuerrechtliche Geschäftschancenlehre. Während die zivilrechtlichen Institute des Wettbewerbsverbots und der Geschäftschancenlehre auf der Treuepflicht des Verbandsmitglieds basieren, orientiert sich die steuerrechtliche Geschäftschancenlehre rein an der Frage des Einsatzes vermögenswerter Positionen der Gesellschaft zur Fremdwahrnehmung von Geschäftschancen. Sie erfasst mithin auch jene Fälle, in denen mangels einer Treuepflicht ein zivilrechtlicher Ersatzanspruch nicht gegeben ist, also die Fälle des Zusammenwirkens aller Gesellschafter mit gleichgerichteten Interessen und der eingliedrigen GmbH.

Die entscheidende Frage bei der steuerrechtlichen Geschäftschancenlehre ist die, wann eine Geschäftschance (oder Information) der GmbH zuzuordnen ist. Dabei darf der Blick auf die Grundsätze der freiheitlichen Marktordnung nicht verloren gehen. Zur Zuordnung wurden verschiedene Ansätze dargestellt. Es wurde gezeigt, dass es der Sinn und Zweck der verdeckten Gewinnausschüttung erfordert, dass die Geschäftschance eine vermögenswerte Position der GmbH darstellt, und es wurde eine Gruppierung nach der Art der vermögenswerten Position vorgenommen. Die Zuordnung von Geschäftschancen erfolgt im Steuerrecht vor einem anderen Hintergrund als im Zivilrecht. Während im Zivilrecht der Schutz der GmbH vor Treuepflichtverletzungen im Vordergrund steht, geht es im Steuerrecht um die Besteuerung nach wirtschaftlicher Leistungsfähigkeit. Nach dem BFH dürfen der Gesellschaft keine Geschäfte aufgedrängt werden, die sie, gemessen am Fremdvergleich, unter keine Umständen geschlossen hätte. Diese Frage spielt bei der Zuordnung von Geschäftschancen zur Gesellschaft zunächst noch keine Rolle, sondern ist erst im Rahmen der Prüfung der gesellschaftsrechtlichen Veranlassung zu beantworten.

Die Umsetzung der neuen Rechtsprechung in der Praxis wird weiterhin auf schwieriges Terrain führen. Insbesondere bringt sie die Notwendigkeit mit sich, im Rahmen des Besteuerungsverfahrens die zivilrechtlichen „Vorfragen“ nach dem Bestehen von Ersatzansprüchen aus den Instituten Wettbewerbsverbot oder Geschäftschancenlehre zu beantworten. Auch die konkrete Zuordnung und Bewertung von Geschäftschancen kann im Einzelfall mit Schwierigkeiten verbunden sein. Die möglichen Probleme in tatsächlicher Hinsicht rechtfertigen jedoch nicht eine Abkehr von dem dogmatisch richtigen Weg, den der BFH mit seiner neuen Rechtsprechung eingeschlagen hat. Ein Verzicht auf die Erfassung von Geschäftschancen bei der Gesellschaft mit dem Hinweis auf die bei dem Gesellschafter erfolgende Besteuerung widerspricht jedenfalls der Regelung des § 8 Abs. 3 Satz 2 KStG.

Literaturverzeichnis

AHMANN, KARIN-RENATE,
– Zehn Jahre "neue" vGA: Que vadis?, DStZ 1998, 495.
– Ist eine verdeckte Gewinnausschüttung eine verdeckte Gewinnausschüttung?, DStZ 1999, 233.
AHRENKIEL, BJÖRN; PETERS, PETER,
Wende bei der Beurteilung von vGA nach der neuen BFH-Rechtsprechung, DStR 1997, 1349.

BAUMBACH, ADOLF; HUECK, ALFRED,
Kommentar zum GmbH-Gesetz, 16. Auflage, München 1995.
BECKER, HELMUT,
– Der ordentliche Geschäftsleiter – im deutschen und ausländischen Recht, in: Handels- und Steuerrecht: Festschrift für Georg Döllerer, 1988, S. 17.
– Der ordentliche Geschäftsleiter – Ist sein Grab schon geschaufelt?, DB 1996, 1439.
BEUTHIEN, VOLKER,
Gesellschaftsrecht und Kartellrecht, ZHR 142 (1978), 259.
BILSDORFER, PETER,
Der Fremdvergleich im Bereich der Körperschaftsteuer, INF 1996, 705.
BLÜMICH, WALTER,
Einkommensteuergesetz, Körperschaftsteuergesetz, Gewerbesteuergesetz Kommentar (Loseblatt), 15. Auflage München Stand Februar 1997 [Bearbeiter, in: BLÜMICH].
BORST, GÜNTHER,
Die zivilrechtlichen und steuerrechtlichen Rechtsfolgen der geschäftlichen Betätigung eines Gesellschafters außerhalb seiner GmbH, BB 1990, 2236.
BRENNER, DIETER,
Anmerkung zum BFH Urteil vom 24.3.1998 I R 88/97, DStZ 1998, 843.
BUNDESMINISTER DER FINANZEN,
– Verdeckte Gewinnausschüttung bei Verletzung des Wettbewerbsverbots durch den beherrschenden Gesellschafter oder den Geschäftsführer einer GmbH; Schrei-

ben des BMF vom 4.2.1992, BStBl 1992 I S. 137; Verwaltungsanweisung verdeckte Gewinnausschüttung v 4.2.1992, GmbHR 1992, 191.
– Verdeckte Gewinnausschüttung bei Verletzung des Wettbewerbsverbots durch den beherrschenden Gesellschafter oder den Geschäftsführer einer GmbH; Schreiben des BMF vom 18.8.1992 – IV B 7 – S 2742 – 59/92, Wpg 1992, 625.
– Verdeckte Gewinnausschüttung bei Verletzung des Wettbewerbsverbots durch beherrschenden Gesellschafter oder Geschäftsführer einer GmbH; Schreiben vom 15.12.1992 – IV B 7 – S 2742 – 123/92; BStBl 1993 I S. 24.
– Verdeckte Gewinnausschüttung bei Verletzung des Wettbewerbsverbots durch beherrschenden Gesellschafter oder Geschäftsführer einer GmbH; Schreiben vom 29.6.1993 – IV B 7 – S 2742 – 54/93; BStBl 1993 I S. 556.
– Risikogeschäfte durch den Gesellschafter-Geschäftsführer für Rechnung der Kapitalgesellschaft; Schreiben vom 19.12.1996 – IV B 7 – S 2742 – 57/96; BStBl 1997 I S.112.
– Zurechnung der verdeckten Gewinnausschüttungen an nahestehende Personen, Schreiben vom 20.5.1999, IV C 6 – S 2252 – 8/99, DStR 1999, 1071.

BUYER, CHRISTOPH,
– Ist die Minderung des Gesellschaftsvermögens Tatbestandsmerkmal der verdeckten Gewinnausschüttung?, BB 1990, 1809.
– Die vGA bei Verletzung des Wettbewerbsverbots durch den Gesellschafter-Geschäftführer oder den Nur-Gesellschafter einer GmbH, BB 1993, 2057.
– VGA bei Verletzung der gesellschafter- und mitgliedschaftlichen Treuepflichten. Zugleich Besprechung BFH 30.8.95 I R 155/94, GmbHR 1996, 98.

CREZELIUS, GEORG,
Wettbewerbsverbote im GmbH-Recht – Steuerrecht contra Gesellschaftsrecht?, in: HENZE / TIMM / WESTERMANN, Gesellschaftsrecht 1995, S. 47, Köln 1995 [CREZELIUS, in: Gesellschaftsrecht 1995].

DE ANGELIS, MARCO,
Ungeschriebene Wettbewerbsverbote für Gesellschafter im GmbH-Recht, Münster, Diss. 1997.

DÖLLERER, GEORG,
– Verdeckte Gewinnausschüttungen, verdeckte Einlagen – neue Rechtsprechung, neue Fragen, DStR 1989, 331.
– Anmerkung zum BFH Urteil vom 22.2.1989 I R 44/85, BB 1989, 1175.
– Verdeckte Gewinnausschüttungen und verdeckte Einlagen bei Kapitalgesellschaften, 2. Auflage, Heidelberg 1990.
– Steuerrechtliche verdeckte Gewinnausschüttung und Wettbewerbsverbot, Anm. zum BGH Urteil v. 28.9.1992 II ZR 299/91, BB 1993, 1498.

DÖRNER, BERNHARD M.,
Das Wettbewerbsverbot des GmbH-Gesellschafters: Stand der Rechtsprechung des BFH, INF 1997, 392.

EPPLER, GEROLD,
Die Beweislast (Feststellungslast) bei der verdeckten Gewinnausschüttung, DStR 1988, 339.

FELIX, GÜNTHER,
– Das Wettbewerbsverbot als Übermaß-Quelle verdeckter Gewinnausschüttungen, KÖSDI 1992, 8817.
– Steuerdrama in sechs Akten: GmbH, Wettbewerbsverbot und vGA, KÖSDI 1993, 9467.
– Neue Doktrin des BFH zur extensiven Auslegung des unbestimmten Rechtsbegriffs der verdeckten Gewinnausschüttung, KÖSDI 1993, 9584.
– Anm. zur Beschlußempfehlung des Petitionsausschusses – Besteuerung verdeckter Gewinnausschüttungen bei GmbHs infolge Verletzung des Wettbewerbverbots durch Gesellschafter, BB 1995, 1019.

FIEDLER, STEFAN,
Verdeckte Vermögensverlagerungen bei Kapitalgesellschaften, Köln 1994.

FLEISCHER, HOLGER,
Verdeckte Gewinnausschüttung: Die Geschäftschancenlehre im Spannungsfeld zwischen Gesellschafts- und Steuerrecht, DStR 1999, 1249.

FORSCHUNGSGRUPPE VIADRINA,
Verdeckte Gewinnausschüttung: BFH-Definition und Ansätze zur Behandlung des Tigerfalls, BB 1996, 2436.

Fröhlich, Eberhard,
Die verdeckte Gewinnausschüttung, München 1968.
Frotscher, Gerrit,
– Verdeckte Gewinnausschüttung, in: Widmann (Hrsg.), Besteuerung der GmbH und ihrer Gesellschafter, DStJG 20 (1997), 205.
– Tendenzen im Recht der verdeckten Gewinnausschüttung, GmbHR 1998, 23.
Frotscher, Gerrit / Maas, Ernst,
Kommentar zum Körperschaftsteuergesetz und Umwandlungsteuergesetz, Loseblatt, Stand 51. Erg.Lfg., Freiburg 1997 [Bearbeiter, in: Frotscher/Maas, KStG].

Geßler, Ernst; Hefermehl, Wolfgang; Hildebrandt, Wolfgang; Schröder, Georg
Schlegelberger, Handelsgesetzbuch Kommentar, Band III/1.Halbband, 5. Auflage, München 1992 [Bearbeiter, in: Schlegelberger, HGB].
Glanegger, Peter; Güroff, Georg; Kusterer, Stefan; Niedner, Jochen; Peuker, Monika; Ruß, Werner; Selder, Johannes; Stuhlfelner; Ulrich,
Heidelberger Kommentar zum Handelsgesetzbuch, 5. Auflage, Heidelberg 1999 [Bearbeiter, in: HK-HGB].
Gosch, Dietmar,
– Wettbewerbsverbot und verdeckte Gewinnausschüttung – Anmerkungen zur Änderung der BFH-Rechtsprechung durch das Urteil v. 30.8.1995, DStR 1995, 1863.
– Anm. zum BFH-Urteil vom 11.6.1996 – I R 97/95, StBp 1996, 332.
– Der BFH und der Fremdvergleich, DStZ 1997, 1.
–Wettbewerbsverbot, Geschäftschancenlehre und verdeckte Gewinnausschüttung: Checkliste und Prüfungsschema, DStR 1997, 442.
– Anmerkung zum BFH-Beschluß vom 14.07.1998 VIII B 38/98, DStR 1998, 1550.
Grundmann, Stefan,
Der Treuhandvertrag, München 1997.

HACHENBURG, MAX,
GmbHG Großkommentar, herausgegeben von PETER ULMER, 8. Auflage, Berlin 1992.
HALLERBACH, DOROTHEE,
Die Personengesellschaft im Einkommensteuerrecht, München 1999.
HARTMANN, BERNHARD; CORTIE, HILDEGARD,
Schadensersatzanspruch der GmbH für die Nutzung ihres Fachwissens und ihrer Geschäftsverbindungen außerhalb der GmbH, DB 1981, 1073.
HERRMANN, CARL; HEUER, GERHARD; RAUPACH, ARNDT,
Einkommensteuer- und Körperschaftsteuer Kommentar (Loseblatt), 21. Auflage, Köln Stand 1999 [Bearbeiter, in: HERMANN/HEUER/RAUPACH, KStG]
HEY, FRIEDRICH E. F.,
– Anmerkung zum BGH Urteil vom 28.9.1992 II ZR 299/91, BB 1993, 1162.
– Anmerkung zum BGH Urteil vom 10.5.1993 II ZR 74/92, BB 1993, 1548.
HEYMANN, ERNST,
Handelsgesetzbuch Kommentar, HORN, NORBERT (Hrsg.), 2. Auflage, Berlin 1996 [Bearbeiter, in: HEYMANN, HGB].
HOFFMANN, WOLF-DIETER,
– Anm. zum BFH Urteil v. 17.5.1995, DStR 1995, 1749.
– Wettbewerbsverbot und verdeckte Gewinnausschüttung – Zur Neuausrichtung der BFH-Rechtsprechung, WiB 1996, 15.
– Der wirtschaftliche Vorteil für die Kapitalgesellschaft als verdeckte Gewinnausschüttung – Anmerkungen zur neuen Definition der verdeckten Gewinnausschüttung durch den BFH, DStR 1996, 729.
– Die Metamorphose der BFH-Rechtsprechung zur verdeckten Gewinnausschüttung – Anmerkungen zum BFH-Urteil vom 23.10.1996 I R 71/95, DB 1997, 444.
– Das Telos der vGA und die Rechtsprechung des BFH, DStR 1998, 313.
HÖPKEN, HARTMUT,
Was lehrt die GmbH? – Verdeckte Gewinnausschüttung bei Überlassung von Geschäftschancen an den Gesellschafter-Geschäftsführer – Neuauflage des Wettbewerbsverbots – Anmerkung zum BFH Urt. 11.06.1996 I R 97/95, DB 1997, 702.

IMMENGA, ULRICH,
Bindung von Rechtsmacht durch Treuepflichten, in: LUTTER / ULMER / ZÖLLNER (Hrsg.), Festschrift 100 Jahre GmbH-Gesetz, S. 189, Köln 1992 [IMMENGA, in: FS 100 J. GmbHG].
IMMENGA, ULRICH; MESTMÄCKER, ERNST-JOACHIM,
GWB Kommentar, 2. Auflage, München 1992 [BEARBEITER, in: IMMENGA/MESTMÄCKER, GWB].
IVENS, MICHAEL,
Das Konkurrenzverbot der GmbH-Gesellschafter und § 1 GWB, DB 1988, 215.

JAKOB, WOLFGANG,
Einkommensteuerrecht, 2. Auflage, München 1996.
JANSSEN, BERNHARD,
Beweislast bei der verdeckten Gewinnausschüttung, DStR 1994, 314.

KAMINSKI, BERT,
Verdeckte Gewinnausschüttungen und Geschäftschancenlehre, SteuerStud 1998, 318.
KNOBBE-KEUK, BRIGITTE,
– Aktuelle Rechts- und Steuerprobleme, StbJb 1990/91, 169.
– Der Tatbestand der vGA und brachengleiche Tätigkeit des Gesellschafter-Geschäftsführers, GmbHR 1992, 333.
– Bilanz- und Unternehmenssteuerrecht, 9. A., Köln 1993.
KORN, KLAUS,
Konsequenzen aus der neuen Rechtsprechung und Verwaltungspraxis zur verdeckten Gewinnausschüttung, KÖSDI 1996, 10604.
KORN, KLAUS; HERFF, ARND,
Verdeckte Gewinnausschüttung durch Wettbewerb der GmbH-Gesellschafter - Eine Zwischenbilanz, KÖSDI 1996, 10858.
KÜBLER, FRIEDRICH,
Erwerbschancen und Organpflichten – Überlegungen zur Entwicklung der Lehre von den „corporate opportunities“, in: HADDING/IMMENGA/MER-

TENS/PLEYER/SCHNEIDER (Hrsg.), Festschrift für WINFRIED WERNER, S. 437, Berlin 1984 [KÜBLER, in: FS f. Werner].

KÜBLER, FRIEDRICH; WALTERMANN, JENS,

Geschäftschancen der Kommanditgesellschaft, ZGR 1991, 162.

LADEMANN, FRITZ,

Kommentar zum Körperschaftsteuergesetz, Stuttgart, Loseblatt, 28. Erg. Lfg. Juli 1999.

LANGE, JOACHIM,

– Verdeckte Gewinnausschüttungen, 6. Auflage, Herne 1993.

– Alleingesellschafter und Wettbewerbsverbot – Anm. zum BFH-Urteil vom 30.8.1995 – I R 155/94, NWB 4-4049.

– Überlassung von Geschäftschancen als verdeckte Gewinnausschüttung, NWB 4-4179.

LAWALL, LARS,

– Das ungeschriebene Wettbewerbsverbot des GmbH-Gesellschafters, Frankfurt 1996.

– Wettbewerbsverbot des Einmann-GmbH-Gesellschafters, DStR 1996, 605.

– VGA und Geschäftschancenlehre im GmbH-Recht, NJW 1997, 1742.

LÖCKE, JÜRGEN,

Steuerrechtliche Aktivierungsgrundsätze und Property-Rights-Theorie, StuW 1998, 124.

LUTTER, MARCUS,

Theorie der Mitgliedschaft – Prolegomena zu einem Allgemeinen Teil des Kooperationsrechts, AcP 180 (1980), 84.

LUTTER, MARCUS; HOMMELHOFF, PETER,

GmbH-Gesetz Kommentar, 14. Auflage, Köln 1995.

MAAS, ERNST,

Die neue Rechtsprechung des BFH zur verdeckten Gewinnausschüttung, StVj 1990, 42.

MECHNIG, STEPHAN A.,

Wettbewerbsverbot und verdeckte Gewinnausschüttung, Mannheim Diss. 1995.

MEIER, NORBERT,
Das Wettbewerbsverbot des Gesellschafter/Geschäftsführers einer GmbH, DStR 1992, 344.
MERKT, HANNO,
Unternehmensleitung und Interessenkollision, ZHR 159 (1995), 423.
MERTENS, HANS-JOACHIM; CAHN, ANDREAS,
Wettbewerbsverbot und verdeckte Gewinnausschüttung im GmbH-Konzern, in: KÜBLER/MERTENS/WERNER (Hrsg.), Festschrift für THEODOR HEINSIUS, Berlin 1991, [MERTENS/CAHN, in: FS f. Heinsius].
MEYER-ARNDT, LÜDER,
– Wettbewerbsverbot und verdeckte Gewinnausschüttung, StbJb 1991/92, 67.
– Die Ungerechtigkeit der Besteuerung verdeckter Gewinnausschüttungen, FR 1992, 121.
– Wettbewerbsverbot und verdeckte Gewinnausschüttung, BB 1992, 534.
MEYER-SIEVERS, JÜRGEN,
Willkür im Steuerrecht – Zum Wettbewerbsverbot von GmbH-Gesellschafter-Geschäftsführern, DStR 1993, 629.
MÖSCHEL, WERNHARD,
Recht der Wettbewerbsbeschränkungen, Köln 1983.
MÜNCH, CHRISTOF,
Befreiung vom Wettbewerbsverbot im Recht der GmbH, NJW 1993, 225.
MÜLLER, KLAUS J.,
Vertragliches Wettbewerbsverbot des GmbH-Gesellschafters und verdeckte Gewinnausschüttung in der jüngeren Rechtsprechung des BFH, BB 1997, 1441.
MÜLLER, WELF,
VGA im Zivil- und Steuerrecht in: WASSERMEYER, Grundfragen der Unternehmensbesteuerung, DStJG 17 (1994), 289.

NIEHUES, KARL,
Das Wettbewerbsverbot der GmbH als Steuerproblem, DB 1992, 496.

OSTEN, DINNES VON DER,
Das Wettbewerbsverbot von Gesellschaftern und Gesellschafter-Geschäftsführern in der GmbH, GmbHR 1989, 450.

PAUS, BERNHARD,
Unterschlagungen als verdeckte Gewinnausschüttungen – Anm. zum BFH-Urteil v. 14.10.1992 I R 14/92, DB 1993, 1258.
PELKA, JÜRGEN
Die Steuerrechtsprechung als unerwünschte Rechtsquelle für die Vertragsgestaltung, in: LANG (Hrsg.), Die Steuerrechtsordnung in der Diskussion, Festschrift für Klaus Tipke zum 70. Geburtstag, Köln 1995, S. 251 [PELKA, in: FS f. Tipke].
PELKA, JÜRGEN; WÜST, JOACHIM,
Wettbewerbsverbot und verdeckte Gewinnausschüttung, DStR 1991, 578.
PEZZER, HEINZ-JÜRGEN,
– Die rechtssystematischen Grundlagen der verdeckten Gewinnausschüttung nach der Körperschaftsteuerreform, Köln 1986.
– Verdeckte Gewinnausschüttung und Wettbewerbsverbot – Eine kritische Bestandsaufnahme der jüngeren BFH-Rechtsprechung, StuW 1992, 270.
– Anm. zum BFH-Urteil vom 30.8.1995 – I R 155/94, FR 1995, 905.
– Zur Dogmatik der verdeckten Gewinnausschüttung – Anmerkung zum BFH-Urteil vom 6.12.1995, FR 1996, 379.
– Anm. zum BFH-Urteil vom 13.11.1996 – I R 149/94, FR 1997, 269.
– Körperschaftsteuerpflichtige Einkünfte jenseits der sieben Einkunftsarten?, StuW 1998, 76.
POLLEY, NOTKER,
Wettbewerbsverbot und Geschäftschancenlehre; Baden-Baden 1992.
PRIESTER, HANS-JOACHIM,
– Satzungsänderung und Satzungsdurchbrechung – Voraussetzungen und Grenzen satzungsdurchbrechender Beschlüsse, ZHR 151 (1987), 40.
– Befreiung vom Wettbewerbsverbot und GmbH-Satzung – Öffnungsklausel oder konkrete Regelung?, DB 1992, 2411.
– Die eigene GmbH als fremder Dritter – Eigensphäre der Gesellschaft und Verhaltenspflichten ihrer Gesellschafter, ZGR 1993, 512.

PROBST, ULRICH,
Wettbewerbsverbot des GmbH-Gesellschafter/Geschäftsführers und verdeckte Gewinnausschüttung, in: RAUPACH, ARNDT; UELNER, ADALBERT, Ertragsbesteuerung, Festschrift für Ludwig Schmidt, S. 539, München 1993, [PROBST, in: FS f. L. Schmidt].

RAUPACH, ARNDT,
Darf das Steuerrecht andere Teile der Rechtsordnung stören? – Zur Eigenständigkeit des Steuerrechts und deren Grenzen, in: LANG (Hrsg.), Die Steuerrechtsordnung in der Diskussion, Festschrift für Klaus Tipke zum 70. Geburtstag, Köln 1995, S. 105 [RAUPACH, in: FS f. Tipke].
REIß, WOLFRAM,
– Das Steuerrecht als Erkenntnisquelle des Gesellschaftsrechts und des Untreuestrafrechts am Beispiel der verdeckten Gewinnausschüttung?, StuW 1992, 233.
– Gesellschaftsrechtlich unzulässige Gewinnausschüttung und ihre Rückabwicklung, StuW 1996, 337.
RICHTER, RUDOLF; FURUBOTN, EIRIK, G.,
Neue Institutionenökonomik, 2. Auflage, Tübingen 1999.
RÖDDER, THOMAS,
Aktuelle Problemfälle verdeckter Gewinnausschüttung im Konzern, StbJb 1997/98, 115.
RÖHRICHT, VOLKER,
Das Wettbewerbsverbot des Gesellschafters und des Geschäftsführers, WPg 1992, 766.
RÖHRICHT, VOLKER; GRAF VON WESTPHALEN, FRIEDRICH,
Handelsgesetzbuch Kommentar, Köln 1998 [Bearbeiter, in: RÖHRICHT/GRAF VON WESTPHALEN, HGB].
RÖSSLER, RUDOLF; TROLL, MAX,
Bewertungsgesetz, Kommentar, 18. Auflage, Loseblatt, München 1999 [Bearbeiter, in: RÖSSLER/TROLL, BewG].
ROWEDDER, HEINZ,
GmbHG Kommentar, 3. Auflage, München 1997 [Bearbeiter, in: ROWEDDER, GmbHG].

SCHÄFER, ALFRED,
– Verdeckte Gewinnausschüttung bei Eigengeschäften von Gesellschaftern einer GmbH – ein Menetekel des Steuerrechts?, StBp 1993, 244; 272.
– Quo vadis – verdeckte Gewinnausschüttung?, zu BFH-Urt 14.9.1994 I R 6/94, DStZ 1996, 330.
SCHIEßL, MAXIMILIAN,
Die Wahrnehmung von Geschäftschancen der GmbH durch ihren Geschäftsführer, GmbHR 1988, 53.
SCHMIDT, KARSTEN,
– Vertragliche Wettbewerbsverbote im deutschen Kartellrecht,
ZHR 149 (1895), 1.
– Gesellschaftsrecht, 2. Auflage, Köln 1991; Gesellschaftsrecht, 3. Auflage, Köln 1997.
SCHMIDT, LUDWIG,
Steuerklauseln, JbFSt 1979/80, 314.
SCHNEIDER, HELMUT,
– Wettbewerbsverbot und verdeckte Gewinnausschüttung – Kunst- oder Fehlgriff des Bundesfinanzhofs? BB 1991, 1681.
– Wettbewerbsverbot und verdeckte Gewinnausschüttung – Ein Lösungsversuch, DB 1993, 1992.
SCHÖN, WOLFGANG,
Die verdeckte Gewinnausschüttung – eine Bestandsaufnahme, in: JAKOBS, HORST HEINRICH; PICKER, EDUARD; WILHELM, JAN (Hrsg.), Festgabe für Werner Flume zum 90. Geburtstag, Berlin 1998, [SCHÖN, in: FS f. Flume].
SCHOLZ, FRANZ,
Kommentar zum GmbH-Gesetz, Bd. I und II, 8. Auflage, Köln 1993/95 [Bearbeiter, in: SCHOLZ, GmbHG].
SCHUHKNECHT, RAINER,
Schranken der Geschäftschancenwahrnehmung und Wettbewerbsverbot beim GmbH-Geschäftsführer, Tübingen 1992.

Schulze-Osterloh, Joachim,
– Ersatzansprüche gegen Gesellschafter und verdeckte Gewinnausschüttung im Recht der GmbH unter besondere Berücksichtigung von Verstößen gegen Wettbewerbsverbote, FR 1993, 73.
– Verdeckte Gewinnausschüttungen im Grenzgebiet zwischen Handels- und Steuerrecht, StuW 1994, 131.
Schwedhelm, Rolf,
– Die zivilrechtlich wirksame Befreiung vom Wettbewerbsverbot – Zugleich ein Hinweis zur Handhabung des BMF-Schreibens vom 4.2.1992, GmbHR 1992, 291.
– Wettbewerbsverbot und Betriebsabgrenzung, DStR 1993, 245.
Senger, Günter; Schulz, Katrin,
Das Rechtsinstitut der verdeckten Gewinnausschüttung – Notwendigkeit einer grundlegenden Reform, DStR 1997, 1830.
Sina, Peter,
Die Befreiung des GmbH-Geschäftsführers vom Wettbewerbsverbot, DStR 1991, 40.
Söffing, Günter,
Wettbewerbsverbot und verdeckte Gewinnausschüttung, FR 1993, 699.
Spiegelberger, Sebastian,
Das GmbH-Wettbewerbsverbot – ein Bumerang für den BFH, GmbHR 1992, 727.
Steindorff, Ernst,
Gesetzeszweck und gemeinsamer Zweck des § 1 GWB, BB 1977, 569.
Stengel, Arndt / Scholderer, Frank,
Der zivilrechtliche Ausgleich des Steuernachteils einer verdeckten Gewinnausschüttung, ZGR 1997, 41.
Streck, Michael,
Kommentar zum KStG, 5. Auflage, München 1995.

Tiedchen, Susanne,
Wettbewerbsverbote im GmbH-Konzern, GmbHR 1993, 616.

TILLMANN, BERT,
– Konkurrierende Tätigkeit des beherrschenden Gesellschafter-Geschäftsführers, in: CARLÉ/KORN/STAHL (Hrsg.), Festgabe für Günther Felix, Köln 1989, [TILLMANN, in: FS f Felix].
– Wettbewerbsverbot des Gesellschafter-Geschäftsführers einer GmbH, GmbHR 1991, 26
– Unüblichkeit der Vereinbarung – ein neues Kriterium der verdeckten Gewinnausschüttung?, GmbHR 1993, 466.

TILLMANN, BERT; SCHMIDT, ANDREAS,
Neues zur vGA bei zivilrechtlich unwirksamen Geschäftsführerverträgen, DStR 1996, 849.

TIMM, WOLFRAM,
Wettbewerbsverbot und „Geschäftschancen"-Lehre im Recht der GmbH; GmbHR 1981, 177.

TIPKE, KLAUS,
Die Steuerrechtsordnung, Band I - III, Köln 1993.

TIPKE, KLAUS; KRUSE, HEINRICH WILHELM,
Abgabenordnung, Finanzgerichtsordnung, Kommentar, 16. Auflage, Köln 1996 [TIPKE/KRUSE, § AO].

TIPKE, KLAUS; LANG, JOACHIM,
Steuerrecht, 16. Auflage, Köln 1998.

THIEL, JOCHEN,
– VGA bei Verletzung des Wettbewerbsverbot durch Gesellschafter/Geschäftsführer einer GmbH, GmbHR 1992, 338.
– Die vGA im Spannungsfeld zwischen Zivil- und Steuerrecht, DStR 1993, 1801.

TRIES, HERMANN-JOSEF,
Verdeckte Gewinnausschüttungen im GmbH-Recht, Köln 1991.

VISKORF, H.-U.; GLIER, J.; KNOBEL, W.,
Bewertungsgesetz, Kommentar, 4. Auflage, Herne 1998 [Bearbeiter, in: VISKORF/GLIER/KNOBEL, BewG].

VOSS, JOCHEN
Bewertung eines Dispenses vom Wettbewerbsverbot, DStR 1992, 441.

Vossius, Oliver,
Anmerkung zum BFH Urteil vom 30.8.1995 I R 155/94, MittBayNot, 1995, 497.

Walter, Andrea,
Verdeckte Gewinnausschüttung und Wettbewerbsverbot, Berlin 1998.

Wassermeyer, Franz,
– Einige grundsätzliche Überlegungen zur verdeckten Gewinnausschüttung, DB 1987, 1113.
– 20 Jahre BFH-Rechtsprechung zu Grundsatzfragen der verdeckten Gewinnausschüttung, FR 1989, 218.
– Zur neuen Definition der verdeckten Gewinnausschüttung, GmbHR 1989, 298.
– Verdeckte Gewinnausschüttung und verdeckte Einlagen, DStR 1990, 158.
– Verdeckte Gewinnausschüttungen im Zusammenhang mit Gesellschafter-Geschäftsführern, DStR 1991, 1065.
– Überlegungen zur BFH-Rechtsprechung zum Wettbewerbsverbot, DB 1992, 2410.
– Die verdeckte Gewinnausschüttung rechtssystematisch gesehen, StVj 1993, 208.
– Das Wettbewerbsverbot des Gesellschafters und des Gesellschafter -Geschäftsführers einer GmbH; GmbHR 1993, 329; 639.
– Replik zu Paus, DB 1993, 1258, DB 1993, 1260.
– Reform der „ungerechten" Vorschriften über verdeckte Gewinnausschüttung, GmbHR 1994, 27.
– Der Fremdvergleich als Tatbestandsmerkmal der verdeckten Gewinnausschüttung, DB 1994, 1105.
– Stand der Rechtsprechung zur verdeckten Gewinnausschüttung, Stbg 1996, 481.
– Replik zu Hoffmann, DStR 1996, 729, DStR 1996, 733.
– Veranlassung im Gesellschaftsverhältnis – Grundproblem der verdeckten Gewinnausschüttung, StbJb 1997/98, 79.
– Risikogeschäfte durch den Gesellschafter-Geschäftsführers für Rechnung der Kapitalgesellschaft – Anmerkung zum Schreiben des BMF v. 19.12.1996, FR 1997, 563.

– Die neuere BFH-Rechtsprechung zu Verstößen gegen ein Wettbewerbsverbot durch den Gesellschafter-Geschäftsführer einer GmbH – Anmerkungen zum BFH-Urteil vom 13.11.1996 I R 149/94, DStR 1997, 681.
– Streitfragen bei der Bilanzierung verdeckter Gewinnausschüttungen, in: Gedächtnisschrift für KNOBBE-KEUK, Köln 1997, [WASSERMEYER, in: GS f. Knobbe-Keuk].
– Anmerkung zum Urteil des FG Köln vom 19.02.1997 12 K 4819/91, GmbHR 1997, 804.
– Einige Grundsatzüberlegungen zur verdeckten Gewinnausschüttung, GmbHR 1998, 157.

WEBER-GRELLET, HEINRICH,
– Das Gestüt im Körperschaftsteuerrecht – Zur Privatsphäre der Körperschaft, DStR 1994, 12.
– Entwicklungen im Bereich der vGA, DStZ 1998, 357.

WEISSER, JOHANNES,
– Gesellschaftliche Treuepflicht bei Wahrnehmung von Geschäftschancen der Gesellschaft durch de facto geschäftsführenden Gesellschafter, DB 1989, 2010.
– Corporate Opportunities – Zum Schutz der Geschäftschancen des Unternehmens im deutschen und im US-amerikanischen Recht, Köln 1991.
– Wahrnehmung von Geschäftschancen des Unternehmens durch Alleingesellschafter als vGA?, GmbHR 1997, 429.

WESTERFELHAUS, HERWARTH,
– VGA aus Verletzung des Wettbewerbsverbot, GmbHR 1993, 21.
– Die Definition der verdeckten Gewinnausschüttung – eine steuerrechtliche Studie mit Blick auf das Gesellschaftsrecht, GmbHR 1994, 224.

WESTERMANN, HARM PETER,
Kartellrechtliche Aspekte des Wettbewerbsverbots, in: HENZE/TIMM/WESTERMANN, Gesellschaftsrecht 1995, S. 75, Köln 1995, [WESTERMANN, in: Gesellschaftsrecht 1995].

WICHMANN, GERD,
– Aktivierung von Ersatzansprüchen auf Grund von verdeckten Gewinnausschüttungen? Anm. zum Urteil des FG Hamburg v. 17.4.1991, Stbg 1993, 116.
– Das Wettbewerbsverbot des Gesellschafters und des Gesellschafter-Geschäftsführers einer GmbH. Anm. zu Wassermeyer, GmbHR 1993, 329.

– Der Rückgewähranspruch nach verdeckter Gewinnausschüttung, BB 1996, 721.
– Der Zeitpunkt der Erfassung des Anspruchs auf Rückgewähr nach verdeckter Gewinnausschüttung, Anm. zum BFH-Urteil vom 19.5.1996 – I R 118/93, GmbHR 1997, 63.
– Stand der Rechtsprechung zur verdeckten Gewinnausschüttung, Stbg 1997, 64.
– Derzeitiger Erkenntnisstand zur Rückabwicklung einer verdeckten Gewinnausschüttung, GmbHR 1997, 991.
– Fragen rund um den GmbH-Geschäftsführer, Stbg 1998, 49.

WIEDEMANN, HERBERT/HIRTE, HERIBERT,
Die Konkretisierung der Pflichten des herrschenden Unternehmens, ZGR 1986, 163.

WINTER, MARTIN,
Mitgliedschaftliche Treuebindungen im GmbH-Recht, München 1988.

WINTER, WILLI,
Verdeckte Gewinnausschüttung, GmbHR 1992, 32.

WOLFF-DIEPENBROCK, JOHANNES,
Handeln für fremde Rechnung im Einkommensteuerrecht, in: KNOBBE-KEUK/KLEIN/MOXTER (Hrsg.), Handelsrecht und Steuerrecht, Festschrift für GEORG DÖLLERER, S. 757 ff., Düsseldorf 1988, [WOLFF-DIEPENBROCK, in: FS f. Döllerer].

ZACHER, THOMAS
Verdeckte (Gewinn-) Ausschüttung in der GmbH aus zivilrechtlicher Sicht, DStR 1994, 138.